글로벌 한국학

고려대학교 국제대학 엮음

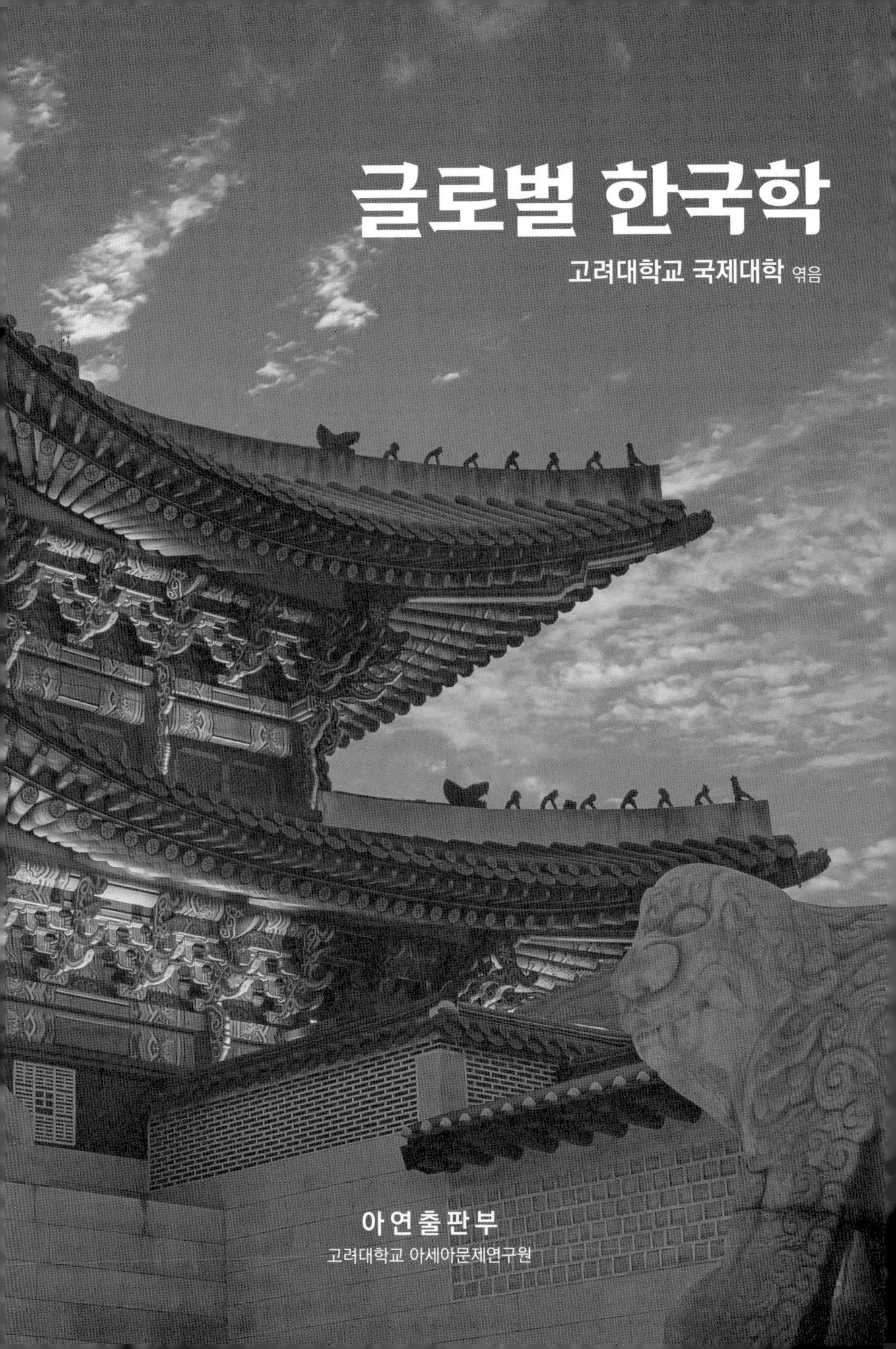

아연출판부
고려대학교 아세아문제연구원

편집자의 말

'지금, 여기서' 글로벌 한국 공부하기

『글로벌 한국학』은 지금, 여기서 한국에 관해 공부하고자 하는 전 세계의 젊은이를 대상으로 기획되었다. 이 책의 분석 대상과 분석 방법은 다음과 같다. 첫째, 분석 대상은 '글로벌 한국'이다. 글로벌 한국은 지금 우리가 함께 경험하고 있는 '세계 속의 한국'과 '한국 속의 세계'를 모두 아우르는 공간이다.

분석 대상을 이해하는 핵심어는 '지금'이다. 한국의 지금을 분석 대상으로 한 것은 두 가지 이유 때문이다. 먼저 한국을 소개하는 입문서는 이미 어느 정도 출판되었다. 그러나 현대 한국에 대한 소개서는 많지 않다. 따라서 이 책은 1960년대와 1970년대 진행된 급속한 경제 발전과 성장의 결과로 나타난 21세기 한국을 분석 대상으로 기획되었다. 또 다른 이유는 해외에서 나타나고 있는 한국에 관한 관심을 반영하기 위해서이다. 밖에서 나타나는 한국에 관한 관심은 '어떻게 가장 가난한 나라 중의 하나였던 한국이 2020년대에 세계 10위권의 고소득 국가가 될 수 있었는가'에 모여 있다. 이러한 관심은 필자도 경험했다. 운 좋게 이 책의 책임 편집을 맡게 된 필자는 우연한 기회에 독일에서 한국 관련 연구를 하는 박사 과정 학생을 만날 수 있었다. 그는 학부에서 경영

학을 공부했는데, 현재는 한국학과에서 한국 비즈니스를 연구하면서 박사 논문을 쓰고 있다. 한국학을 전공으로 하게 된 계기가 무엇이었냐는 필자의 질문에 그는 여러 가지 이유가 있지만, 가장 크게는 과거 식민지였던 나라가 국제사회의 중심으로 탈바꿈하는 현대사에 깊이 감동하였기 때문이라고 했다.

국제사회의 주변에서 중심으로 이동한 한국의 '성공 이야기'가 세계의 많은 젊은이에게 영감을 주고 있다. 이러한 관심을 반영하여 제2장(한국의 거시경제와 정책)과 제3장(한국의 정치 민주화)은 누가, 무엇을, 그리고 어떻게 경제성장과 정치 민주화에 이바지하였는가를 거시경제와 산업화 정책, 그리고 민주화 과정을 통해 살펴본다. 1945년 일본 제국주의로부터 해방된 이후 그리고 1950년대 한국전쟁의 폐허 속에서 한국인은 '세계 속의 한국'이 되기 위해 열심히 일했고, 민주적인 정치 체제를 실현하고자 싸웠고, 그 결과 '한국 속의 세계'를 품게 되었다. 그러나 모든 발전과 성장에는 비용이 발생하고 대가를 치른다는 것이 역사의 교훈이다. 따라서 이 책은 글로벌 한국이 어떻게 만들어졌는가를 소개하는 데 그치지 않고, 한 걸음 더 들어가 현대 한국이 안고 있는 '성공'의 그늘을 함께 보고 있다. 제4장(민주화 이후의 한국 민주주의), 제5장(글로벌 불평등과 한국 경제), 그리고 제7장(현대 한국인의 삶)은 주변에서 중심으로 탈바꿈한 한국이 맞닥뜨린 성공의 그늘을 시야에 넣고, 경제적 불평등, 사회적 양극화, 개인 삶의 질과 관련된 문제를 다루고 있다. 또한 제6장(글로벌 한국과 복지국가)은 이러한 성공의 그늘로 나타나고 있는 사회적 갈등과 개인적 불안이 가져오는 정치 문제를 복지국가라는 행위자를 중심으로 풀어가고 있다.

둘째, 분석 방법에서 핵심어는 '여기서'이다. 『글로벌 한국학』의 저자는 모두 안에서, 여기서 보는 세계 속의 한국과 한국 속의 세계를 분석하고 있다. 그러나 이는 결코 '우리끼리만'의 이야기는 아니다. 저자는 여기서, 안에서 보는 한국을 국제사회 속에서 비교하고 분석하고 있다. 제1장(한국인은 누구인가?)은 한국문화의 구성 요소를 세계 각 지역 및 각 나라의 문화 구성 요소와 비교하면서, 지금 나타나고 있는 문화를 살펴본다. 특히 '한국 속의 세계'가 점점 넓어져 가고 있는 오늘날 어떻게 열린 마음으로 '우리'와 다른 문화를 가진 '그들'과도 여기서 함께 살 수 있을까를 고민하고 있다. 제10장(문화산업과 K-컬처)은 지금 전 세계에서 소비되고 있는 문화상품인 한류에 초점을 맞추어 한국문화를 글로벌 문화산업 속에서 재구성하고 있다. 제8장(한국의 통상협력과 글로벌기업)과 제9장(국제개발협력과 글로벌 한국)은 한국의 지속가능한 경제성장과 발전은 국제시장에서의 통상협력과 국제사회에서의 개발협력 속에서 의미가 있다고 지적한다. 제11장(글로벌 한국의 안보전략)은 중국이 강국으로 부상하면서 새롭게 전개되고 있는 국제질서 속에서 한국의 위상과 전략을 살펴본다. 제12장(글로벌시대의 인권과 한국), 제13장(기술혁신과 한국 디지털 경제), 그리고 제14장(지구환경과 한국)은 '우리끼리만의' 문제가 아니라 인류가 함께 고민해야 하는 인류 보편의 권리, 새로운 기술이 인류에게 미칠 영향, 그리고 인류의 미래가 걸린 지구 환경 보호 문제를 한국의 경험 속에서 살펴본다.

'지금, 여기서'를 영어로 표기해 보면 'now, here'이다. 두 영어 단어를 합쳐보면, 'nowhere'가 된다. 직역하면, '어디에도 없는,' '아무 데도 없는'이라는 뜻이다. 그런데 몇 백 년, 몇 천 년이라는 매우 긴 시간 단위를 가지고, 인류와 자연의 변천, 민족과 국가의 흥망성쇠, 그리고 개인과 사회가 경험하는 압제와 투쟁, 전쟁과 평화를 다루는 역사가의 감각으로는 'nowhere'를 다르게 해석할 수도 있다. 아무것도 정해진 것이 없는 한 '순간'이며 '찰나'라고도 해석할 수 있지 않을까? 즉, 'nowhere'는 아무 데도 없는, 아무것도 정해진 것이 없고, 어디로 어떻게 변화할지 아무도 모르는 (성공과 실패를 모두 포함한) 무한한 가능성을 품은 순간이며 찰나이기도 하다. 『글로벌 한국학』은 지금, 여기서, 글로벌 한국이 마주치고 있는 무한한 가능성을 전 세계의 젊은이들과 함께 살펴보면서, 세계 곳곳에서 더욱 나은 내일을 상상하는 데 이바지하고자 한다.

한 정 선 (고려대 국제대학·국제대학원장)

세계 속의 한국을 배우자!

1950년대에 한국에서 태어난 세대는 전쟁의 잿더미 위에서 절대빈곤을 겪으며, 북한 보다도 못 살았던 후진국의 국민으로 살아야 했다. 그러다 경제개발에 힘입어 고도성장을 하여 중진국의 대열에 들어가고, IMF 외환위기를 비롯한 중진국의 함정을 잘 극복하였다. 그리고 2000년대에 들어와 세계인들의 한국에 대한 관심이 높아지고 한류가 아시아를 비롯하여 전 세계로 퍼져가면서 한국의 하드파워뿐만 아니라 소프트파워까지 관심을 끌게 되었다.

한류는 1990년대 중반 K-Drama에서 시작되어 이를 한류 1.0이라 하고, 2000년대 중반부터는 K-Pop이 젊은 세대에게 인기를 끌면서 이를 한류 2.0이라 한다. 2010년대 초반부터는 한국문화 전반적으로 관심을 가져 이를 한류 3.0이라 부르며, 2020년대 들어서서 K-방역과 K-학술 등 한국의 여러 분야에 대해 세계인들이 관심을 가지면서 이를 한류 4.0이라고 한다. 그동안 외국인들이 한류를 사랑하고, 한국의 여러 분야에 관심이 있으나 한국학 전반에 대해 참고할 만한 서적이 없어서 안타까웠다. 이제 한국의 산업화와 민주화 그리고 한류에 대한 궁금증을 해결할 만한 입문서가 나와서 너무 반갑다. 이 책에는 성장과 함께 그늘에 대해서도 언급하였으므로 외국의 젊은 세대에게 타산지석이 되리라 믿는다.

최 광 식(고려대 명예교수, 전 문화체육관광부 장관)

'성공' 뿐 아니라 '성공의 그림자'도 함께 보는 한국학

한국은 21세기에 들어와 지난 20여 년 사이에 전 세계 사람들에게 많이 알려지게 되었다. 내가 30년을 넘게 외교관으로 일하는 동안에 일어난 일이다. 처음에는 'Korea'가 어디에 있는 나라인지도 모르는 사람들이 더 많았던 것 같다. 따라서 한국에 관해 연구하는 한국학도 비교적 새로운 학문이라고 할 수 있다. 한국학을 공부하는 외국인의 입장에서 볼 때 한국을 종합적으로 처음 소개하는 교재가 아쉬웠다고 들어왔는데, 이러한 갈증을 해소시키는 책이 나와서 무척 기쁘게 생각한다.

고려대 국제대학에서 발간한 '글로벌 한국학'은 한국에 관한 연구의 모든 단계에서 큰 도움을 받을 수 있는 좋은 교재다. 단순히 한국을 소개하는데 그치지 않고, 각 분야에 높은 전문성을 가진 교수들이 14개 챕터를 각각 나눠 집필한 것이 눈에 띈다. 따라서, 한국학 연구의 높은 수준에 이른 독자들도 최고의 전문가들이 제시하는 한국의 다양한 모습과 분석적 시각을 접할 수 있다.

이처럼 국가를 소개하는 자료를 정부에서 만들면 홍보 위주로 되기 쉬운데, 고려대에서 오랫동안 학문적 연구와 교육의 경험을 가진 필자들은 한국의 '성공' 뿐 아니라 '성공의 그림자'도 동시에 제시함으로써 객관적 연구에 큰 도움을 준다고 생각한다. 다양한 이유로 한국에 관심을 갖고 한국학의 길을 걷게 된 모든 분들에게 이 책을 적극 추천한다.

오 준 (경희대 석좌교수, 전 유엔대사)

Contents

글로벌 한국학

Contents

글로벌 한국학

Chapter 01

한국인은 누구인가?

1. 문화에 대한 새로운 이해
2. 문화이해의 핵심 키워드

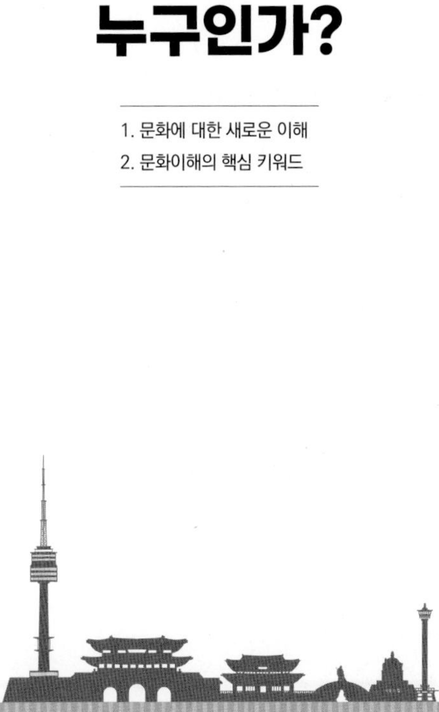

01
한국인은 누구인가?

김 은 기

개요

문화를 이해하기 위해서 무엇을 중심에 두고 관찰하고 또 무엇을 우선시해야 할까? 이는 문화에 관심이 있거나 문화를 연구하는 사람이 갖게 되는 공통적인 질문이다. 문화는 습득된 행동 양식, 생각, 언어, 신념, 예술, 음악, 종교, 문학, 철학, 가치관, 관습, 법, 기술, 가족 양식, 종교 등 비물질적인 것들과 주거지, 음식, 의복, 장식품, 도구, 식기, 악기 등 물질적인 것들을 모두 포함하기 때문에 범위가 너무 방대하고 세부적인 내용도 너무 많다. 그렇다면 문화를 이해하기 위한 출발점으로서 초점을 맞추어야 할 가장 중요한 요소는 무엇일까? 좀 더 구체적으로 말하자면, 한국문화를 제대로 이해하기 위해 제일 중요한 문화 구성 요소를 몇 가지만 골라야 한다면 어떤 것이 있을까? 이 질문에 대한 해답을 찾기 위해 제1절은 문화를 이해하기 위한 몇 가지 틀을 소개한다. 제2절에서는 상징, 언어, 규범, 신념 및 가치관과 같은 다섯 가지 개념을 문화이해의 핵심어로 제시하고, 5개의 핵심어를 통해 한국문화를 살펴본다. 심화학습에서는 '문화 충격' 및 '문화 충돌'에 대해 생각해 본다.

키워드

문화, 상징, 언어, 규범, 신념, 가치관, 종교

1. 문화에 대한 새로운 이해

문화라는 단어는 기존의 다양한 학문 분과는 물론, 언론, 페이스북 등 모든 분야에서 거론되고 있다. 이는 일상 대화에서도 찾아볼 수 있다. 우리는 여가 문화, 기업 문화, 도시 문화, 소비 문화, 대중 문화, 연애 문화, 독신 문화, 커피 문화, 야식 문화, 채팅 문화, 혼자 마시는 술 문화(혼술 문화), 혼자 밥 먹기 문화(혼밥 문화) 등의 용어를 듣고, 사용하면서, "문화적 차이" 또는 "문화가 있다거나 없다는 것" 등으로 표현하기도 한다. 이러한 현상은 한국에서만 나타나는 것이 아니다. 전 세계에서 문화가 뜨거운 개념으로 떠오르고 있다. 한 예로, 사전 및 각종 참고 도서를 주로 출간하는 출판사로 세계적으로 유명한 메리엄-웹스터(Merriam-Webster)는 "2014년 올해의 단어"로 "문화"(culture)를 택했다. 메리엄-웹스터의 편집장에 의하면, 문화가 2014년 올해의 단어로 뽑힌 이유로 사람들이 그 회사의 웹사이트에서 찾아본 단어 중 "문화"를 찾는 횟수가 2014년에 제일 많이 증가했다는 것이다. 최소 2014년에는 사람들이 문화의 의미를 "필사적으로" 이해하고 싶어 했던 것 같다.

문화는 경제협력기구(Organisation for Economic Cooperation and Development, OECD)가 주관하여 3년 주기로 80여 개의 OECD 회원국 및 비회원국들의 만 15세 학생들을 대상으로 시행되는 국제학업성취도평가(Program for International Student Assessment, PISA)에서도 주목받고 있다. 2018년부터 PISA 기존의 평가 대상인 읽기, 수학, 과학 등 세 가지 분야 이외에 네 번째 분야로 "글로벌 역량"(Global Competence) 평가를 추가했다. PISA에 추가된 글로벌 역량은 문화에 대한 전반적인 이해 능력, 문화의 다양성에 대한 감수성, 그리고 타문화의 포용성을 함양하는 것이다. 그런데 OECD가 글로벌 역량 분야를 새로 추가하게 된 이유는 인종차별, 문화적 편견, 타 인종 및 다른 종교를 믿는 사람들을 대상으로 행해지고 있는 무차별적 폭력 등의 문제들이 문화에 대한 이해 부족과 이로 인하여 발생하는 타문화에 대한 포용성 부족에서 비롯되었다고 판단하였기 때문이다.

한국은 물론 전 세계에서 나타나고 있는 문화에 대한 이와 같은 인식의 변화를 생각해 보면, 인류는 드디어 문화를 "발견했다"라고 할 수 있다. 지금 우리는 "문화의 시대"에 살고 있다. 현대 한국사회가 문화의 시대가 된 이유는 크게 네 가지이다. 첫째, 생활수준의 향상과 가치관의 변화이다. 지난 반세기 동안 전 세계적으로 이루어진 경제성장을 통해 사람들은 먹고사는 것에 대한 걱정에서 어느 정도 해방되고 생활수준이 높아지면서 시간적, 정신적 여유가 생겼다. 이런 물질적 풍요는 자연스럽게 영화, 대중음악, 프로 스포츠, 여행 등 문화적 경험에 더 많은 관심을 두도록 하였다. 둘째, 기술의 발전이다. 문화와 연관된 기술을 꼽으라면 단연 항공교통수단의 발달, 텔레비전, 신문, 책이나 인터넷의 대중화를 들을 수 있다. 예를 들어, 항공교통수단의 발달로 한국인은 이제 해외여행을 통해 외국 문화를 쉽게 접할 수 있다. 또 텔레비전의 프로그램들을 통해 우리는 다양한 문화에 간접적으로 접근할 수 있고, 유튜브와 인터넷도 문화를 "보급"하는 경로로서 중요한 역할을 하고 있다. 셋째, 문화의 대중화이다. 우리가 사는 현시대는 다양한 문화체험을 큰 비용 없이 누릴 수 있다. TV, 라디오, 인터넷, SNS, 유튜브 등을 통해 다양한 문화적 콘텐츠를 거의 아무런 비용 없이 접할 수 있고, 또 영화 및 스포츠 관람은 비교적 적은 비용으로 경험할 수 있다. 이런 문화의 직간접적 경험은 문화에 관한 관심이 증폭되는 데 이바지하였다. 넷째, 문화의 세계화(Cultural Globalization)이다. 기술의 발전과 문화의 대중화는 특정 지역에서 유래한 문화가 세계로 전파되고 확산하여 세계 거의 모든 지역에서 거의 동시적으로 특정 문화를 경험하고 소비할 수 있게 되었다. 세계화된 문화의 대표적인 예는 다음과 같다: 햄버거, 피자, 커피, 맥주, 신용카드, 미터법, 양력, 시계, 라디오, 텔레비전, 축구, 골프, 과학, 자본주의, 컴퓨터, 인터넷, 아라비아숫자 등이다.

이처럼 엄청난 문화의 영향력을 생각해 보면, 문화를 어떻게 이해해야 하는가는 지금 더욱 중요해졌다. 특히 이주를 통해 문화를 넘나드는 사람의 이동이 급속히 증가하면서 특정 국가와 사회 안에 인종적 다양성이 증가하였고, 이에 따라 다문화사회가 나타나고 있기 때문이다. 2022년 UN 보고서에 의하면 태어난 곳이 아닌 외국에 거주하는 사람 수가 40년 전보다 2배 이상 증가하여 2021년 현재 2억 8천1백만 명이 넘는다고 한다(International Organization for Migration 2022). 이는 전 세계 인구의 약 3.6%가 외국에 산다는 뜻이다. 이런 국제이주의 영향을 한국도 받고 있다. 한국은 현재 세계에서 제일 빠르게 다문화사회로 변하고 있는 국가 중 하나이다. 2000년 국내 외국인 수는 전체인구의 1%인 49만 명이었는데 2020년에는 4배 이상 증가하여 전체인구의 4% 이상인 215만 명이 넘었다.

이제 한국 사회는 문화의 다양성을 존중하고 타문화를 포용하는 소양을 키우기 위해서 문화의 본질을 이해해야 할 때가 되었다. 이는 '글로벌 한국'이 해결해야 하는 필수적인 과제이다. 그럼 문화는 무엇인가? 문화의 간단한 정의는 각 지역에 사는 사람들이 주어진 환경에 나름의 방식으로 적응하기 위해 만들어낸 각기 다른 삶의 양식으로 볼 수 있다. 문화는 언어, 풍습 및 가치관과 같은 비물질적인 면과 의식주와 같은 물질적인 면으로 이뤄진다(Benedict 1934; Geertz 1973; Harris 1974, 1977; Brown 1991). 비물질적인 또는 행동 양식적(Behavioral)인 문화적 요소들은 몸짓, 언어, 신념, 종교, 상징, 음악, 미술, 예술, 교육, 가치관, 전통, 도덕, 규범, 관습, 법, 요리, 신분, 가족, 춤, 오락, 기관, 기술, 정치구조 등을 포함한다. 이에 반해 물질적인 문화적 요소들은 음식, 의복, 공구, 집, 가구, 식기, 필기 용구, 보석 장식, 요리도구, 수송 수단, 악기, 무기, 기계, 장난감 등을 포함한다.

이 외에도 문화의 구성 요소는 수없이 많고 문화마다 매우 다르다. 그리고 문화적 차이 또는 다양성은 전 세계적으로 쉽게 찾아볼 수 있다. 문화가 많은 만큼 문화의 특성도 아주 다르다. 그렇다면, 이렇게 다양한 문화의 다양한 특성 속에서 우리와 다른 타문화는 어떻게 이해해야 하는가? 이 질문은 매우 중요한 질문이다. 왜냐하면, 모든 문화는 범위가 너무 방대하고 세부적인 내용도 너무 많은 것은 물론이고 무엇을 우선시해야 하는지도 문제이기 때문이다. 그래서 다음과 같은 질문을 이어서 던져 본다: 문화를 이해하는데 제일 중요한 요소들은 무엇일까? 좀 더 세부적으로 얘기해서, 새로운 문화 또는 다른 문화를 제대로 이해하기 위해 제일 중요한 문화 구성 요소 몇 개만 뽑아야 한다면 무엇일까? 이 질문을 풀기 위해 상징, 언어, 신념, 규범, 그리고 가치관이라는 다섯 가지 문화 요소를 제시하고 이를 중심으로 한국문화를 살펴보겠다.

2. 문화이해의 핵심 키워드

가. 상징(Symbols)

우리는 현실을 이해하고, 메시지를 전달하거나 복잡한 정보를 저장하기 위해 상징을 이용한다. 문화의 작용은 사람들이 상징을 만들거나 이해하는 능력에 달려있다. 상징이 없다면 사람들끼리 공유하는 것이 없어진다는 뜻이기 때문에 문화는 상징 없이 존재할 수 없다. 상징은 무언가를 의미 있게 구상화하는 모든 것을 포함한다. 예를 들면, 단어, 언어, 소리, 숫자, 종교적 상징, 평화를 상징하는 비둘기, 사랑을 상징하는 하트, 상표나 회사를 상징하는 로고, 컴퓨터나 휴대전화에 있는 재미있는 표정이나 모양인 이모티콘, 깃발, 국기 등이다. 머리, 몸, 손 등의 움직임을 포함한 몸짓도 상징적인 소통방식인데 우리는 이를 통해 느낌과 생각을 서로에게 알려준다(웨인라이트 2003). 색깔도 상징하는 의미가 다르고 문화마다 차이도 존재한다(에번스 2018). 예를 들어, 서구문화에서는 죽음을 상징하는 색깔이 검은색이지만 중국과 인도에서는 하얀색이다. 색깔은 성별과도 깊이 연관되어 있다. 일상생활에서 우리는 아이가 입은 옷의 색을 보고서야 아이가 남자아이인지 여자아이인지 아는 경우가 많다.

문화를 이해하는 데 상징이 왜 중요한지 다음 질문을 생각해 보면서 풀어보면 좋을 것 같다. '서구'의 모든 국가의 제일 중요한 문화적 상징이 무엇인가? 여기서 서구는 미국, 캐나다, 호주, 독일, 스페인, 포르투갈, 이태리, 영국, 프랑스 등과 같은 나라를 가리키는데, 이들은 역사적으로 서로 큰 전쟁을 여러 번 치른 나라이고, 특히 몇백만 명의 희생자를 낸 제1차 및 제2차 세계대전을 치른 국가이다. 그런데 이 나라들이 공통으로 중요시하는 문화적 상징은 무엇일까? 대답은 바로 십자가이다. 그 상징을 통해 우리는 이 서구 나라들의 종교가 천주교와 개신교를 포함한 기독교라는 것을 알 수 있고, 또 그것을 통해 그들의 종교적 정서, 세계관, 가치관, 의식 절차 등에 대해 알 수 있고, 나아가 생활 방식, 법과 건축까지 상상해 볼 수 있다.

그럼, 한국문화의 대표적인 상징은 무엇일까? 먼저 한국의 전통종교, 또는 신자 수가 많은 종교를 생각할 수 있다. 한국의 전통종교는 중의 하나인 유교는 특별한 상징이 없고, 무교와 불교는 만(卍) 자 문양이 있다. 한국의 대표적인 종교적 상징에는 십자가도 포함한다. 왜냐하면, 2015년 기준으로 신자 수가 가장 많은 종교는 개신교(총인구의 약 20%)이고, 세 번째로 큰 종교는 천주교(총인구의 약 7%)이기 때문이다. 한국문화의 다른 대표적인 상징으로는 태극, 태극기, 삼태극, 무궁화, 호랑이 등이 있다. 삼태극의 경우 하나의 원이 3개로 분화되어 있는 태극의 형태를 말하는데 "천지인"—하늘(天) · 땅(地) · 사람(人)—의 어우러짐"을 상징한다. 삼태극은 한반도에 신라, 고구려, 백제가 존재하던 삼국시대 무렵 도입된 이래 태극과 함께 미술, 건축 등 각종 분야에서 넓게 사용되었으며, 현재 전통적인 부채나 한옥의 대문 그리고 대한민국 정부 기관들의 로고로 쓰이고 있다. 또한, 수도권 전철역 노선도에 환승역을 표시하는 상징으로도 사용되고 있다. 1988년에는 올림픽 로고의 윗부분에 변형된 삼태극 모양이 사용되었다. 무궁화는 대한민국의 국화라고 널리 알려졌지만 현재 법으로 규정된 국화는 없다. 하지만 무궁화는 옛날부터 민족을 상징하는 꽃으로 쓰여 왔다고 하며, 이 꽃의 상징적 의미는 불멸을 뜻하는 "무궁"이라는 단어에서 비롯된다. 이는 역사적으로 잦은 외침과 여러 번의 점령에도 한국 고유문화가 유지된 것과 한국인의 생존력을 반영한 것이다. 무궁화는 각종 상징물에 자주 사용되고 있다. 예를 들어, 무궁화는 현재 나라 문장, 대한민국 대통령과 국무총리의 상징 문장, 대한민국 훈장, 일원 주화, 대통령실 상징, 육군, 해군, 공군, 경찰청, 소방청 등 상징의 일부, 하사 이상 군 계급장의 받침 등으로 이용되고 있다. 호랑이는 용맹함과 강함 등을 상징하는데 1988년 서울올림픽 때와 2018년 평창겨울올림픽 때 마스코트로 선정되었다.

나. 언어(Language)

언어는 문화의 가장 중요한 상징 중의 하나이다. 인간은 언어를 통해 말을 하고 들으며 서로의 감정과 생각을 전달하고 표현한다. 특정 언어를 공유하면서 인간은 한 시대의 역사, 가치관, 지식 등을 공유하고 또 기록하며, 공유된 기록들을 다음 세대에 전달하면서 특정 문화를 만들어 간다. 소통의 방법으로 몸짓 등 다른 방법을 이용할 수도 있겠지만 언어는 소통 매체로서 가장 정확하고 효율적이고 유연하다고 할 수 있다.

나아가 언어는 사용하는 사람들의 세계관이 만들어지는데 매우 큰 영향을 미친다. 즉, 우리와 다른 언어를 사용하는 사람들은 우리와 세계를 다르게 인식한다. 이는 언어가 한 사회의 공통적이고 중요한 가치를 반영하기 때문이다. 그래서 다른 문화를 이해할 때 그 문화의 언어를 배우는 것도 중요하지만, 동시에 그 언어에 내포된 가치관을 알아가는 것은 우리와 다른 그들의 사고방식과 세계관을 이해하기 위해 매우 중요하다. 언어학자들은 전 세계에 존재하는 몇천 개 이상의 언어에 대한 분석을 통해 많은 언어가 같은 현상을 다르게 해석한다는 것을 알아냈다. 언어 상대성 가설(Linguistic-relativity Hypothesis)이라고 알려진 이론에 의하면 언어의 구조는 말하는 사람의 세계관이나 인식에 영향을 미치므로 사람들의 인식은 구어와 관련이 있다. 즉, 특정 언어의 사용자들은 관련 언어의 문법적 형태 및 범주 내에서만 세계를 보고 해석할 수 있다는 것이다(Robertson, 1981: 73). 대표적인 언어 상대성 가설은 미국의 인류학자 에드워드 사피어(Edward Sapir)와 언어학자인 벤자민 리 워프(Benjamin Lee Whorf)의 '사피어-워프 가설'(Sapir-Whorf Hypothesis)이다(Sapir, 1921; Whorf, 1956). 사피어-워프 가설에 따르면 언어는 우리가 사물을 어떻게 보게 하는지 영향을 주며 이는 결국 우리가 세상을 어떻게 경험하게 하는지 영향을 준다. 이 가설은 다른 언어를 사용하는 사람들은 세계를 다르게 인식하고, 또 우리는 우리가 사용하는 언어의 범위 내에서만 사고할 수 있다는 것을 밝히고 있다. 이런 맥락에서 20세기의 가장 위대한 철학자로 꼽히는 루트비히 비트겐슈타인(Ludwig Wittgenstein)은 "나의 언어의 한계가 나의 세계의 한계다"라고 말했다(비트겐슈타인, 2006).

한국어에서는 다음과 같은 몇 가지 특징을 찾을 수 있다. 첫째, 한국말을 쓰는 사람의 숫자가 한국인이 생각하는 것보다 상당히 많다는 것이다. 세계적으로 사용되는 언어 수는 7천 개가 넘는데(Simons 2019), 모국어 사용자 수 기준으로 한국어 사용자는 약 8천만 명으로(대한민국: 5천만; 북한: 2천5백만; 재외동포: 7백만), 이는 세계에서 12~13위에 해당한다. 둘째, 한국어 어휘가 중국어의 영향을 많이 받았다는 사실이다. 한국어에서 사용되는 어휘의 약 60%가 중국어에서 유래했고, 약 35%는 순수한 한국말이다. 나머지 5%는 외국어에서 "빌려온" 어휘들인데, 대부분 영어에서 빌려왔다. 셋째, 한국어의 글씨 체계인 한글의 간결함이다. 한글에는 총 24개의 문자가 있는데 이는 세계적으로 우수한 글씨 체계로 인정받는 영어(26개 문자)보다도 적은 숫자이다. 많은 언어학자는 한글이 세계에서 가장 단순하고, 가장 논리적이며, 가장 독창적이고 과학적인 문자라고 주장한다. 한글의 우수성은 여러 가지가 있지만, 그중 가장 중요한 것은 한글이 소리의 표현에 가장 적합하다는 것이다. 그래서 한글은 "보이는 음성"(Visible Speech)과 같다고 한다. 즉, 한글은 소리를 그대로 나타내는 글자이고, 또 소리 나는 모양을 본뜬 글이어서 외우고 기억하기에 쉽다는 것이다. 이는 영어와 비교해 봐도 얼마나 중요한 이점인지 알 수 있다. 영어의 경우, 모든 모음과 자음이 다르게 발음될 수 있고 또 묵음(Silent Letters, 예: Knife, Honest, Lamb 등)들이 많아 정확한 발음을 글만 가지고는 알기 힘들다.

그 외에 한국어에 나타나는 언어적 특징들도 흥미롭다(백두현 외 2019). 첫째, 한국어는 매우 발달한 경어 체계, 즉 존댓말을 가지고 있는 것이 특징이다. 이것은 위계질서를 중요시하는 한국인의 세계관 및 정서를 나타낸다. 존댓말은 거의 모든 언어에서 나타나는 현상이지만 한국어처럼 쓰임새가 다양하게 세분되고 복잡한 언어는 없다. 예를 들어, 현재는 대략 세 단계로만 쓰이고 있지만, 이전에는 여섯 단계의 존댓말이 있었다. 또한, 듣는 이에 대한 존중을 나타내기 위해 명사 및 동사까지 바꿔서 쓴다. 하지만 영어의 존댓말은 미혼 · 기혼 구별 없이 쓰이는 여성의 존칭인 미스(Ms), 남성의 호칭인 미스터(Mr.), 의사 또는 박사의 존칭인 의사(Dr.), 교수(Professor), 코치(Coach), 목사(Reverend) 등 호칭에 국한되어 있다. 그런데 한국과 함께 유교문화권이라고 할 수 있는 중국에서는 '의외로' 존댓말과 반말의 구분이 거의 없다. 윗사람이나 격식을 지켜야 하는 상대방을 높여 부를 때 "닌"(nin)이라는 표현을 쓰고 그 외 상대방에게는 "니"(ni)라고 하는 것 외에는 존댓말 개념이 존재하지 않는다. 둘째는 집단주의적 정서이다. 한국인의 집단적 사고방식은 "나의"라는 표현보다 "우리"라는 소유격 표현을 많이 사용하는 것에서 쉽게 알 수 있다. 이는 한국인이 공유하는 공동체 중심의 문화를 반영하기 때문이다. 대표적인 사례로 "우리나라," "우리 집," "우리 회사," "우리 학교," "우리 반," "우리 동네" 등이다. 가족을 소개할 때도 "우리 아빠," "우리 형," "우리 언니" 등으로 표현하고 배우자를 소개할 때도 "우리 집사람"이나 "우리 남편" 등으로 소개한다. 셋째, 한국어에 나타나는 또 하나의 특징은 가족주의적 정서이다. 한국인은 손위 형제자매를 부르는 친족어인 형, 오빠, 누나, 언니 등의 친족 호칭을 사회관계인 사람에게도 쓴다. 친구의 부모님도 자신의 친척을 호칭하듯 "아버님" 및 "어머님"이라고 부른다. 노인에 대해서는 친척이나 친구의 조부 여부에 상관없이 다 같이 할아버지, 할머니라고 부르는 경우가 많다.

다. 신념(Beliefs)

신념이란 어떤 것에 대해 진실이라고 확신하는 것이다. 신념은 문화를 구성하는 데 있어서 의미 체계를 제공하며, 특정 문화 구성원이 가지는 삶의 의미에 대한 질문에 답을 제공한다. 신념은 종교나 신화에 의해 만들어지기도 하고, 민속 또는 과학에 근거를 두기도 한다. 즉 신념, 종교, 민속, 과학 등에 만들어지는 의미 체계를 통해 특정 공동체 구성원은 진실이라고 믿는 것이 무엇인지를 만들어낸다. 신념의 공유는 특정 사회구성원을 결속시키는 한 부분이며 신념은 많은 규범과 문화적 가치의 근간이 된다. 아무리 작은 문화에도 신념이 존재하는데, 가장 중요한 신념 체계는 종교이다. 타문화를 이해하는 데 그 문화의 종교를 이해하는 것은 매우 중요하다. 세계에는 수많은 종교가 존재한다. 구성원 수가 세계 전체인구의 5% 이상을 차지하는 불교, 기독교, 이슬람교, 힌두교 등과 같은 '세계종교'(World Religions)가 있다. 그 외에도 구성원 수는 비교적 적지만 세계 12대 종교에 드는 것으로는 도교(Taoism),

시크교(Sikhism), 유대교(Judaism), 유교(Confucianism), 조로아스터교(Zoroastrianism), 신도(Shinto) 등이 있다.

한국의 대표적인 신념 역시 종교이며 전통종교들인 무교와 유교 및 불교는 물론이고 비교적 신흥종교인 기독교(천주교와 개신교)를 빼놓고는 신념에 대해 이야기 할 수가 없다. 여기에서는 위의 여러 종교 중에 한국의 전통종교를 간단히 설명하겠다. 무교(Shamanism)는 원시적 종교의 한 형태로서 태양, 별, 동물, 강, 산, 바위, 나무, 조상 등 만물에 영혼이 있다고 믿는 애니미즘(Animism) 종교이다(박일영 1999 참고). 무교는 이러한 영혼이 인간의 운명에 영향을 미친다고 믿기 때문에 불행한 일이 닥칠 때 초자연적 존재와 교류한다고 믿어지는 주술사인 무당(Shaman)에게 불운을 일으키는 것으로 여겨지는 악령을 쫓아내는 의식(굿)을 열도록 요청한다. 무당은 점복, 병 치료 등도 한다. 불교는 신을 내세우지 않고 지혜와 자비로 대표되는 깨달음의 종교이다. 불교의 핵심 가르침은 인간의 모든 고통과 번뇌는 애욕 · 집착에서 일어나는 것이며 그로부터 해탈하여 열반의 경지에 오르는 것을 궁극적인 목표로 삼는다(고익진 1987). 이런 불교의 교리와는 달리 많은 불교인은 부처에게 소원성취를 위해 기도를 하거나 절에 가서 예물을 바치며 기도를 올리기도 한다. 유교는 종교라기보다는 주로 윤리적, 사회 철학적 가르침으로 가족과 사회의 조화(질서), 자기 수양(교육), 부모와 조상에 대한 공경(효), 조상숭배의 중요성을 강조한다(금장태 1989). 유교의 유일한 종교적 요소는 조상숭배라고 할 수 있다.

한국에서 볼 수 있는 흥미로운 종교적 동향을 몇 가지 지적해 보면 다음과 같다. 첫째, 세계의 주요 종교를 포함한 다양한 종교가 공존한다는 것이다. 대부분의 나라에서는 종교 하나의 신도가 압도적으로 많다. 한국에는 개신교, 불교와 천주교가 제일 많은 신자를 가진 종교이고, 통계에는 따로 포착되지 않지만, 한국인의 종교적 정서와 세계관에 많은 영향을 끼치고 있는 유교 및 무교 역시 중요한 종교이다. 무교, 불교, 기독교 등 대표적인 종교 외에도 한국 사회에는 다양한 종교가 공존하고 있다. 문화체육관광부(2012, 3)가 발간한 『한국의 종교 현황』에 따르면 510여 개의 종교 단체(교단 및 교파)가 활동하고 있다고 한다. 사실, 세계 지역별 종교 다양성을 분석한 자료(Pew Research Center 2014, 7)에 의하면 아시아가 종교의 다양성이 매우 높은 곳으로 나타나는 유일한 대륙이며 한국도 예외가 아니다.

둘째, 통계청(2016)이 발표한 '2015 인구 주택 총 조사 보고서 종교통계'에 따르면 한국의 '무종교' 인구 비율은 매우 높다. 1985년엔 57.4%, 1995년엔 49.6%, 2005년엔 47.1% 그리고 2015년엔 56.1% 등으로 전체인구의 반을 맴돌고 있다(그림 1-1 참고). 한국의 무종교 인구 비율이 높다는 것은 외국과 비교해도 쉽게 알 수 있다. 미국 퓨 연구센터가 2015년에 전 세계 거의 모든 국가가 보유한 2,500개가 넘는 인구조사(Census)를 토대로 발표한 조사에 의하면, 세계 인구의 16%만이 종교가 없다고 대답했다(그림 1-2 참고; Pew Research Center 2017, 8). 한국의 무종교 인구 비율이 비교적 높은 이유로 가장 중요한 것은 종교가 대체로 오랫동안 억압받았기 때문이다. 예를 들어, 조선시대(1390-1910)에는 유교만 빼고 불교 및 무교 등 모든 종교 행위가 금지되었었고, 일본 강점기(1910-1945) 때에도 종교의 자유가 보장되지 않았다. 특히 개신교가 많은 억압을 받았다.

[그림 1-1. 한국의 종교인구 분포율(2015년)]

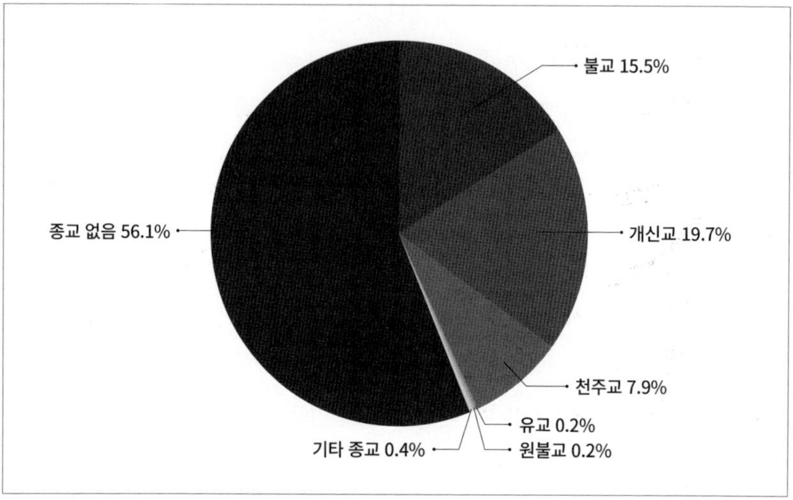

*출처: 통계청(2016).

[그림 1-2. 종교 유형별 세계 인구]

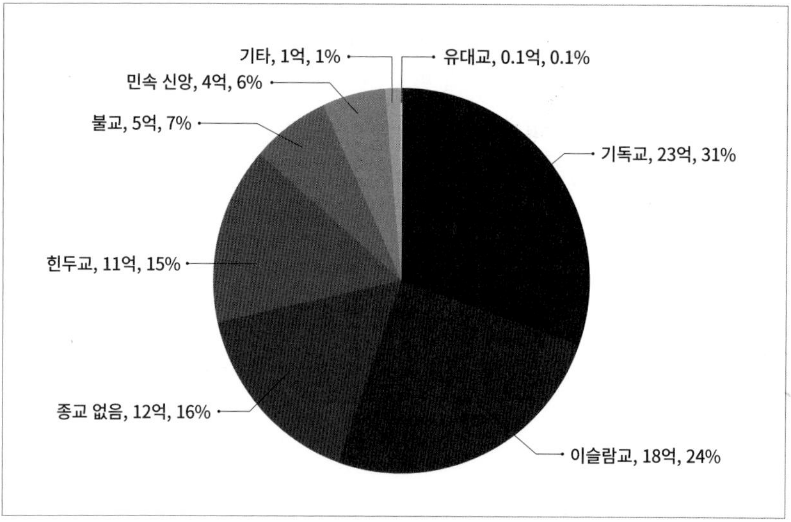

*출처: Pew Research Center(2017, 8).

셋째, 위의 통계에 따르면 종교통계가 만들어지기 시작한 1985년 이후 2015년에 처음으로 개신교가 신자 수에서 제일 큰 종교가 되었다(표 1-1 참고). 전체적인 종교인구 감소에도 개신교 자 수는 2005~2015년 사이에 123만 명이 증가해서 거의 1천만 명을 기록했다. 반면에 1945년 해방 전후 한국에서 제일 큰 종교이었던 불교의 인구는 2005~2015년 같은 기간에 거의 300만 명이 급감하여 761만 명이 되었다. 천주교 인구도 110만 명 이상 감소하여 389만 명이 되었다.

[표 1-1. 한국의 종교 인구(1985~2015)]

연도	1985	1995	2005	2015
총인구	40,448	43,834	46,352	49,052
종교 있음	17,203 (42.6%)	22,100 (50.4%)	24,526 (52.9%)	21,544 (43.9%)
불교	8,059 (19.9%)	10,154 (23.2%)	10,588 (22.8%)	7,619 (15.5%)
개신교	6,489 (16.1%)	8,505 (19.4%)	8,446 (18.2%)	9,676 (19.7%)
천주교	1,865 (4.6%)	2,885 (6.6%)	5,015 (10.8%)	3,890 (7.9%)
원불교	92 (0.2%)	86 (0.2%)	129 (0.2%)	84 (0.2%)
유교	483 (1.2%)	210 (0.5%)	104 (0.2%)	76 (0.2%)
천도교	26 (0.1%)	28 (0.1%)	45 (0.1%)	66 (0.1%)
대종교	11 (0.0%)	7 (0.0%)	4 (0.0%)	3 (0.0%)
기타	175 (0.4%)	225 (0.5%)	196 (0.4%)	139 (0.3%)
종교 없음	23,216 (57.4%)	21,735 (49.6%)	21,826 (47.1%)	27,499 (56.1%)

*출처: 통계청(2016).

넷째, 아시아 전체를 두고 봤을 때 필리핀만 빼고 한국에서만 기독교가 하나의 중요한 종교로 자리 잡았다(Kim 2022, 2005). 개신교와 천주교를 포함한 한국의 기독교 신자 수는 1,350만 명을 넘고 전체인구 대비 비율은 거의 28%나 된다. 한국에서 기독교 신자가 급증하는 것은 매우 특이한 현상으로, 필리핀과 비교해 보면 더욱 두드러진다. 필리핀은 1565년부터 1898년까지 333년 동안 스페인의 식민지이었고, 그 후 거의 반세기 동안 미국의 식민지였다. 특히, 가톨릭 국가인 스페인의 영향으로 필리핀은 2010년 현재 전체 인구의 80% 이상이 천주교 신자인 가톨릭 국가이다. 식민지 국민이 그들을 통치했던 국가의 종교를 그대로 받아들인 경우는 세계사 속에서 많이 나타나는 현상이며, 필리핀도 예외는 아니다. 따라서 한국의 경우는 매우 독특한 사례이다. 기독교 국가의 식민지도 아니었는데 기독교가 크게 성장한 사례는 전 세계에서 한국이 거의 유일하다고 해도 과언이 아니다. 기독교 성장에 있어서 이와 같은 한국에서 볼 수 있는 독특한 현상은 이웃 나라 중국과 일본과 비교해 볼 때도 두드러진다. 이들 나라는 한국과 비슷한 문화를 가지고 있고, 또한 중국과 일본에서 선교사의 기독교 전파 노력과 방법도 비슷했는데, 결과가 너무나 달랐다. 중국은 현재 총인구의 약 5%가 기독교인이라고 알려져 있다. 일본은 우리나라 인구의 2.5배 정도로 큰 나라임에도 불구하고 기독교 인구가 1백만 명(총인구의 약 0.5%) 안팎인 걸로 알려져 있다. 중국의 경우는 총 기독교 인구만 놓고 봤을 때 한국의 기독교 인구보다 많지만, 각각 중국과 일본 사회에서 기독교가 가지고 있는 영향력은 물론이고 총인구 대비 기독교 인구 비율을 보면 한국과 비교가 안 된다.

라. 규범(Norms)

규범은 특정 상황에서 사람들이 어떻게 행동해야 하는지 정의하는 규칙 또는 지침이다. 모든 문화에는 예절, 관행, 민습, 습속, 관습 및 금기와 같은 비형식적인 사회규범과 법(Law)과 같은 형식적이고 표준화된 규범이 공존한다. 규범은 사회의 가치, 신념 및 이념과 밀접하게 관련되어 있으며 사회 질서를 유지하고 사회구성원들이 조화롭게 살기 위해 지켜야 할 행동 규칙이다(Axtell 1993). 규범은 구성원들에게 집단의 행동 양식을 알려주고 그들의 잠재적인 일탈 행위를 막고 사회 질서를 유지하는 데 매우 중요한 역할을 한다. 그래서 규범을 위반했을 때는 조롱이나 비난 또는 꾸지람이 따른다. 규범은 문화적 특수성을 지니며, 따라서 다른 문화에 속한 사회마다 현저하게 달라질 수 있다. 예를 들어, 북아메리카 및 여러 유럽 국가에서는 서비스에 대한 고마운 표시로 호텔, 식당 등에서 그리고 택시 사용 후 팁(Tip)을 준다. 서양에서는 팔꿈치를 식탁 위에 올려놓는 것이 무례한 행동으로 여겨진다. 많은 나라에서는 남자가 여자에게 악수를 먼저 청하는 것이 실례인 경우가 많다. 또 다른 특이한 규범은 중동문화의 예를 들을 수 있다. 중동문화에서는 왼손을 "더러운" 손으로 여기기 때문에 왼손으로 악수하거나 왼손으로 손을 흔드는 것은 매우 무례한 행동으로 보기 때문에 삼가야 한다. 비슷한 이유로 왼손으로 물건이나 음식을 왼손으로 건네주거나 왼손으로 음식을 먹는 것은 삼가야 한다. 왼손을 더럽다고 여기는 이유는 사막에서 살아온 아랍인들은 대변을 본 다음 닦을 것이 없어서 왼손으로 일을 보고 모래로 손을 닦았기 때문이라고 한다.

한국은 워낙 예절을 중요시하는 문화이기 때문에 규범 역시 많고, 다양하고 복잡하다(배용광 · 변시민 1984; 박춘옥 2002). 다른 문화에 속한 외국인이 한국에 장기 체류해야 할 때 중요한 규범을 숙지하고 오는 것이 일반화되어 있다. 우리나라의 대표적인 규범은 다음과 같다:

한국의 대표적인 규범

- 인사할 때 허리를 살짝 굽히고 고개를 숙이며 하기
- 어른, 상사 및 낯선 사람에게 존댓말 쓰기
- 집에 들어갈 때 신발 벗고 들어가기
- 두 손으로 주거나 받기
- 이름 대신 직함 앞에 성을 붙여 부르기
- 하품할 때나 웃을 때 입 가리기
- 어른 앞에서 술 마실 때 머리 옆으로 돌리고 마시기
- 어른이나 상사 앞에서 편한 자세나 다리 꼬고 앉지 않기(상사 또는 나이가 많은 연장자 앞에서 주머니에 손을 집어넣고 응대하는 것도 금기사항임)
- 앉아있을 때 다리 흔들지 않기
- 숟가락이나 젓가락을 밥 먹는 중에 밥에 끼워 세워놓지 않기
- 남의 머리 치지 않기
- 빨간색 잉크로 사람 이름 안 쓰기(전통적으로 죽은 사람의 이름만 빨간색으로 썼음)

마. 가치관(Values)

가치관이라는 개념은 일상생활에 흔히 언급된다. 예를 들어, "개인주의적 가치관," "결혼에 대한 가치관," "서양적 가치관," "가치관의 차이," "가치관의 변화," "그릇된 가치관" 등의 표현이 자주 사용된다. 가치관은 "개인으로서 인간의 바람과 전체로서 사회의 열망을 포괄하고 있는 개념"이라고 정의할 수 있다(Braithwaite & Scott 1991, 661). 즉, "가치관은 인간이 바라는 바를 뜻하며, 미래의 삶의 방향을 정하고 과거 행동을 정당화하는 기능을 하며, 사회화 과정에서 핵심적인 개념"이다(김철민 1999, 54). 미국 심리학자 밀턴 로키치(Milton Rokeach)에 따르면 "가치관은 모든 문화적, 제도적 및 개인적 세력들의 집합체로서 개인에게 평생 영향력을 행사"하고(Rokeach 1973, 23), 개인의 일상생활 행동과 선택을 결정짓는 기준 또는 삶의 지침(Guiding

Principle)이며, 중요한 정도에 따라 위계적으로 구성되어 있다(Rokeach 1973, 25). 로키치(Rokeach, 1968, 124)는 "어른은 아마 수천, 수만 또는 수십만 이상의 신념과 수천 개의 태도를 가지고 있지만 [중요한] 가치관은 10여 개 남짓밖에 가지고 있지 않다"라고 밝히고 있다.

이와 같은 가치관의 특성과 가치관에 대한 인문 · 사회과학 내 다양한 학문의 정의를 종합해 보면, 가치관은 주어진 상황에 대해 대응할 때 개인의 선택이나 판단의 기준에 영향을 주는 사고방식, 신념 또는 태도이다. 가치관은 어떤 행동이 적절하고 적절하지 않은지에 대한 기준을 알려주는 것은 물론이고 어떤 기준으로 사람과 사물, 현상을 평가해야 하는지 잣대도 제시한다(Williams 1968, 283-284). 가치관은 보통 긍정적인 가치와 부정적인 가치가 짝을 이룬다. 예를 들어, 용감함과 비겁함, 근면과 태만, 정직함과 부정직함, 성실함과 불성실함 등이다. 이는 가치관이 "개별적으로 존재한다기보다는 하나의 체계로서 또는 구조로서 존재하는 것"이며, "여러 가지의 가치가 위계 서열을 이루고 있으며, 그들 간에는 상호의존과 상호통제"의 관계가 있기 때문이다(양종회 1999, 69; 김경동 1992 참고). 그리고 가치관은 개인적인 것과 사회적인 것이 있는데 전자는 개인이 선호하는 태도나 관점이어서 개인에 따라 차이가 있다. 반면에 후자는 한 사회의 다른 구성원들과 공유되고 합의된 행동의 표준으로 작용하기 때문에 공식성(公式性)을 띤다.

가치관은 일반적으로 인식하고 인정하는 것보다 특정 사회에서 훨씬 더 많은 영향을 끼치고 있다. 예를 들어, 왜 나는 공부를 열심히 해서 명문대에 가려고 했을까? 왜 내 부모는 서로를 배우자로 선택해서 결혼했을까? 왜 난 부자가 되고 싶을까? 왜 내 친구네 가족은 다른 나라로 이민하였을까? 이처럼 우리가 살아오면서 중요한 결단이나 결정을 내릴 일이 있는 경우 거의 모두 우리가 가지고 있는 가치관이 많은 영향을 주거나 아예 결정적인 영향을 미친다. 그럼, 한국인들이 가장 중요하게 여기는 가치관은 무엇일까? 이 질문에 다양하고 많은 답변이 있겠지만 한국인의 중심적 가치관이 만들어지는 데에는 무교의 영향을 많이 받은 부, 성공, 건강 및 장수를 들을 수 있고, 유교적 가치관이라고 할 수 있는 효, 조상숭배, 어른 공경, 가족, 집단주의, 교육, 위계질서 등을 들을 수 있다(김종만 · 김은기 2020; 김동춘 2002; 임희섭 2002; 김태길 1982; 차재호 1994). 미국인에게 가장 중요한 가치관들이 부, 성공, 개인주의, 가족, 자유, 민주주의, 애국주의, 평등, 정직, 박애주의 등인 것을 보면 나라마다 문화마다 중요한 가치관들이 다르다는 것을 알 수 있다.

결론

한국에서는 물론이고 전 세계적으로 문화의 형태는 더욱 다양해지고 있다. 앞에서는 한국의 사례를 들어 다양한 문화 체계를 이해하기 위해 모든 문화에 적용할 수 있는 5가지 구성 요소를 제시하였다. 전 세계적으로 문화가 많은 만큼 문화의 특성도 매우 다르다. 세계화 시대 그리고 다문화 현실에서 글로벌 소양을 갖추기 위해선 문화에 해한 올바른 이해가 필요하고, 내가 속한 문화와 다른 타문화를 존중하고 인정하는 열린 마음이 필요하다. 어떤 경우에는 문화적 다양성이 불편하게 느껴질 수도 있다. 그러나 전 세계의 많은 공동체는 타문화와의 접촉과 교류 경험을 통해 문화적으로 풍요로워지고, 풍요해진 특정 문화는 특정 공동체 구성원의 삶의 질을 높이는 사회적인 이바지를 하였다. 다양한 문화를 제대로 이해하는 것은 이제는 선택이 아니고 세계화 시대와 다문화 현실의 필수 조건이다. 문화에 대한 몰이해가 타문화 사람을 무시하거나 그들에게 무례한 행동으로까지 이어져서 사회적 갈등 및 폭력으로 이어질 수 있기 때문이다. 다른 문화를 올바르게 인식하고, 공감하고, 나아가 문화적 차이를 포용할 수 있는 개인의 사고력과 행동력은 세계화 시대에 그 사람의 적응력 및 "경쟁력"의 척도이다. 더 나아가, 문화적 다양성에 대한 깊은 이해는 상상력과 창의력의 원천이 된다. 내가 속한 문화와 다른 타문화에 대한 이해를 통해 우리는 모두가 함께 더욱 나은 내일을 상상하고 만들어 갈 수 있기 때문이다.

심화학습

1 상징, 언어, 규범, 신념 및 가치관과 같은 다섯 가지 개념 외에 문화이해의 핵심어로 생각되는 것이 있는지, 있다면 왜 핵심어로 생각하는지 설명해 보자.

2 익숙하지 않거나 완전히 다른 문화 환경을 경험했을 때 감정의 불안이나 어떻게 반응해야 할지 잘 모르는 상태를 '문화충격'이라고 한다. 이런 문화충격을 경험해 본 적이 있는가? 어떻게 극복하였는가?

3 서로 다른 두 문화가 만났을 때 상대 문화에 대한 이해가 부족하면 '문화 충돌'로 이어질 수 있다. 어떤 역사적인 사례가 있는지 그리고 어떤 문제로 이어졌는지 생각해 보자.

참고문헌

고익진. 1987. 『한국의 불교사상』. 서울: 동국대학교출판사.

금장태. 1989. 『한국유교의 이해』. 서울: 민족문화사.

김경동. 1992. 『한국인의 가치관과 사회의식』. 서울: 박영사.

김동춘. 2002. 「유교(儒敎)와 한국의 가족주의―가족주의는 유교적 가치의 산물인가?」. 『경제와 사회』 제55집.

김종만·김은기. 2020. 「가치관을 통해 본 한국인의 문화적 정체성: 유교와 무교를 중심으로」. 『신학과 사회』 제34집 3호.

김태길. 1982. 『한국인의 가치관 연구』. 서울: 문음사.

문화체육관광부. 1996-2013. 『한국인의 의식·가치관 조사』. 서울: 문화체육관광부.

박일영. 1999. 『한국 무교의 이해』. 서울: 분도출판사.

박춘옥. 2002. 『한국인의 생활예절』. 부산: 신지서원.

배용광·변시민. 1984. 『한국 사회의 규범 문화』. 서울: 고려원.

백두현 외. 2019. 『한국어로 보는 한국문화』. 서울: 한국문화사.

비트겐슈타인, 루트비히 저·이영철 역. 2006. 『논리-철학 논고』 . 서울: 책세상.

양종회. 1999. 「현대 한국의 가치체계의 기원과 변동」. 김일철 외 공저. 『한국사회의 구조론적 이해―숨겨진 원리, 드러난 변화』. 서울: 아르케.

에번스, 개빈 저·강미경 역. 2018. 『컬러 인문학 : 색깔에 숨겨진 인류 문화의 수수께끼』. 서울: 김영사.

웨인라이트, 고든 저·조은경 역. 2003. 『몸짓을 알면 대화가 즐겁다』. 서울: 미래의창.

임희섭. 2002. 『한국의 문화변동과 가치관』. 서울: 나남.

차재호. 1994. 「지난 100년간에 일어난 한국인의 가치, 신념, 태도 행동의 변화」. 『한국심리학회지: 사회』 제6집 2호.

통계청. 2016. 『2015 인구주택총조사보고서』. 대전: 통계청.

참고문헌

Axtell, Roger E. 1993. *Do's and Taboos Around The World.* New Jersey: Wiley.

Benedict, Ruth. 1934. *Patterns of Culture.* New York: Houghton Mifflin Company.

Braithwaite, Valerie A. & William A. Scott. 1991. "Values." In John P. Robinson, Phillip R. Shater & Lawrence S. Wrightsman (eds.), *Measures of Personality and Social Psychological Attitudes* Volume 1, pp. 661-753. New York: Academic Press.

Brown, Donald E. 1991. *Human Universals.* New York: McGraw Hill.

Geertz, Clifford. 1973. *The Interpretation of Cultures: Selected Essays by Clifford Geertz.* New York: Basic Books.

Harris, Marvin. 1974. *Cows, Pigs, Wars and Witches: The Riddles of Culture.* New York: Random House.

__________. 1977. *Cannibals and Kings: The Origin of Cultures.* New York: Random House.

Hopper, Paul. 2007. *Understanding Cultural Globalization.* Cambridge: Polity Press.

International Organization for Migration. 2022. *World Migration Report 2022.* Retrieved from: https://digitallibrary.un.org/record/3951157

Kim, Andrew Eungi. 2005. "Protestantism in Korea and Japan from the 1880s to the 1940s: A Comparative Study of Differential Cultural Reception and Social Impact." *Korea Journal* 45(4).

__________. 2022. *The Rise of Protestantism in Modern Korea: A Sociological Perspective.* Newcastle upon Tyne, UK: Cambridge Scholars Publishing.

Language Log. 2004. "46 Somali Words for Camel." February 15. Retrieved from: http://itre.cis.upenn.edu/~myl/languagelog/archives/000457.html

New Scientist. 2012. "Are There Really 50 Eskimo Words for Snow?" December 18. Retrieved from: https://www.newscientist.com/article/mg21628962.800-are-there-really-50-eskimo-words-for-snow/

Pew Research Center. 2014. *Global Religious Diversity.* Washington, DC: Pew Research Center.

__________.. 2017. *The Changing Global Religious Landscape.* Washington, DC: Pew Research Center.

Robertson, Ian. 1981. *Sociology,* 2nd ed. New York: Worth Publishers.

Rokeach, Milton. 1968. *Beliefs, Attitudes, and Values: A Theory of Organization and Change.* San Francisco: Jossey-Bass.

Rokeach, Milton. 1973. *The Nature of Human Values.* New York: The Free Press.

Sapir, Edward. 1921. *Language: An Introduction to the Study of Speech.* New York: Harcourt, Brace and Company.

Simons, Gary F. and Charles D. Fennig, eds. 2019. *Ethnologue: Languages of the World,* 22nd ed. Dallas: SIL International.

Whorf, Benjamin. 1956. *Language, Thought, and Reality: Selected Writings of Benjamin Lee Whorf* (ed. by John B. Carroll). Cambridge, MA: MIT Press.

Williams, Robin. 1968. "The Concept of Values." In David Sills (ed.), *International Encyclopaedia of the Social Sciences,* Vol. 16, pp. 283-287. New York Macmillan.

Chapter 02

한국의 거시경제와 정책

1. 국민소득: 생산과 지출
2. 한국의 경제개발 정책
3. 한국 경제의 위기와 극복
4. 한국 경제의 남겨진 과제

02
한국의 거시경제와 정책

이 동 은

개요

한국 경제는 1950년대 세계 최빈국 수준의 소득 수준에서 2020년대에는 세계 10위권의 고소득 국가가 되기까지 빠른 경제성장을 이루어 왔다. 그 경제성장과 위기극복의 과정, 정부의 경제정책을 이해하는 것은 과거와 현재의 한국 경제를 이해하는 첫 번째 관문이라고 할 수 있다. 본 장에서는 한국전쟁 이후부터 현재에 이르기까지 한국경제의 발전상과 변화상을 거시경제 변수 자료를 통해 소개하고, 남겨진 한국경제의 과제에 대해 논한다. 제1절에서는 국민소득을 생산 측면과 지출 측면으로 나누어, 1953년 66달러 수준이던 1인당 명목 국내총생산(Gross Domestic Product, GDP)이 2021년 34,984달러까지 가파르게 상승하게 된 원인과, 그에 따라 변화하게 된 거시경제 상황에 대해 분석한다. 먼저 생산 측면에서는 높은 교육 수준을 배경으로 한 양질의 노동과 기술발전, 높은 저축률로 인한 자본의 축적 등에 대해 논하고, 지출 측면에서는 민간 소비, 투자, 정부 지출, 수출과 수입 등의 역할과 시대별 변화상을 분석한다. 제2절에서는 1960년대부터 시작된 경제개발 5개년 계획, 수출주도 성장정책, 금융실명제 등 반부패 정책 등에 대해 소개하고, 제3절에서는 아시아 외환위기, 글로벌 금융위기, 코로나 시기와 같은 경기침체 시기와 이에 대한 대응을 설명한다. 제4절에서는 저출산 문제 등으로 인한 성장률 저하 문제, 고령화와 사회복지 수요 증가로 인한 국가채무 문제 등 향후 한국 경제에 남겨진 과제에 대해 논한다. 심화학습에서는 1960년대 한국과 비슷한 소득 수준을 가진 국가들의 현재 모습에 대해 자료를 통해 비교 분석하고, 한국의 성장 전략에 대해 평가한다.

키워드

경제성장, 노동과 자본, 수출, 정부 정책, 경제위기

1. 국민소득: 생산과 지출

국내총생산(Gross Domestic Product, GDP)은 한 국가 안에서 정해진 기간 동안 생산한 생산물의 시장가치의 총합이다. GDP는 그 국가 전체의 소득이 되며, 한 국가의 경제 상황을 묘사할 때 가장 중요한 변수라고 할 수 있다. 한 국가 GDP의 증가를 경제성장이라고 하는데, 한국의 거시경제를 묘사할 때 가장 큰 특징은 60년대 중반부터 90년대 중반까지 지속해 왔던 높은 경제성장률이다.

[그림 2-1]은 1953년부터 2021년까지의 미국 달러 기준 명목 1인당 GDP의 추이를 나타내고 있는데, 현대 한국 경제의 특징을 압축적으로 잘 보여주고 있는 자료이다. 먼저 한국전쟁 직후인 1953년 한국의 1인당 GDP는 66달러 수준으로 세계 최빈국 수준이었으며, 1963년 이전까지 이후 10여 년간의 1인당 국민소득 수준도 100달러 이하로 세계 평균 수준을 크게 밑돌고 있었다. 그러나 1960년대 중반 이후 정부 주도의 경제개발이 효과를 발휘하면서 이후 30여 년 동안 연평균 10% 정도의 높은 성장을 하였으며, 1980년대 후반부터 세계 평균 수준을 넘어서기 시작했다. 2021년 한국의 명목 GDP는 34,984달러로 세계 평균인 12,263달러의 2.8배 수준이다.

[그림 2-1. 1인당 명목 GDP 추이]

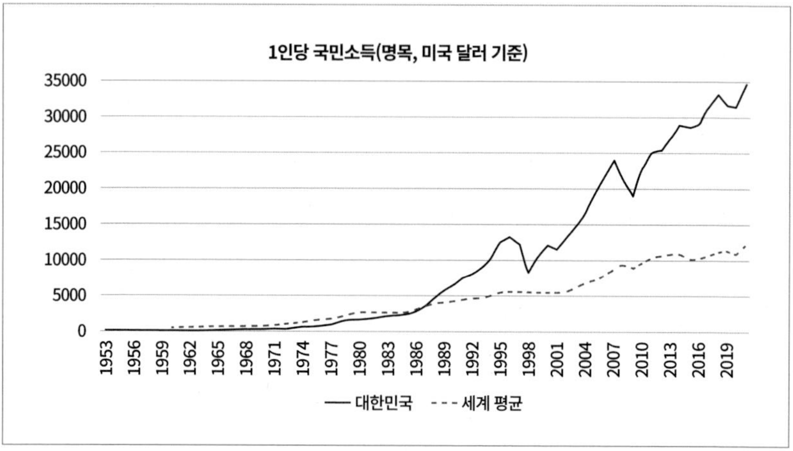

*출처: 한국은행 경제통계 시스템 및 세계은행(World Bank) 세계발전지표(World Development Indicators, WDI) database.
https://ecos.bok.or.kr/ https://databank.worldbank.org/source/world-development-indicators

빠른 경제성장으로 한국은 세계 최초로 "원조받던 국가에서 원조하는 국가로" 전환하게 되었다. 1996년에는 소위 선진국들의 경제협력기구라 할 수 있는 경제협력개발기구(Organisation for Economic Co-operation and Development, OECD)에 29번째 정회원국으로 가입하였다. 2021년에는 유엔무역개발회의(United Nations Conference on Trade and Development, UNCTAD)의 무역개발이사회(Trade and Development Board)에서 아시아와 아프리카 국가로 구성된 그룹 A에서 선진국으로 구성된 그룹 B로 옮기게 되었는데, 그룹 A에서 B로 이동한 국가 역시 한국이 유일하다.

그렇다면 이렇게 빠른 성장을 한 거시경제학적인 이유는 무엇이고, 그렇게 높아진 평균적인 소득은 어떻게 사용되고 있을까? 한 국가의 GDP는 생산 측면과 지출 측면으로 나누어 볼 수 있다. 먼저, 생산 측면에서 재화와 서비스를 생산하는데 중요한 요소는 노동, 자본, 생산성이라 할 수 있다. 예를 들어, 스마트폰을 만드는 데에는 스마트폰 틀을 찍어내고 반도체를 만드는 기계와 공장(자본)이 필요하고, 그 공장 안에서 기계를 움직이는 사람(노동)이 필요하며, 고성능의 반도체를 디자인하고 만들 수 있는 기술(생산성)이 필요하다.

다음으로 그렇게 벌어들인 소득을 어떻게 쓰느냐는 지출 측면의 GDP라고 할 수 있는데, 민간소비, 투자, 정부지출, 순수출로 나누어 볼 수 있다. 민간소비는 일반 국민이 의식주와 여가 등에 지출하는 것이며, 투자는 현재의 소비 대신 미래의 생산을 위해 공장을 건설하고 기계 등 생산시설을 확충하는 것을 말한다. 정부지출은 군대, 경찰, 소방서 등 기본적인 정부 서비스를 제공하는 것부터, 사회복지에 대한 지출까지 한 국가의 GDP 중 정부가 사용하는 부문이다. 마지막으로 순수출은 수출에서 수입을 뺀 값으로 정의되는데, 자국에서 만든 제화와 서비스를 타국에서 소비하는 부문이다. 이를 [식 2-1]과 같이 간단한 수식으로 나타낼 수 있다.

[식 2-1]

$$Af(L, K) = C + I + G + (Ex\text{-}Im)$$

먼저 식의 좌측은 생산 측면 우측은 지출 측면의 GDP를 나타내고 있는데, 개념적으로 생산 측면과 지출 측면의 GDP 총합은 같아야 하므로 이를 GDP 항등식이라 부른다. 생산 측면에서 기본적으로 노동(L)과 자본(K)을 생산함수($f(\bullet)$)에 투입하면 재화와 서비스를 생산하는 것으로 나타낼 수 있고, 같은 노동과 자본을 투입하더라도 한 국가의 전체적 생산성(A)에 따라 생산하는 재화와 서비스의 양이 달라질 수 있다. 우측의 지출 측면에서는, 좌측에서 만들어진 재화와 서비스를 민간소비(C), 투자(I), 정부지출(G), 순수출(Ex – Im)을 통해 사용한다고 할 수 있다. 순수출은 수출(Ex)과 수입(Im)의 차이로 나타낼 수 있다.

먼저 한국의 경제성장을 생산 측면에서 접근하면, 빠른 경제성장의 단서를 발견할 수 있다. 한국은 전후 1955년부터 1974년까지 베이비붐 세대를 지나오며 높은 인구증가율을 보였고, 이는 경제성장을 위한 풍부한 노동력(L)의 바탕이 되었다. 1960년 2천5백만 명이었던 한국의 인구는 1984년 4천만 명을 넘어서고, 2012년에는 5천만 명에 이르게 되었다. 그러나 단순히 인구 수만 많다고 경제성장에 도움이 되는 것은 아니다. 높은 교육 수준을 바탕으로 한 질 높은 노동력이 풍부하게 공급되었다는 점이 한국의 경제성장을 설명하는 보다 중요한 요인이다. 전쟁 직후인 1950년대에도 한국의 교육 수준은 개도국 평균보다 높은 수준이었다. 1950년대 4.5%였던 한국의 전체 인구 대비 고졸자 비율은 개도국 평균인 3.5%보다 높았고, 1980년대부터는 29.48%로 선진국 평균인 26.7%을 상회하기 시작하였다(Barro and Lee 2013). [그림 2-2]는 15세 이상 인구 중 대졸자 비율 추이를 나타내고 있는데, 한국의 대졸자 비율은 전후 직후인 1950년대에도 개도국 평균 수준보다 높았으며, 2000년대 이후부터는 선진국 평균 수준도 크게 상회하고 있다. 이러한 높은 교육 수준을 가진 질 높은 노동력이 풍부했다는 점이 한국 경제 성장을 설명하는 첫 번째 요소이다.

[그림 2-2. 15세 이상 인구 중 대학졸업자 비율]

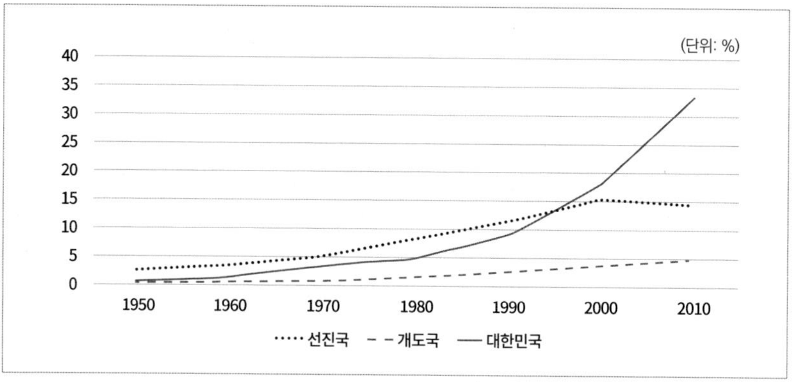

*출처: Barro and Lee (2013)의 자료를 바탕으로 저자 계산

한국의 빠른 경제성장을 설명하는 두 번째 요소는 빠른 자본(K)의 형성이다. 이는 한국 민간의 높은 저축률과 적극적인 정부 투자로 가능했다. 1960년대까지 한국의 민간 가계는 소득이 너무 낮아서 저축을 할 여력이 없었기 때문에, 투자를 위한 충분한 재원을 마련할 수가 없었다. 1960년대부터 본격적인 경제개발 정책을 펴기 시작한 한국 정부는 고속도로, 항만 등 미래 경제성장을 위한 기간구조(Infrastructure) 부문에 대한 투자를 하고, 해외차관을 이용하여 다른 산업에의 파급력이 큰 종합제철소 건설을 하는 등 적극적인 정부 투자에 나섰고 이는 경제성장의 원동력이 되었다. 1970년대부터 민간의 저축 여력이 생기자 한국의 높은 가계 저축률을 바탕으로 한 민간 투자도 활발해졌다. 이후 한국은 30% 내외의 높은 GDP 대비 투자를 보이고 있는데 이는 선진국뿐만 아니라 개발도상국들과 비교해도 매우 높은 수준이다.

마지막으로 생산성(A)은 국가 전반적인 기술 수준이라고 할 수 있는데, 높은 교육 수준을 바탕으로 한 연구개발이 그 바탕이 된다고 할 수 있다. 1950년대 한국은 한국전쟁 후 산업기반이 모두 파괴된 상태에서 농업 비중이 매우 높은 국가였다. 1960년대 의류, 신발 등 경공업 분야의 발전으로 시작하여, 1970년대 금속, 기계, 화학 등 중화학 공업으로 발전하였으며, 1980-90년대에는 높은 기술 수준이 필요한 자동차, 조선 분야까지 높은 경쟁력을 갖게 되었고, 2000년대 이후에는 한국의 반도체, 디지털, 가전 분야는 전 세계에서 최고 수준의 제품을 생산한다고 평가받고 있다. 이는 GDP 대비 연구개발비 지출 추이를 나타내고 있는 [그림 2-3]에서 볼 수 있는데, 2000년대 중반 이후부터는 고소득국가 평균도 크게 상회하고 있다. 이러한 연구개발을 통해 달성한 높은 기술력으로 노동집약적인 재화를 수출하던 국가에서, 2000년대 이후에는 기술집약적, 자본집약적인 고부가가치 상품을 수출하는 국가가 되었다.

[그림 2-3. GDP 대비 연구개발비 지출]

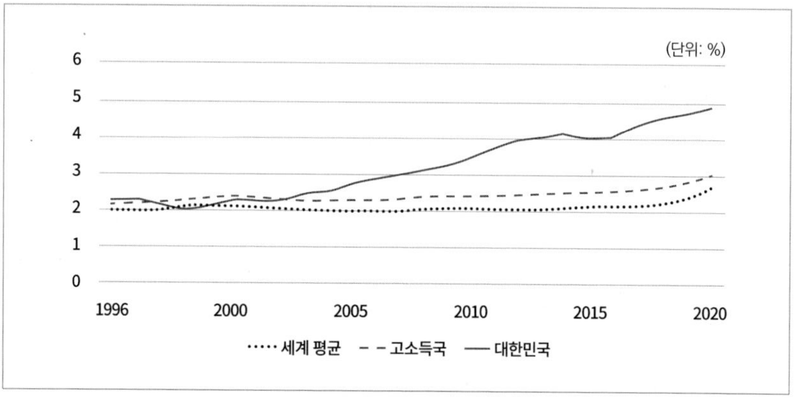

*출처: 세계은행(World Bank) 세계발전지표(World Development Indicators, WDI) database. https://databank.worldbank.org/source/world-development-indicators

노동, 자본, 기술을 통해 생산한 재화와 서비스를 어떻게 사용하고 있을까? [그림 2-4]는 한국의 지출 측면 GDP 항목별 비중 추이를 나타내고 있는데, 먼저 가장 눈에 띄는 것은 민간 소비이다. 전쟁 직후인 1950년대는 소득 수준이 매우 낮을 때여서, 민간 소비가 차지하는 비중이 GDP의 90% 정도였다. 정부의 역할도 미미했고, 투자할 재원도 없는 상태였다고 할 수 있다. 그러다가 소비는 80년대 중반까지 GDP의 50% 선으로 축소되었고, 소비가 감소하는 구간에 꾸준히 증가한 항목은 투자이다. 60년대 후반부터 30% 선을 오르내리던 투자의 비중은 80년대 후반 40%까지 이르다가 이후에는 꾸준히 30%를 상회하는 수준에서 유지되고 있다. 이러한 투자의 비중은 비교 대상인 선진국들에 비해 크게 높은 수준이며, 한국의 지속적인 고성장의 원인 중 하나였다.

수출과 수입은 '수출 주도 경제성장'이라 불리는 한국 경제성장의 큰 특징을 보여준다. 수출과 수입이 GDP에서 차지하는 비중은 꾸준히 상승하여 2010년대 초반, 한 때 GDP에서 차지하는 비중이 50%를 넘어서면서 수출과 수입의 합을 GDP로 나눈 값인 무역개방도 ($\frac{\text{수출+수입}}{\text{GDP}}$)가 100%를 넘어서기도 하였다. 경제개발 초기부터 수출중심의 경제발전 전략을 사용해 왔는데, 이러한 무역 개방 전략은 작은 국내 내수시장을 넘어 규모의 경제를 달성할 수 있는 토대가 되었다. 예를 들어, 한국의 자동차 산업이나 스마트폰 산업은 내수보다 해외 시장의 비중이 더 큰 산업이 되었다. 특히 2000년대 이후 주요 교역 대상국들과 자유무역협정(Free Trade Agreement, FTA)을 적극적으로 맺으며 2021년 세계 8위의 무역 대국이 되었다.

마지막으로 정부 소비는 2000년대 이전까지 꾸준히 GDP의 10% 수준을 유지해 오고 있었으나, 2000년대 이후 인구 고령화로 인한 사회복지 지출의 증가 등으로 2021년 GDP 대비 18% 수준까지 증가하였다. 하지만 한국 정부의 복지 관련 지출 수준은 OECD 평균 수준을 크게 밑도는 수준이고[1], 한국이 어느 수준의 복지국가로 가야 하는가에 대한 논쟁이 진행 중이다.

[그림 2-4. 지출측면 GDP 항목별 비중 추이]

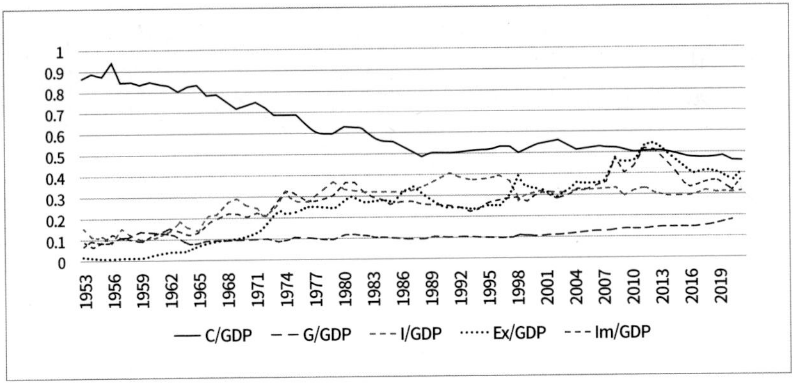

*출처: 한국은행 경제통계시스템(ECOS). 2022. https://ecos.bok.or.kr

1) 2019년 기준 한국의 GDP 대비 사회복지 지출은 10.8%로 OECD 평균인 19.8%를 크게 하회하고 있다. 프랑스는 31.8%, 스웨덴 25.8%, 이탈리아 27.8%, 독일 25.8% 등의 유럽 국가뿐만 아니라, 일본 22.3%, 미국 18.2% 보다도 크게 낮은 수준이다.

[용어 설명]

- 거시경제: 국민소득, 물가, 고용, 이자율 등 국가 경제 전체에 걸친 총량변수에 관한 경제학의 분야를 거시경제학(Macroeconomics)이라 하고, 관련한 경제 현상을 거시경제라 한다. 한편, 미시경제학(Microeconomics)은 가계와 기업, 정부로 구성된 개별적인 경제주체, 그리고 개별 시장을 대상으로 한 경제학의 학문분야이다.

- 국내총생산(Gross Domestic Product, GDP): 한 시기에 걸쳐 한 국가가 국내에서 생산한 최종 생산품의 시장 가치의 총합을 GDP라 한다. 1인당 GDP는 GDP를 인구수로 나눈 값으로, 국민의 평균적인 소득 수준을 나타내는 변수이다.

- 명목(Nominal)과 실질(Real): 경제 가격은 명목가격과 실질가격으로 나누어 볼 수 있는데, 실질 가격은 명목가격에 물가의 변화를 고려한 값이다. 예를 들어 작년 내 소득이 100만 원이고, 올해 소득이 110만 원이라고 하자. 명목 값으로는 내 소득은 10% 상승했다고 볼 수 있다. 그런데, 모든 재화와 서비스의 가격이 10%씩 모두 상승했다면, 올해 110만 원으로 살 수 있는 재화와 서비스와 작년 100만 원으로 살 수 있었던 재화와 서비스의 양은 같을 것이다. 이 경우 내 실질소득은 작년과 동일하다고 할 수 있다.

2. 한국의 경제개발 정책

한국 정부의 경제개발 정책은 한국전쟁 이후 1980년대 중반까지의 한국의 고성장을 설명하는 데 있어 매우 중요한 요소이다. 한국 정부는 1962년부터 시행하였던 제1차 경제개발 5개년 계획을 시작으로, 1981년까지 4차례의 경제개발 5개년 계획을 시행하였다. 저개발국의 정부 주도 경제성장 전략은 무능하고 부패한 권위주의적 정부와 관료의 비효율적 정책과 개입으로 실패하기가 쉽다. 한국도 1987년까지 권위주의적 정부가 집권하였으나, 공정한 시험을 통해 선발된 우수한 관료들의 정책 기획과 높은 교육 수준의 국민 역량을 바탕으로 성공적인 경제성장을 이루었다.

1962년부터 1966년까지 시행되었던 제1차 경제개발 5개년 계획에서는 전력과 석탄 등의 에너지 공급원 확대와 철도, 도로, 항만 등을 포함하는 사회간접자본의 충족 등을 목표로 하였다. 에너지 공급원 확보와 사회간접자본의 확충은 공업화의 선제조건이라 할 수 있다. 이후 2차부터 4차까지의 경제개발 5개년 계획은 수출의 증가, 경공업에서 중화학 공업으로의 산업고도화를 목표로 하였고, 과감한 정부 투자를 통해 목표를 달성해 나갔다. 정부의 목표에 맞는 수출기업과 중화학 공업 기업에는 낮은 이자율 등 금융 혜택, 보조금 지급 등 여러 가지 특혜가 주어졌다.

이러한 정부 주도의 성장전략은 자원 배분에서 선택과 집중을 통해 빠른 시간 안에 국가 전체의 소득 수준을 높이는 효과가 있었다. 선택과 집중의 대표적인 사례가 1973년 완공된 포항 종합 제철소이다. 한국 정부가 외국에서 차관을 끌어와 선택적으로 철강 산업에 자원을 투입하고 집중적으로 재정지출을 하지 않았더라면, 민간영역에서 시장의 논리로 달성할 수 없었던 결과라고 할 수 있다. 이러한 정부 주도 철강 산업 발전이 이후 빠른 공업화에 한 배경이 되었다.

그러나 정부 주도의 성장전략의 어두운 그림자도 1980년대부터 1990년대에 나타났다. 정부가 빠른 성장을 위해 특정 기업에게 주었던 특혜는 다른 경제 주체에게는 불공정하였다. 이러한 시장 논리에 맞지 않는 불공정은 비효율로 표출될 수 있다. 빠른 성장 목표 달성을 위해 권위주의 정부는 노동자들의 임금을 낮게 유지하려고 했고, 노동운동을 탄압하였다. 이 과정에서 성장의 과실은 일부 기업가들에게 집중되고, 저임금 노동자들은 경제성장의 성과를 나누어 갖는 과정에서 배제되었다. 이는 1980년대 민주화 바람이 불면서 대규모 노동운동으로 나타났다. 80년대 중반까지의 저임금정책은 한국 사회 경제 불평등의 한 요인으로 꼽히기도 한다.

또 다른 측면에서 정부가 특정 기업에게 주는 특혜는 부패로 이어질 수도 있고, 이는 '정경유착'의 관행을 만들었다. 기업의 활동이 시장에서 공정한 규칙에 따라 이루어지기보다는 정부의 정책적 결정에 따라 이루어지기 때문에, 기업은 더욱 유리한 환경을 위해 정부에 정치자금을 대고 정부는 산업정책 수립 과정에서 그 기업에 혜택을 줄 유인이 생기는 것이다. 이러한 정경유착의 관행 역시 최근까지도 한국 정치와 경제에 발목을 잡는 요인이 되고 있다.

마지막으로 한국 경제가 가장 값비싼 대가를 치러야 했던 정부 주도 성장의 유산은 자원의 비효율적인 배분이다. 시장경제에서는 자원의 배분이 가장 생산성이 높은 분야로 배분이 되지만, 정부가 자원의 배분에 개입할 때는 비효율이 발생한다. 정부가 언제나 가장 좋은 선택을 한다는 보장이 없는 것이다. 1970년대의 중화학 공업에의 정부 지원은 1980년대부터 과잉설비 문제와 부실기업 양산을 초래하였고, 이는 1997년 외환위기의 하나의 실마리가 된다. 은행 등 금융기관이 기업의 재무건전성을 검토하고 대출을 해 주는 대신, 정부의 '관치금융'의 목적으로 특정 기업에 대출하게 되어, 부실기업이 제때 퇴출당하지 못하고 오히려 규모를 크게 늘리는 사태가 된 것이다. 부실기업이 끝내 대출금을 상환하지 못하면, 대출해 준 금융기관의 부실화가 야기되고,

이는 금융위기의 시작점이 된다.

한국의 경우 경제개발의 초기 단계에 정부의 역할이 컸던 것도 사실이지만, 자본주의 경제에서 경제 활성화를 위한 정부의 기본적인 역할은 시장에서의 공정한 경쟁의 장을 만들어 주는 것이다. 그 대표적인 경제개혁 정책의 사례로는 1993년 시행되었던 '금융실명제'이다. 금융실명제 이전까지 한국에서는 익명, 차명으로 금융거래를 할 수 있었다. 이는 탈세의 수단이 되어 국가재정 악화를 야기하고, 각종 뇌물, 부패, 정경유착의 수단이 되기도 하였다. 금융실명제 시행으로 인해 금융기관에서 금융 거래를 할 때, 가명 혹은 무기명에 의한 거래가 금지되었고, 이는 개발 단계에서부터 나타난 여러 부정, 부패의 고리를 끊을 수 있는 계기가 되었다. 이 시기부터 시작한 노력의 결과로, 2021년 국제투명성기구(Transparency International, TI)에서 발표한 국가 청렴도(Corruption Perceptions Index, CPI)에서 한국은 180개국 중 32위를 차지하였다. 이러한 부패가 통하지 않는 투명한 사회로 만들려는 한국의 노력이 다른 개발도상국과 달리 한국 경제를 선진국의 반열에 오를 수 있도록 만든 중요한 요소라고 할 수 있다.

3. 한국 경제의 위기와 극복

[그림 2-1]을 다시 보면 순탄하게 증가하던 GDP가 세 차례 크게 요동치는 모습을 볼 수 있다. 1998년의 아시아 외환위기, 2009년의 글로벌 금융위기, 2020년의 코로나 위기이다. 1998년의 외환위기는 현대 한국 경제에서 가장 고통스러운 기억이다. 먼저 외환위기가 촉발되기 전 한국 경제는 오랜 기간의 정부 주도의 경제개발, 관치금융, 정경유착 등으로 과잉투자를 한 부실기업이 많이 생겼고, 이에 따라 경제의 기초체력(Fundamental)이 약해져 있었다. 1997년 1월부터 당시 대형 철강회사였던 한보철강이 부도처리 되었고, 이어서 3월부터 삼미, 진로, 대농, 한신공영, 기아 등 대기업들의 연쇄 부도 사태가 났다. 이렇게 기초체력이 약해져 있던 시기에 태국, 인도네시아 등 동남아시아 국가들이 외환위기에 직면하자, 위기는 한국에까지 전염되었다. 외환위기는 전염력이 있는데, 한 국가에서 위기가 발생하면, 국제투자자들이 비슷한 문제가 있는 다른 국가에서 투자금을 회수하기 때문에 해당국의 금융시장 가격이 폭락하고 통화 가치가 떨어지게 되는 것이다. 외국인 투자자가 빠져나가기 시작하면서, 외환위기 전 1달러 당 800원 수준이었던 한국의 원화 환율은 2,000원 가까이 뛰었다.

결국 정부가 보유한 외환으로 대외채무를 갚지 못할 상황이 되자, 한국 정부는 국제통화기금(International Monetary Fund, IMF)에 도움을 요청하였다. IMF는 구제금융을 제공하는 대신 특정한 정책을 요구(Conditionality)하는데, 한국 정부에는 고금리, 고환율 정책을 사용할 것을 요구하였다. 따라서 한국은 20% 수준의 고금리 정책을 사용하였으며, 이에 따라 대출금을 갚지 못하는 많은 기업이 도산하고 대규모 실업자가 발생하는 고통을 겪게 되었다.

이 과정에서 한국인들의 마음에 남은 한 장면은, '금 모으기 운동'이다. 한국 원화의 화폐가치가 바닥에 떨어지자, 한국 국민은 자발적으로 금을 모아

외채를 갚자는 운동을 펼쳤고, 집에 보유하고 있던 금들을 모아서 국가에 제공한 것이다. 결과적으로 351만 명이 참가하여 227톤의 금이 모였다(대한민국 정책브리핑 2002). 이 운동으로 모은 금 자체가 외환위기 극복에 근본적인 도움이 되었다고 할 수는 없으나, 이런 운동을 바탕으로 국민의 위기 극복에 대한 의지가 공유되었다는 점에서 큰 의의가 있다. 이 운동은 외환위기 이후 극심한 경기침체, 대규모 실업을 겪으면서도 위기를 견디어 내는 힘이 되었다고 평가된다.

외환위기 중 한국은 빠르게 부실기업을 처리하고 구조조정을 추진했다. 또 한국은행은 위기 재발을 막기 위해 외환보유고를 충실히 쌓아나가기 시작했으며, 2022년 현재 한국의 외환보유고는 세계 9위 수준이다(한국은행 보도자료 2023). 이러한 노력을 바탕으로 한국 경제는 빠른 속도로 회복했으며, 2001년 8월에 IMF로부터 받은 구제금융을 모두 조기상환 하면서 IMF의 관리체제를 끝냈다. 이는 IMF로부터 구제금융을 받은 나라 중 가장 빨리 위기를 극복한 사례로 알려져 있다.

외환위기를 겪으며 한국 경제의 기초체력은 점점 더 강해졌으며, 이는 이후의 세계 경제 위기 국면에서 한국의 위기대응력과 회복력을 강하게 하는 배경이 되었다. 2008년 글로벌 금융위기와 2010년 유로지역 재정위기 국면에서, 다시 원화 가치가 낮아지고 금융시장의 불안이 야기되었으나, 이미 높아진 외환보유고를 바탕으로 시장을 빠르게 안정시켜 나갔고, 비교 대상인 선진국보다 빠른 경제회복을 이루어냈다. 2020년 코로나(COVID-19)로 인한 전 세계 경제 위기는 외환위기 당시의 금 모으기 이후 한국인 특유의 위기 극복 능력을 다시 한번 보여 주었다. 코로나 위기 시, 한국은 불편하고 번거로운 마스크 착용과 사회적 거리 두기를 오랜 기간 유지하였고, 높은 백신 접종률을 기록하면서, 방역과 경제회복을 모두 성공적으로 가져온 드문 사례로 남았다.

4. 한국 경제의 남겨진 과제

세계 최빈국에서 세계 경제 규모 10위권의 나라로 경제 개발을 이룬 한국은, 또한 해결해야 할 새로운 과제에 직면하고 있다. 경제 성장 측면에서 가장 큰 문제는 저출산, 인구고령화와 따른 잠재성장률의 하락이다. 제1절의 [식 2-1]을 보면, 노동(L)은 경제성장의 핵심 요소이다. 그러나 한국은 2020년 기준 합계출산율이 0.84명으로 OECD 최하위 수준이다. 이는 미국 1.64명, 영국 1.56명, 일본 1.33명 등 비교 대상인 선진국보다 매우 낮은 수준이다. 또한 기대수명의 상승으로 인구고령화 추세는 매우 빠르게 진행되고 있다. 2000년도 전체 인구에서 65세 이상이 차지하는 비율인 고령자 비율이 7% 넘어서서 '고령화 사회'에 진입한 이후, 2018년에는 고령자 비율이 14%를 넘어 '고령사회'로 진입하였으며, 2026년에는 고령자 비율 20%를 상회하는 '초고령 사회'로 진입할 예정이다. 이러한 저출산, 고령화 추세는 경제 전체의 노동력 감소를 가져와 성장 잠재력을 낮출 수밖에 없다. 따라서 현재 한국의 경제 규모를 유지하면서 성장해 나가려면 출산율을 높일 수 있는 정부의 정책과 사회적 기반 마련이 필요하다.

분배에 있어서 해결해야 할 가장 큰 문제는 소득 불평등, 부의 불평등의 완화와 사회복지의 강화이다. 한국 사회는 고도 성장기 동안 소득 불평등과 부의 불평등이 확대됐는데, 정부 주도 개발정책의 과정에서 공정하지 못한 소득과 부의 분배가 있었다는 사회적 불만이 남아 있는 것도 사실이다. 이를 완화하는 과정이 정부의 사회복지 정책이며, 한국의 복지를 어느 수준까지 확대할 것인가에 대한 사회적 합의가 필요한 시점이다.

결론

한국의 성공적인 경제성장은 제2차 세계 대전 이후 '라인강의 기적'으로 일컬어지는 독일, 80년대 중반까지 고성장을 지속했던 일본에 이은 세 번째 성공사례라고 할 수 있다. 그러나 제2차 세계 대전 이전 이미 상당한 수준의 공업화가 진행되었던 독일이나 일본과 비교하면, 식민지 시기와 한국전쟁을 거치며 폐허 수준의 국가에서 선진국의 반열에 들었다는 점에서 한국의 경제성장 역사는 더욱 빛난다. 많은 개발도상국이 경제성장을 위해 애쓰고 있지만 대부분 일정 수준의 1인당 GDP에서 성장을 멈추고 마는, 소위 중진국 함정(Middle Income Trap)에 빠지는데, 한국의 경제성장은 그 함정을 벗어난 현재까지의 유일한 사례이다. 한국의 경제성장 요인을 설명할 때 한국 정부의 정책 위주로 접근을 하는 경우가 많은데, 이러한 접근방식은 한국의 사회적, 문화적 특수성을 간과할 우려가 있다. 과연 어떤 개발도상국이 1960년대 한국 정부와 같은 정책을 사용한다고 해서 한국과 같은 결과가 나올 것인가는 매우 불투명하다. 한 국가의 성장은 정부의 정책만으로는 불충분하다. 한국의 경제성장은 높은 저축률, 높은 교육 수준, 국가의 위기를 함께 극복해 나가려는 공동체 의식 등이 적절한 경제정책과 조화를 이루어 만들어낸 성공사례이다. 한국의 경험에서 어떤 부분이 다른 개발도상국에 적용 가능한 점이고, 어떤 점이 적용하기 어려운 점인지 논의해 볼 필요가 있다. 이제 한국 경제는 또 다른 도전에 직면해 있다. 저출산, 고령화로 인한 문제의 해결, 사회 불평등 완화와 복지사회를 위한 해법을 얼마나 적절하게 내놓느냐에 따라 한국 경제의 미래가 결정될 것이다.

1 어떻게 한국은 다른 개도국보다 빠른 성장을 하게 되었을까?

개발도상국에 모범 사례로 제시되고 비교되곤 한다. 그렇다면 한국의 어떤 측면이 다른 개발도상국과 달랐던 걸까? 아래 [그림 2-5]는 한국, 아르헨티나, 필리핀의 1인당 국민소득을 비교하고 있다. 아르헨티나와 필리핀은 모두 1960년대 한국보다 높은 1인당 소득을 갖고 있던 나라였지만, 2021년 현재 아르헨티나의 1인당 소득은 10,729$이고, 필리핀의 1인당 소득은 3,548달러여서 34,983달러의 한국과는 큰 차이가 난다. 1절의 논의를 바탕으로 성장률의 차이를 가져온 원인을 비교 분석해 보자. 필리핀은 같은 아시아 국가라는 점에서 공통점이, 아르헨티나는 외환위기의 경험이 있다는 점에서 한국과 공통점이 있다.

1) 한국, 아르헨티나, 필리핀의 저축률과 투자를 비교해 보자.
2) 한국, 아르헨티나, 필리핀의 연구·개발(R&D) 지출을 비교해 보자.
3) 아르헨티나는 한국과 비슷하게 외환위기의 경험이 있다. 외환위기 이후의 대응에 대해 비교해 보자.

[그림 2-5. 한국, 아르헨티나, 필리핀의 1인당 국민소득 추이]

*출처: 한국은행 경제통계 시스템 및 세계은행(World Bank) 세계발전지표(World Development Indicators, WDI) database. https://ecos.bok.or.kr/ https://databank.worldbank.org/source/world-development-indicators

참고문헌

대한민국 정책브리핑. 2002. "[국민과 함께한 위기극복] IMF 차입금 3년 앞당겨 상환". https://www.korea.kr/news/policyNewsView.do?newsId=148738240

한국은행 보도자료. 2023. "2022년 12월 외환보유액". https://www.bok.or.kr/portal/bbs/P0000559/view.do?nttId=10074795&menuNo=200690&pageIndex=1

한국은행. "한국은행 경제통계시스템(ECOS)". https://ecos.bok.or.kr/

Barro, Robert and Jong-Wha Lee. 2013. "A New Data Set of Educational Attainment in the World, 1950-2010." *Journal of Development Economics* 104, 184-198.

World Development Indicators (WDI). Washington, D.C.: The World Bank. https://databank.worldbank.org/source/world-development-indicators

Chapter 03

한국의 정치 민주화

1. 민주주의의 정의와 측정
2. 민주화 성공 요인에 대한 이론들
3. 한국의 민주화 과정
4. 한국 민주화의 결과와 함의

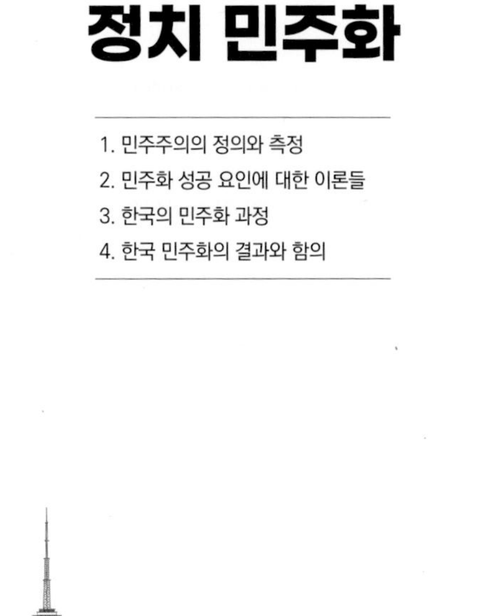

03
한국의 정치 민주화

박 선 경

개요

한국은 1987년 6·10 민주항쟁을 통하여 민주화된 이후 현재까지 민주주의 체제를 성공적으로 지속해 오고 있다. 2차 세계 대전 이후 독립한 신생국가들 중에서 한국처럼 민주주의를 성공적으로 유지하고 있는 나라가 많지 않기 때문에, 한국의 민주화 경험을 이해하고 분석하는 것은 학술적으로나 현실적으로 매우 중요하다. 한국은 식민지배, 전쟁, 빈곤, 안보 위기 등 여러 가지 불리한 사회경제적 조건에도 불구하고 어떻게 민주화를 성취했고 민주주의를 공고화할 수 있었는가? 한국 민주화의 과정과 성공요인을 이해하기 위해서, 제1절에서는 민주주의를 정의하고 권위주의와 민주주의 간의 결정적 차이를 설명한다. 제2절에서는 민주화의 성패를 결정짓는 요인을 구조결정론적 관점, 전략적 선택이론적 관점 및 국제적 관점을 중심으로 살펴본다. 제3절에서 6·10 민주항쟁을 중심으로 한국 민주화의 과정을 살펴본 후, 앞서 학습했던 민주화이론들이 한국 민주화를 얼마나 설명하는지 적용해 볼 것이다. 제3절에서 한국의 민주화가 공고화될 수 있었던 이유를 민주화 과정에서의 특징을 중심으로 설명하고 그 한계도 살펴본다.

키워드

경쟁적 선거, 민주화 전환과 공고화, 구조결정론적 관점, 전략적 선택이론적 관점, 6·10 민주항쟁, 타협에 의한 민주화

1. 민주주의의 정의와 측정

한국은 1987년 6 · 10 민주항쟁을 통하여 민주화된 이후 현재까지 민주주의 체제를 성공적으로 유지해오고 있다. 영국 시사주간지 이코노미스트의 부설기관인 인텔리전스 유닛(Intelligence Unit)은 매년 전 세계 167개국을 대상으로 민주주의 지수를 발표하는데, 2022년 기준으로 167개국 중 24개만이 완전한 민주주의이다. 이 중 아시아 국가는 대만, 일본, 그리고 한국뿐이다. 프리덤하우스(Freedom House)도 전 세계 210개국을 대상으로 시민적 자유와 정치적 자유 등 자유민주주의의 정도를 측정한 점수(Freedom in the World)를 매년 발표하는데, 2023년 한국의 총점은 미국과 동일한 83점을 기록했다. 아시아 국가 중에 80점 이상을 넘은 국가는 한국, 일본과 대만뿐이다. 민주주의를 측정하는 지수 중 가장 널리 사용되는 학술정량자료인 폴리티 지수(Polity Score)에서도 한국은 1987년 이후 줄곧 민주주의로 분류되어 왔다. 한국은 식민지배, 전쟁, 빈곤, 안보 위기 등 여러 가지 불리한 역사적 경험에도 불구하고 어떻게 민주화를 성취할 수 있었나? 한국의 민주화를 이해하기 위해서 우선, 민주주의의 정의부터 정확히 이해할 필요가 있다. 민주화란 한 국가의 정치체제가 권위주의에서 민주주의로 바뀌는 정치체제의 이행을 의미한다. 그렇다면, 민주주의는 어떻게 정의할 수 있을까?

가. 민주주의를 정의하는 두 가지 관점

민주주의를 분석하는 기존 연구들은 크게 두 가지 방식으로 민주주의를 정의한다. 첫 번째 방식은 절차적 관점 혹은 최소주의적 관점이라고 불리며, 두 번째 방식은 실질주의적 관점이라고 불린다. 절차적 관점은 한 나라의 제도나 절차를 기준으로 그 나라의 정치체제를 분류하는 관점인데, 민주주의가 되기 위한 최소한의 절차나 제도의 유무를 기준으로 한다는 점에서 최소주의적 관점이라고 불리기도 한다. 자유롭고 경쟁적인 선거, 헌법으로 보장된 시민적 자유와 평등, 권력사용에 대한 헌법적 제약과 삼권분립 등이 민주주의를 구성하는 최소한의 제도와 절차로 제시된다. 반면, 실질주의적 관점은 제도와 절차만을 보는 것이 아니라, 그 제도와 절차를 통해서 만들어진 어떠한 실질적인 결과를 중심으로 정치체제를 분류하는 관점이다. 자유, 평등, 정의, 인권 등의 중요한 민주적 가치가 얼마나 보장되는가를 중심으로 보는 관점이며, 최근에는 민주주의의 질이라고 표현되기도 한다.

민주화 전환에 대한 연구는 대체로 절차적 관점에 따라 민주주의를 구성하는 핵심적인 제도와 절차가 갖춰진 순간을 민주화 전환이라고 본다. 여기서 비민주적 제도에서부터 민주적 제도로의 이행을 결정하는 가장 중요한 첫 번째 기준은 최고 권력자의 선출이다. 현대 사회에서 고대 그리스처럼 모든 시민이 직접 통치하는 방식은 불가능하기 때문에 소수가 다수의 시민을 통치하는 방식을 취한다. 이때 시민의 의사를 대표하는 대리인을 뽑는 절차와 과정에서 그 나라의 민주주의 여부가 결정지어진다. 즉, 선거가 민주주의에서 가장 중요한 절차와 과정이 되는 것이다.

중요한 것은 선거라고 불리는 절차가 있다고 해서 그 모든 절차가 다 민주주의 선거로 분류되지는 않는다는 점이다. 달(Dahl 1971)은 민주주의의 핵심으로 모든 시민의 자유롭고 평등한 참여와 정치의 경쟁성을 제시한다. 즉, 모든 시민이 최고 권력자를 선출하는 선거 과정에 아무런 제약 없이 자유롭게 참여할 수 있고, 누구나 동등한 1표의 평등한 권리를 행사할 수 있고, 복수의 정당이 선거 과정에서 경쟁하는 것을 민주주의의 최소한의 조건으로 보았다. 쉐브르스키(Przeworski 1991)는 선거의 경쟁성과 그 경쟁의 불확실성을 강조한다. 그는 민주주의란 서로 다른 선호와 가치를 가진 이질적인 시민들이 무력이 아니라 "종이돌"(Paperstone), 즉, 투표용지로 싸우는 제도라고 비유하면서, 민주적 제도는 시민들이 자유롭게 자신을 대표할 수 있는 자들을 선택하여 정당을 만들고, 그 정당들이 주기적으로 이뤄지는 선거에서 경쟁하면서 당대의 사회적 갈등과 문제를 해결할 방법을 찾는 방식이라고 설명한다. 그는 이런 민주주의가 가장 이상적인 제도는 아닐지 모르지만, 인류가 현재까지 고안해 낸 것 중 가장 평화로운 갈등 해결방식이라고 보았는데, 이는 경쟁의 불확실성 때문이다. 즉, 선거 경쟁에서는 누구나 질 수 있어서 승자와 패자 모두 양자택일(all or nothing)의 적대적 대결을 펼치는 것이 아니라, 다음번 선거에서의 승리를 기대하며 경쟁의 결과를 받아들이는 것이다. 경쟁적인 선거 외의 다른 방식으로 권력을 장악할 수 없다는 믿음을 모든 정치 행위자들이 받아들일 때, 민주주의는 "우리 동네의 유일한 게임(the only game in town)"으로 공고해진다.

나. 민주주의의 정량적 측정

그렇다면 한 나라의 절차적 민주주의의 정도를 측정하여 수치로 비교할 수 있을까? 민주주의 연구자들이 가장 많이 사용하는 정량지표 중 하나는 폴리티지수(Polity Score)이다. 달의 민주주의 개념을 바탕으로 Center for Systemic Peace에서 만드는 자료이고 현재 Polity V 버전은 1800년부터 2018년까지 약 195개 국가의 정치체제를 다루고 있다[1]. 최고 권력자 선출의 경쟁성, 공개성, 최고 권력자의 권력사용에 대한 헌법적 제한, 정치 참여에 대한 규제, 정치 참여의 경쟁성 등 크게 다섯 가지 차원을 기준으로 만들어진 항목을 사용하여 총 -10점부터 10점까지의 폴리티지수를 산출한다. -10점부터 -6점까지는 권위주의로, -5점부터 5점까지는 혼합정체(Anocracy,

1) 폴리티지수의 정확한 계산방식은 www.systemicpeace.org를 참고할 것.

Mixed Regime)로, 그리고 6점부터 10점까지는 민주주의로 분류한다.

[그림 3-1. 아시아 6개국의 민주주의 비교]

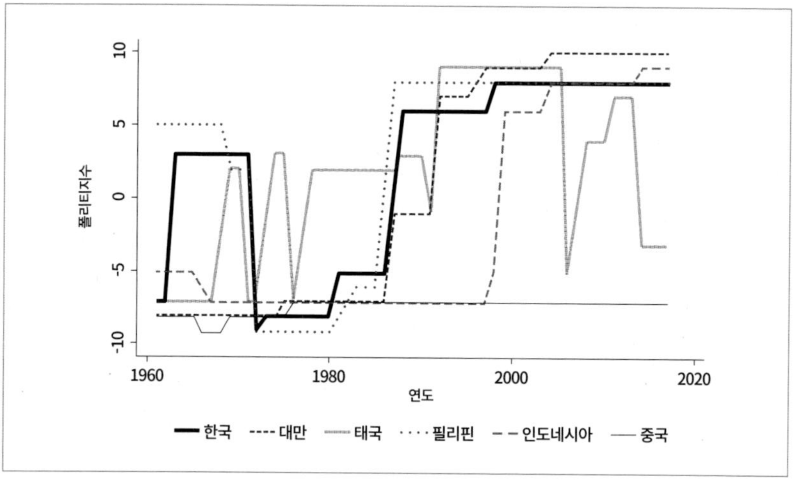

*출처: Polity Database

[그림 3-1]은 아시아의 6개 국가의 1960년부터 2018년까지 폴리티지수를 비교한 그림이다. 이 그림에서 우리는 헌팅턴(Huntington 1991)이 말한 아시아 내 제3의 물결을 확인할 수 있다. 1986년 2월 필리핀의 국민의 힘(People Power)이 독재자 마르코스를 축출시켜서 민주화를 이뤄냈고, 한국은 1987년 6 · 10 민주항쟁으로 직선제 대통령을 직접 선출하는 체제를 성취해서 민주화되었다. 그 직후 대만에서도 총통 직선제를 요구하는 민주화운동을 통해 점진적인 제도개혁이 시행되었고, 1996년 직선제가 도입되었다. 인도네시아는 1997년 동아시아 외환위기를 거치며 거세진 대규모 민중 시위를 통해 30년 이상 집권한 독재자 수하르토가 1998년 사퇴함으로써 민주화의 순간을 맞이했다. 반면, 태국은 민주화 전환 이후에도 두 차례의 군사 쿠데타를 경험한 바 있다.

2. 민주화 성공 요인에 대한 이론들

[그림 3-1]에서 우리는 민주화를 성공적으로 이행한 국가, 민주화를 경험했지만 권위주의로 회귀한 국가, 그리고 민주화되지 않은 국가를 발견할 수 있다. 왜 어떤 국가는 성공적인 민주화 이행과 공고화를 경험하는 반면, 다른 국가는 그렇지 않은가? 이에 대한 답을 찾기 위해 민주화의 성공 요인을 구조결정론적 관점, 전략적 선택이론, 그리고 국제적 관점으로 분석하여 살펴보자.

가. 구조결정론적 관점

민주화를 설명하는 첫 번째 이론은 구조결정론적 관점이다. 사회, 경제, 문화 등의 측면에서 특정한 구조적 전제조건이 갖춰졌을 때 그 사회가 민주화된다고 주장한다. 전제조건으로 무엇을 제시하는가에 따라 이론의 내용이 나뉘는데, 경제적 조건을 강조한 근대화론, 특정 계급의 존재를 주장하는 계급론, 그리고 정치문화론 등이 있다.

립셋(Lipset 1959)은 한 사회가 산업화, 도시화, 기초교육 수준 향상 등을 통해 경제가 근대화되면, 정치제도 역시 근대화되지 않을 수 없다고 주장하면서, 경제발전이 민주화를 이끈다는 근대화론을 제시했다. 무어(Moore 1965)는 영국, 프랑스, 미국, 일본과 중국의 근대역사를 비교하면서 18세기경 경제적 부를 바탕으로 신흥지배계급이 된 부르주아 시민들의 존재가 민주주의의 길을 이끈 핵심이라고 보았다. 또한 알몬드와 버바(Almond and Verba 1963)처럼 특정한 정치문화가 민주화의 필수조건이라고 보는 정치문화론도 구조결정론적 관점에 해당한다.

구조결정론적 관점은 장기적이고 거시적인 사회구조변동을 살펴본다는 장점이 있다. 그러나 비슷한 조건을 가진 나라들이 왜 서로 다른 정치체제를 가지고 있는지, 혹은 특정한 전제조건이 어느 수준을 갖춰야 민주화가 되는지를 명확하게 설명하지 못한다는 단점이 있다.

나. 전략적 선택이론

전략적 선택이론은 사회과학의 전반에서 널리 사용되는 이론이다. 합리적인 행위자들 간의 전략적 상호작용을 수량화한 모델을 다루는 이론을 말한다. 전략적 선택이론에서 보는 민주화는 주어진 구조적 상황 속에서 주요 정치행위자들이 취한 전략적 선택에 따라서 정해지는 균형점이다. 독재자, 독재 지지 세력, 민주화운동 세력 및 야당 지도자 등이 민주화의 결과를 결정짓는 주요 정치행위자들이고, 이들이 특정 시점에서 자신에게 최선인 전략을 취하고, 상대가 이에 반응하여 자신에게 최선이 될 전략을 어떻게 선택하는가에 따라, 어떤 민주화는 성공하지만, 어떤 민주화 시도는 실패로 끝나게 된다.

전략적 선택이론의 시각으로 민주화 과정을 분석한 연구들을 간략히 요약하면 다음과 같다(Clark et al 2019). 첫째, 독재정권에 불만을 느낀 시민들이 대규모의 반독재시위를 조직하며, 아래로부터의 민주화운동을 시작한다. 둘째, 이에 불안감을 느낀 독재정권 내 지배엘리트가 무력 진압을 주장하는 강경파와 타협을 주장하는 온건파로 분열한다. 셋째, 민주화운동 세력에 힘을 보태는 새로운 집단들(야당, 중도적 시민 등)이 생기면서 이들의 정치적 힘이 커진다. 넷째, 지배엘리트 내 온건파가 민주화 요구를 수용하는 선택을 함으로써 민주화가 이뤄진다. 반면, 민주화운동이 실패하는 경우는 독재 세력이 민주화 요구를 수용하지 않고 강경 진압을 택하거나, 민주화운동 세력이 온건파 독재 세력이 제시하는 타협책들을 수용하고 반독재시위를 멈추는 경우이다. 전략적 선택이론은 수리적 모형을 이용하여 민주화운동에 대한 체계적인 이론을 제시한다는 장점과 함께, 유사한 조건을 가진 상황에서 발생하는 이질적 결과들을 설명해 낼 수 있다는 장점이 있다. 동시에 행위자들이 처한 사회경제적 현실이나 배경은 설명하지 않는다는 단점이 있다.

다. 국제적 관점

국제적 관점은 민주화에 영향을 미치는 국제적 요인에 초점을 맞춘다. 국제사회로부터의 민주화 압력이나 민주화물결을 분석하는 연구 흐름이다. 시민들의 반독재시위를 독재자가 폭력으로 탄압할 때 국제사회가 이를 지탄하는 것이나, 국제기구의 가입을 위해서 제도개혁을 조건으로 내세우는 경우가 한 나라의 민주화 과정에 어떤 영향을 미치는가를 분석한다. 또한 한 나라의 민주화 성공이 이웃 국가들에 영향을 미쳐서 도미노처럼 민주화의 물결이 발생하는 경험을 다루기도 한다. 국제적 관점은 기존의 이론들이 간과한 국제적 요인을 설명한다는 장점이 있다. 그러나 국제적 요인 자체가 민주화의 성패를 결정짓는 여러 요인 중 하나일 뿐 결정적인 원인이 되지 못하기 때문에 국제적 관점 역시 보조적 이론으로 작동한다는 한계가 있다.

3. 한국의 민주화 과정

1987년 6 · 10 민주항쟁을 통해 한국의 민주화가 성공적으로 이행되기 전까지 한국은 독재체제였다. 1948년에 시작된 이승만 정권은 1960년 대통령 선거에서 대규모의 선거 부정행위를 했다. 이에 항거한 4 · 19 민주화 혁명으로 이승만은 물러 났고, 그 직후 설립된 장면 총리의 내각제는 1960년 박정희의 군부 쿠데타로 단명하였다. 19년 동안의 군부독재는 1979년 박정희의 암살로 종결될 뻔했으나, 전두환에 의한 또 다른 군사 쿠데타로 인해 독재체제는 연장되었다. 이 장에서는 독재를 종식한 1987년의 6 · 10 민주항쟁을 중심으로 한국의 민주화 과정을 서술하면서, 앞선 2장에서 배운 이론들을 적용해 볼 것이다.

가. 1980년대 민주화 과정

전두환 정권은 1979년 12월에 군사 반란을 일으키고 1980년 5월에 광주민주화운동을 탄압하며 집권했다. 1980년대 중반이 되면 군부독재 체제는 권력이 어느 정도 안정되었다고 판단하고 초기의 억압적 통치방식을 완화하는 유화조치(Liberalization Policy)를 취했다. 유화조치에 따라 학생, 노동자를 중심으로 민주화운동을 주도하는 조직들이 형성되기 시작했다. 또한 1985년 2월 국회의원 총선거에서 신생 야당인 신한민주당이 예상 밖의 선전을 거두면서 제도권 내 대안적 정치세력이 나타났다. 이후 민주화운동 세력과 야당은 보다 많은 시민들의 참여와 지지를 확보하기 위해서 대통령 직선제를 민주화의 핵심 조건으로 요구하기 시작했다. 그러나 전두환 정권은 민주화운동 세력과 야당 간 분열을 조장하고 4 · 13 호헌선언을 통해 직선제로의 개헌 요구를 거절하고 강경한 태도를 고수했다. 이러한 대치 상황 속에서 대학생인 박종철의 고문치사사건이 은폐되었다는 사실이 뒤늦게 밝혀짐에 따라 전두환 정권에 반대하는 저항운동은 큰 전환점을 맞게 된다. 오랫동안 반독재운동을 하던 학생운동 세력과 노동운동 세력을 중심으로 야당뿐만 아니라 중산층까지 민주화운동에 합류하게 된 것이다. 임혁백(2012)은 이를 최대민주화연합이라고 불렀는데, 독재정권에 우호적이지 않았지만 그렇다고 적극적으로 반독재시위를 지지하지도 않았던 중도적 중산층의 결합으로 인해 민주화운동의 동력이 최대치가 되었기 때문이다. 민주화 요구를 '대통령 직선제'라는 최소주의적 개혁에 집중하여 '호헌철폐 독재타도'라는 직관적이고 명확한 구호를 통해 반독재시위의 효율성을 키웠던 전략도 유효했다. 이러한 상황에서 미국 상원 외교위원회가 4 · 13 조치 재고를 촉구하는 결의안을 통과시키는 등 미국 측으로부터의 외교적 압박도 있었다. 마지막으로 6월 9일 민주화 시위를 하던 이한열이 최루탄을 맞고 쓰러지면서 국민적 분노는 걷잡을 수 없는 수준이 되었다. 결국 6월 29일에 집권당 대표인 노태우가 직선제 요구를 수용하고 민주화를 받아들인다고 선언하면서 한국의 민주화가 성취되었다.

나. 민주화 이론 적용

구조결정적 관점으로 한국의 6월 민주화를 설명할 수 있을까? 구조결정론적 관점 중 근대화이론은 민주화의 필수요건으로 경제발전을 제시한다. 1980년대 당시 한국은 개발도상국 중에서 성공적인 경제 성장을 이루고 있던 나라였고 1986년부터 1988년까지는 소위 3저 호황으로 인해 연 12%에 이르는 초고도성장을 이루고 있던 때였다. 발전된 경제구조를 가진 나라가 독재정치 체제를 유지하기 힘들다는 근대화론의 주장과 맞아떨어지는 사례이다. 또한 무어의 계급론도 한국 민주화를 설명할 수 있다. 무어는 정치적 자유와 권리를 중요하게 생각하는 부르주아 시민계급의 중요성을 말했는데, 1987년 당시 소위 '넥타이부대'라고 불렸던 한국의 중산층이 무어가 제시한 시민계급과 유사하다. 고도 경제 성장을 바탕으로 경제적으로 풍요해진 중산층은 정치과정에 자신들의 의사가 반영될 민주주의 체제를 선호하게 되었다. 또한, 중산층은 1987년 봄 이후 젊은 학생들의 죽음에 분노하였고, 직선제로의 제도개혁에 동의하면서 민주화운동에 합류하여 결정적인 전환점을 만들었기 때문이다.

전략적 선택이론의 관점에서 한국 민주화는 타협에 의한 민주화라고 평가받는다(최장집 2002; 임혁백 2012). 민주화운동 세력과 독재 세력 간 갈등과 대치 상황이 있었지만, 민주화의 최종적 전환점에서는 두 세력 모두 강경 대응이 아닌 타협적 방식을 택하여 평화적 민주화를 성취했기 때문이다. 우선, 독재 세력은 강경파가 권력을 주도했기 때문에 집권 초기부터 시위에 강경 대응했고, 1985년 총선 이후의 반독재시위에도 불구하고 어떠한 타협 없이 독재체제를 유지하려고 했다. 그러나 1987년에 대규모 민주화운동에 밀리면서 독재체제 내 온건파가 주도적으로 민주화 세력과 협상을 하였다. 이들에게 최선의 결과는 독재체제 상태로 권력을 유지하는 것이지만, 이것을 불가능함을 깨닫고 타협책을 찾았다. 직선제라는 정치제도 개혁을 수용하는 조건으로 독재 세력의 안위를 보장받는 차선책을 선택했다. 반면, 민주화운동 세력은 학생운동과 노동운동을 중심으로 민주주의에 대한 다양한 의제를 가지고 반독재투쟁을 강력하게 이끌어왔다. 4 · 13 호헌선언 직전에 야당과 갈등했던 적도 잠시 있었지만, 보다 많은 시민의 참여를 위해서 제도권 내 대안세력으로서의 야당의 존재가 필요하다는 점을 인식하고, 민주화의 최종적 단계에서는 강경 투쟁보다는 야당과 협력하고 대중적 참여를 최대화할 수 있는 방식으로 민주화운동을 전개했다. 특히 중산층의 결합을 위해서 다수의 시민이 찬성할 수 있는 최소한의 정치제도 개혁으로 민주화 전환의 수준을 결정했다는 점에서 타협적이었다고 볼 수 있다.

마지막으로 국제적 관점에서는 한국 독재정권에 대한 미국의 태도 변화를 이야기해 볼 수 있다. 1980년 광주민주화운동 당시 미국의 방관적 태도와 비교해볼 때, 1987년 당시 미국은 여러 가지 외교적 수단을 통해서 민주화운동에 대한 폭력적 대응을 반대한다는 의사를 표현하면서 독재정권을 압박했다.

4. 한국 민주화의 결과와 함의

1987년 6 · 10 민주항쟁으로 성취한 대통령 직선제는 그해 12월에 치러졌고 평화로운 선거를 통해 한국은 성공적으로 민주화 전환을 이뤘다. 그 이후 지금까지 쿠데타나 다른 비합법적인 방식에 의한 권력 교체가 일어나지 않았고, 자유롭고 경쟁적인 선거를 통한 정권교체를 35년 이상 꾸준히 유지하고 있다는 면에서 한국 민주화는 공고화되었다고 할 수 있다. 2차 세계대전 이후 독립한 신생국가 중에서 민주화 전환에 성공하고 한 번의 후퇴도 없이 이를 꾸준히 유지하여 안정적인 민주주의 체제를 유지한 나라가 많지 않다는 점에서 한국의 민주화는 세계사에서도 의미가 크다.

한국의 민주화가 성공적으로 안착할 수 있었던 이유는 무엇일까? 그 이유는 타협에 통해 민주화를 끌어냈다는 과정상의 특징에 기인한다. 첫째, 타협에 의한 민주화는 군부에게 민주주의 학습 경험을 제공했다. 타협에 의한 민주화의 결과에 따라 군사독재세력은 처벌이나 제재 없이 정권에서 물러났고 정치에서 배제되지도 않았다. 오히려 1987년 대통령 선거에서 독재 세력 정당인 민정당 후보인 노태우가 당선되었다. 민주화운동 세력에서 두 명의 정치인이 모두 출마하면서 삼자 구도가 형성된 탓에 민주화운동을 지지했던 유권자의 표가 분산되어서 생긴 결과였다. 그러나 이러한 결과는 역설적으로 군부에 민주주의 학습의 경험을 제공하면서 민주화의 안정에 이바지했다는 평가를 할 수 있다(임혁백 2012). 쉐브르스키의 표현처럼 절차적 민주주의를 공고하게 하기 위해서는 모든 권력 집단이 선거만이 우리 동네의 유일한 게임이라는 것을 이해하고 받아들여야 하는데, 한국의 독재 세력 정당이 민주화 이후 첫 대통령 선거에서 승리하게 되면서, 이들이 무력에 의한 권력 획득이 아닌 선거를 통한 권력획득이 가능하다는 것을 이해할 수 있었다. 노태우 대통령 이후 당선된 김영삼 대통령이 권위주의 청산을 목적으로 군부 고위 간부 내

사조직인 하나회를 전격적으로 청산하였고, 군의 정치에 대한 조직적 개입은 불가능하게 되었다. 민주화 전환 이후 군사 쿠데타를 경험하거나 군부가 정치에 개입하는 다른 나라와 달리 한국 민주화는 군으로부터의 위협에서 자유롭게 되었다. 대신, 타협에 통한 민주화 과정에서 독재 세력 내 다수는 권위주의 후신 정당으로 남아 민주화 이후에도 집권 세력이 되었고 이는 이후 권위주의에 대한 향수와도 연결된다.

둘째, 최대 다수가 합의할 수 있는 최소한의 제도개혁이 안정성을 확보하였기 때문에 민주주의 체제가 공고해질 수 있었다. 6 · 10 민주항쟁의 막바지에서는 최대 다수 시민의 동의를 끌어내기 위해서 민주화의 목표를 대통령선거제도 개혁이라는 하나의 의제로 한정하였기 때문에, 민주화 과정은 기존 사회경제적 제도의 거대한 변화가 아니라 정치체제의 변화, 그리고 정치체제 중에서도 선거제도의 변화만 진행되었다. 이는 급작스러운 민주화 전환 이후 사회적 혼란을 겪었던 1960년 초의 상황과 달랐고, 체제 내 안정성을 유지하면서 민주화 전환을 이행했기 때문에 민주화 이후에도 안정적으로 민주주의 제도가 정착할 수 있었다. 그러나 다른 한편으로는 민주주의로의 전환을 제도화했던 시기에 논의했어야 할 다양한 사회적 의제를 수용하지 못했다는 한계도 있다. 특히 6 · 10 민주항쟁 직후 7 · 8월 노동자 대투쟁을 통해서 노동과 경제적 분배 등 더 나은 민주주의를 위한 다양한 사회경제적 요구가 분출되었지만, 최소주의적 민주화 전환에 대한 넓은 사회적 합의와 비교해서 노동과 분배 등 다양한 의제에 대한 논의는 크게 대중적으로 확대되지 못했다. 결과적으로 제도개혁이나 실질적 변화를 많이 끌어내지 못했다. 이러한 한계는 다음 장에서 다룰 불평등과 분배의 문제, 그리고 권위주의 향수와도 연결된다.

결론

민주주의를 정의하는 절차적 관점에 따르면 민주화 이행은 모든 시민이 참여하는 자유롭고 경쟁적인 선거를 통해서 최고 권력자를 선출하는 제도로의 전환을 뜻한다.

모든 정치행위자가 이러한 방식의 선거 경쟁을 수용할 때 민주주의는 공고해진다. 한국은 아시아에서의 제3의 물결 속에서 민주화된 사례 중 하나로써, 1987년 6·10 민주항쟁을 통해서 민주화로의 성공적인 전환을 이루어냈다. 한국의 민주화 성공 요인은 경제 성장이라는 큰 구조적 조건 속에서 찾을 수 있다. 또한 한국 민주화는 반독재시위를 오랫동안 주도해 온 학생운동과 노동운동이 민주주의 체제 전환을 이루어내는 강력한 세력으로 성장하면서 이루어졌고, 정치적 자유를 원한 중산층의 합류로 완성되었다. 권위주의 세력 내 온건파와 민주화운동 세력 간 타협에 의한 민주화라는 방식은 한계를 가지고 있기도 하지만, 평화로운 민주화 이행이 가능하게 했으며, 이후 민주주의 제도를 안정적으로 유지할 수 있게 해 준 방법이기도 했다.

1 폴리티지수 외에 민주주의를 정량화한 지표(Varieties of Democracy, Freedom House의 Freedom in the World, EUI의 Democracy Index)를 찾아서 내가 관심이 있는 국가의 민주주의 수준을 비교해 보자. 모든 지표가 같은 평가를 내리는가? 아니면, 지표별로 차이가 있는가?

2 1987년의 한국 민주화 이행은 권위주의 세력과 민주화운동 세력 간 타협에 의한 민주화였기 때문에 "과도기 정의"(Transitional Justice) 문제를 해결하지 못했다는 한계가 있다. 과도기 정의란 구체제 하에서 발생한 범죄나 인권침해 등의 부정의(Injustice)를 체제 전환 이후 대응하고 해결하는 방식을 뜻한다. 내전이나 민주화 이후 각종 과거사와 관련된 문제를 처리하는 과정에서 등장한 개념이다. 한국에서는 '과거사 청산'이라고 불리기도 한다. 한국은 권위주의 시기에 발생했던 범죄나 인권침해 등을 민주화 이후에 어떻게 다루었을까?

3 민주화 이론에서 배운 민주주의로의 이행 성공 요인이 민주주의 공고화도 설명할 수 있는가? 민주화의 성공 요인이 민주화 이후 한국의 민주주의의 위기와 발전과 어떻게 연결될까?

참고문헌

임혁백. 2014 『비동시성의 동시성』, 서울: 고려대학교출판부.

최장집. 2002 『민주화 이후의 민주주의』, 서울: 후마니타스.

Almond, Gabriel, and Sidney Verba. 1963. *The Civic Culture: Political Attitudes and Democracy in Five Nations.* New York, NY: Sage Publications, Inc.

Clark, William, Matt Golder and Sona Golder. 2017. *Principles of Comparative Politics 3rd Edition.* Washington DC: Sage/CQ Press.

Dahl, Robert. 1971. *Polyarchy: Participation and Opposition.* New Haven, CT: Yale University Press.

Lipset, Seymour Martin. 1959. "Some Social Requisites of Democracy: Economic Development and Political Legitimacy." American Political Science Review 53(1).

Moore Jr, Barrington. 1966. *Social Origins of Dictatorship and Democracy: Lord and Peasant in the Making of the Modern World.* Beacon Press.

Przeworski, Adam, Michael Alvarez, Jose Antonion Cheibub and Fernando Limongi. 2000. *Democracy and Development: Political Institutions and Well-Being in the World, 1950-1990.* Cambridge, Cambridge University Press

Chapter 04

민주화 이후의 한국 민주주의

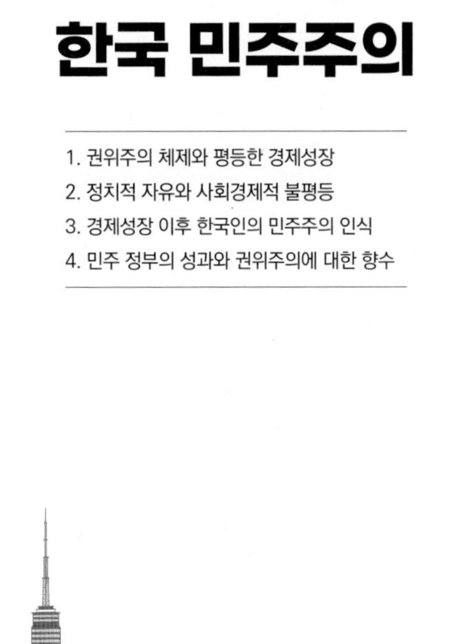

04

민주화 이후의 한국 민주주의

서 두 원

개요

이번 장에서는 1987년 민주화운동으로 권위주의 정치 체제가 허물어진 이후 한국 사회에서의 민주주의 현황을 살펴보겠다. 제1절에서는 먼저 1960년대부터 1970년대까지의 시기를 권위주의 체제 속에서 만들어진 빠른 경제성장 과정과 그 사회적 의의를 통해 분석하겠다. 제2절에서는 1987년을 전후한 시기에 나타나는 민주 정치적 자유 하의 사회경제적 불평등문제를 살펴보겠다. 특히 공평한 소득 분배가 허물어지는 계기가 된 1997년 IMF 위기 이후의 한국 사회를 살펴보겠다. 제3절에서는 사회경제적 불평등이 심화하는 1990년 이후의 한국인의 민주주의에 대한 인식 변화를 추적한다. 제4절에서는 사회경제적 불평등이 심화하는 현상을 민주적 정치 체제의 무능력으로 인식하면서 사회적으로 과거 권위주의적 지도력에 대한 향수가 나타나는 과정을 분석한다. 심화 학습에서는 한국 민주주의를 세계 곳곳에서 나타나는 민주주의 효율성에 대한 회의 및 민주주의 체제의 후퇴 현상과 비교해 본다.

키워드

민주주의, 불평등, 빈곤, 양극화, 권위주의에 대한 향수, 한국

1. 권위주의 체제와 평등한 경제성장

1987년 6월 전국 대규모 민중봉기로 권위주의 정권이 무너지면서 시작된 한국의 민주화는 1975년 남유럽에서 시작된 민주화 제3의 물결을 상징하는 사례로 높이 평가받고 있다. 프리덤 하우스(Freedom House)는 1993년에서 2011년까지의 한국을 자유민주주의 그룹으로 분류하고 1점(가장 민주적)에서 7점까지의 척도 중 평균 2점(또는 그 이하)을 부여하였다(Shin 2011). 이는 민주주의의 "기적적" 발전으로 평가되며, 선거 정치가 "한국의 유일한 정치 수단이 되었다"(Shin et al. 2003, 266). 한국의 민주주의는 "최대주의적 의미에서 완전히 공고해진 것"(Hahm 2008, 129)이라고 할 수 있다. 그러나 최근에는 한국 민주화에 대한 평가가 낮아지고 있다. 과거 권위주의 체제에 대한 향수, 보수적 투표 양상, 민주 정부의 저조한 성과에 대한 대중의 불만, 그로 인한 민주주의의 지지 및 정당성 저하 등이 이유이다.

그러면 과거 권위주의 체제에 대한 향수는 왜 나타나는 것일까? 한국은 세계 제2차 대전 이후 가장 성공적으로 산업화를 이룬 나라 중 하나로 잘 알려져 있다. 한국의 수출 지향적 국가 주도 산업화는 1961년 박정희의 군사 쿠데타 이후 시작되었는데, 당시 한국의 사회경제적 여건은 한국전쟁(1950~1953년) 직후의 폐허 상황과 별반 다르지 않았다. 1인당 평균 소득이 연간 80달러에 그친 세계에서 가장 가난한 나라 중의 하나였다. 그런데 박정희 정권(1961~1979년)이 추진한 산업화 과정을 거치면서 1인당 평균 소득이 8,000달러(1988년)로 치솟았고, 얼마 지나지 않아 권위주의 체제는 막을 내렸다. 이 같은 놀랄 만한 경제성장보다는 알려지지 않았지만, 권위주의 체제가 가져온 경제성장의 중요한 사회적 성과는 소득 불평등 감소이다. 이러한 사회적 성과는 이후의 정치 민주화를 가능하게 한 의미가 큰 변화이다. 1960년대 9.2%, 1970년대 10.3%, 1980년대 8.6%(조윤제 외 2012)라는 놀라운 경제 성장률과 더불어, 지니계수(Gini Coefficient)도 1960년 0.45에서 1991년 0.31로 감소하였다(Kim et al. 2011). 1980년대의 민주화 이전에 한국은 경제적 번영을 이루었을 뿐만 아니라 사회적으로 더욱 평등한 국가가 되었다. 이러한 동향은 경제학 정설로 알려진 쿠즈네츠(Kuznets)의 선진 산업 사회 내 경제성장과 소득 불평등 간 역 U자 관계 이론(1955)에 명확히 반하는 것이었다(Kuznets 1955). 쿠즈네츠의 역 U자 이론과는 정반대로 한국에서는 경제성장과 소득 불평등 간에 오목한 형태의 관계가 발견되었다. 그런데 모범이 되는 한국형 평등 모델의 발전은 1987년 민주화의 시작과 더불어 막을 내리고[1], 대신 정치적 자유는 있으나 경제적 빈곤과 양극화 속에 살아가는 새롭고 낯선 사회가 한국에서 나타났다. 이 같은 불평등한 사회의 출현이 권위주의 체제에 대한 향수를 불러일으키는 한 요인이 되고 있다.

2. 정치적 자유와 사회경제적 불평등

1980년대 민주화 운동 이후에 성립한 첫 번째 문민정부가 김영삼 정부(1993~1997)이다. 김영삼 정부 출범 이전에는 시민 단체의 활발한 사회운동과 노동 운동의 강화로 개인의 소득 수준이 향상되었고, 이는 불평등 해소에 이바지하였다(신광영 2008). 그러나 김영삼 정부가 추진한 세계화 정책 그리고 이 시기에 발생한 외환위기는 한국의 사회경제 발전 형세에 큰 변화를 가져왔다. 1997년 외환위기 이후에 시기는 중산층의 붕괴, 극심한 불평등, 빈곤의 증가와 더불어 계급 양극화로 특징지어진다. 한국은 570억 달러의 국제통화기금(International Monetary Fund, IMF) 구제금융 덕분에 국가 모라토리엄을 간신히 면할 수 있었다. IMF는 이러한 재정 지원의 대가로 김대

1) Feng, op. cit.

중 정부(1998~2002년)를 향해 노동시장 유연화에 중점을 둔 신속하고 엄격한 신자유주의 경제개혁을 시행할 것을 요구하였다. 이후 해고의 합법화가 즉시 시행되었고, 비정규직 근로자가 급격히 증가하였다. 이로 인하여 한국 사회의 계급 구조가 빠르게 양극화되었으며, 민주주의의 주축이었던 중산층이 몰락하게 되었다.

외환위기 이후에 비정규직 근로자가 전체 근로자의 절반을 넘어선 이래(2001년 55.9%) 비정규직 근로자 비율은 감소하지 않았다(Im 2011). 노동시장 유연화 또한 불평등하게 진행되었다. 기술 및 소득 수준이 낮은 근로자가 비정규직 근로자로 전향되는 비율이 더 높았으며, 여성 근로자가 해고 및 고용 조정의 주요 대상이 되었다[2]. 한국의 실업률은 여타 국가보다 여전히 낮은 수준이긴 하지만, 1995년 2.1%에서 외환위기 이후 2000년에는 4.4%로 증가하였다(조윤제 외 2012). 연간 10% 정도로 유지되었던 경제 성장률은 1998년 −5.7%로 하락한 이래 21세기에 들어서도 5% 수준으로 회복되는 데 그쳤다. 정규직과 비정규직 근로자 간 소득 격차는 극심하게 벌어져 2005년에는 비정규직 근로자의 평균 임금이 정규직 근로자 평균 임금의 절반에 머물렀다(김순영 2006).

계급 양극화와 노동시장 유연화는 사회 불평등을 심화시켰다. 1997년 외환위기 이전 0.283에 머물렀던 지니 계수가 2001년 0.319로 치솟아(Im 2011) OECD 국가 평균치를 넘어(Kang 2012b) "역대 최고치"에 이르렀다[3]. 경제성장과 더불어 이미 해결된 것으로 여겨지던 빈곤 문제가 외환위기 이후 심각한 사회경제 문제로 대두되었다. 사회 불평등은 청년 실업률의 급증(2010년 8%)과 급속하게 증가하는 고령화 인구(2013년 12%)(조윤제 외 2012)로 인해 더욱 악화하여 2000년에서 2010년 사이에는 한국 전체 인구의 거의 10%가 빈

2) Shin, "Changing inequality in contemporary Korea: democratization, globalization, and new social risks", op. cit.
3) Feng, op. cit. p. 7.

곤 속에 살게 되었으며(Kim et al. 2011), 2008년에는 전체 노동력의 약 12%가 "근로 빈곤층" (Working Poor) 범주에 속하였다(Kang 2012b). 소득이 평균 국민소득의 절반에 미치지 못하는 빈곤 가구의 비율, 즉 "상대적 빈곤율"은 1992년까지 감소하였으나 김영삼 집권 이후 증가하기 시작하였고, 외환위기 이후 더욱 가속화되어 2007년에는 14.4%로 정점을 찍었다(유경준 2009). 이처럼 높은 수준의 상대적 빈곤율은 OECD 국가의 평균을 상회할 뿐만 아니라[4] 그 심화 속도가 한국의 불평등 심화(지니 계수) 속도를 능가하여 빈곤이 불평등 심화보다 훨씬 더 심각한 문제가 되었음을 시사한다(유경준 2009).

김영삼 정부 시기의 외환위기로 인해 촉발된 경제 혼란 속에서 김대중 정부와 그 뒤를 이은 정부는 포괄적 복지 개혁 정책을 시작하였다. 사회 복지에 대한 국가 지출이 꾸준히 증가하여 외환위기 이후 5년간 두 배로 증가하였으며, 관련 국가 예산이 1997년 1.3%에서 2001년 3.3%에 이르러(Kim et al. 2011), 그 증가율은 OECD 국가 중 가장 높았다(한국은 1996년 OECD 회원국이 되었다). 그러나 복지 향상과 관련한 정부의 성과는 세계 수준 및 기대에 미치지 못하였다. 2008년에는 GDP의 8.3%만이 공공복지에 쓰였으며, 이는 멕시코(7.6%)를 제외한 여타 OECD 회원국의 평균인 20.6%보다 낮은 수치였다(강우진 2012). 복지를 위한 국가 지원의 증가도 미미한 수준으로, 빈곤 감소에 13.9%(OECD 국가 평균 14.9%), 소득 분배에 6.2%(OECD 국가 26~87%)의 기여도를 보이는 데 그쳤다[5]. 김대중 정부가 추진한 "생산적 복지"와 이명박 정부가 실시한 "능동적 복지" 정책은 모두 시장 지향적이고 성장 중심적이라는 점에서 한계가 있었다. 정부가 일자리 창출과 경제성장을 통해 사회보장제도를 개선하였기 때문에 퇴직자와 실업자들은 보호받지 못하고 어쩔 수 없이 빈곤층으로 전락하였다.

---

4) Organization for Economic Cooperation and Development (OECD) (2008) *Growing Unequal*, Paris: OECD.

5) Korea Institute for Health and Social Affairs (KIHASA) (2011) *Pog˘on, Pokchi Issue & Focus* 94.

3. 경제성장 이후 한국인의 민주주의 인식

서구의 선진 민주국가 및 아시아의 다른 민주국가와 비교해 보면 한국인은 매우 강한 "실질적" ("절차적"의 반대) 의미의 민주주의를 의식하고 있으며, 평등주의적 복지와 공동체 안보를 민주 체제나 국가의 주된 의무로 우선시하는 특징이 있다. 통계를 통해 보면 다음과 같다. 한국인은 민주 체제의 가장 본질적 속성에 관한 질문에 대하여 35.7%의 응답자가 경제적 평등을 꼽았고, 근소한 차이로 보통선거(35.4%)가 뒤를 이었으며, 그 뒤로는 자유 수호(14.5%)와 경제적 안전(10.1%) 순으로 나타났다(Shin 2012). 외환위기 전후로 사회경제 평등으로서의 민주주의가 지배적이었던 경향을 살펴보면, 1997년 한국인은 민주화보다는 경제 발전에 압도적 지지를 보였으며(53.2% 대 8.8%) 그 격차는 1998년에 더 심해지는 양상을 보였다(65.2% 대 7.8%)(홍재우 외 2006). 요약하면 한국인의 71%가 민주주의에 대한 실질적 개념에 동의하였으나 절차적 정의에는 6%만이 동의하였다(Shin et al. 2003, 266).

한국인들 사이에 이처럼 깊숙이 자리 잡은 실질적 민주주의 인식의 기원은 역사적이며 동시에 문화적으로 만들어진 것이다. 한국전쟁(1950~1953)의 참혹한 결과와 이어진 장기간의 경제적 궁핍, 그리고 전쟁 전후 시기에 남한에서 시행된 농지개혁으로 인한 지주계급의 전멸에 가까운 소멸은 한국 사회에서 경쟁의 장을 평준화시키는 의도치 않은 결과를 초래하였다. 역설적으로 가난에 찌들고 전쟁에 짓밟힌 국민 대다수가 사회적으로 모두 "동등한" 구성원이 된 것이다. 또한, 한국은 아시아의 대표적인 유교 사회로 알려져 있으며(Park et al. 2006), 한국인 사이에 여전히 견고하게 작동하는 전통적인 유교 가치의 특징은 강력한 평등주의였다. 한국인은 개인주의(27.7%), 숙명론(5.3%), 위계주의(16%) 같은 여타 사상보다 평등주의를 훨씬 더 우위에 두고 있었다(Shin 2012). 평등주의에 대한 한국의 이 같은 신념은 공동체 구성원 간의 화

합과 협력이 강조되고(Huntington 1991), 집단 중심의 복지가 개인의 자유보다 중시되며 공동체 책임이 개인의 권리보다 우선시 되는 공동체주의적, 집단주의적 복지 전통에서 비롯되었다(Park et al. 2006).

이처럼 강력한 평등주의 및 공동체 중심의 가치관을 가진 한국인들은 복지와 안전의 제공을 개인의 권리 보호보다 더 중요한 정치의 주요 역할로 인식하였으며(Huntington 1997), 권위와 위계질서를 준수하는 강한 국가에 의한 민주 정치 형태를 우수한 통치의 모범으로 여겼다. 한국인은 강한 국가가 국민을 경제 침체로부터 보호하고 심각한 빈곤에서 구제하기 위해 적절한 임무를 수행할 것이라고 기대하였다. 이와 관련하여, 한국의 저소득층은 고소득층보다 강한 국가가 주도하는 능력주의를 더 지지하는 것으로 나타났다(Shin 2012).

4. 민주 정부의 성과와 권위주의에 대한 향수

초기 민주주의를 지속시키는 힘은 민주 정부의 성과에 대한 국민의 합의와 만족감이다. 이를 통해 민주 정부는 민주주의 체제에 대한 확고한 정당성을 확보할 수 있다. 즉 민주 체제의 정당성과 지속 가능성은 체제의 성과에 달려 있다. 오늘날 한국 사회는 민주 체제에 대해 어떤 평가를 하고 있을까? 외환위기 이후 한국 국민은 민주주의에 원칙적으로 동의하면서도 실제로는 실망을 느끼고 있다. 즉, 민주주의를 향한 원칙적 신념은 강하지만 그에 대한 실제 지지는 약한 모습을 보였다. 2002년 한국인의 절대다수(92%)는 민주주의가 한국에 바람직하다고 여기며, 대다수 국민(74%)이 민주주의가 한국에 적합하다고 답하였다(Shin et al. 2003, 266). 하지만 민주주의에 대한 무조건적 지지에서는 한국인 응답자의 절반 미만이 찬성을 표명하였다. 이와는 대조적으로, 아시아 바로미터 조사 1(2001~2003)과 조사 2(2005~2008)에서 실시한 민주주의의 성과에 관한 국민의 의식 조사에서는 민주주의의 효능에 대한 한국인의 믿음이 두 조사 기간 사이에 72%에서 55%로 17% 감소한 것으로 나타났으며, 이는 태국(24%)에 이어 아시아 민주국가 중 두 번째로 큰 감소율이었다. 같은 기간 한국인의 민주주의 지지율은 61%에서 48%로 감소하였으며, 이는 필리핀(38%)에 이어 두 번째로 낮은 수치였다(Kang 2012b).

경제적 성과에서 나타난 민주 체제의 "실패"는 권위주의를 향한 향수를 불러일으켰다. 주요 신문사와 연구 기관에서 2000년대 들어 실시한 일련의 전국 설문 조사에서 박정희 전 대통령은 가장 바람직하고 존경받는 정치 지도자로 거듭 선정되었으며, 2006년 그에 대한 지지율은 55.4%에 이르러 다른 전직 대통령들을 크게 앞질렀다(Kang 2010). 총선과 대통령 선거에서 집권 보수당이 승리를 거둔 2012년 그의 지지율은 65.5%까지 치솟았다. 그는 정부의 성과 면에서 역대 대통령 중 최고(51.1%)로 꼽혔으며, 김대중 전 대통령이 19.1%로, 상당한 차이를 보이고 그 뒤를 이었다. 이른바 박정희 정권에 대한 향수는 외환위기 이후 고조되기 시작하였는데, 이러한 향수는 "박정희 전 대통령은 근대화의 화신이자 한국인을 빈곤에서 구제한 민족 회생의 지도자 이미지"로 구체화되었다(Kang 2012a).

한국 국민은 민주 정부의 실망스러운 경제 성과에 견디기 힘들었으며 권위주의 체제의 "성공" 신화에 더욱 매료되었다. 대다수 한국인은 여전히 권위주의 체제보다는 민주주의 체제를 선호하고 있었지만(Shin 2012) 권위주의 체제를 향한 이 같은 향수는 민주주의의 정당성이 정체되고 있고 심지어는 훼손되고 있다는 사실을 시사하고 있다(Chang et al. 2007). 권위주의 체제를 향한 이러한 지속적인 향수는 불만에 찬 시민을 민주적 안정을 위협하는 "불신의 비민주주의자"로 쉽게 탈바꿈시킬 수 있다. 실망스러운 민주 정부의 경제 성과로 인해 한국에서는 민주주의에 대한 불완전한 믿음이 나타나고 있다. 동시에, 권위주의 체제의 "성공" 신화로 인해 권위주의의 단점을 부분적 무시하는 불길한 징후가 여기저기서 나타나기 시작하였다. 이는 한국 민주주의를 침체시킬 가능성이 있다. 1987년 민주화가 시작된 이래 주요 선거 투표율의 지속적인 하락은 정치적 무관심과 냉소주의가 증가하고 있다는 것을 보여준다(Kim 2005). 더욱 걱정스러운 점은 상류층은 물론 저소득층과 고령층 사이에서 보수적 정치 성향이 꾸준히 나타난다는 것이다.

상류층은 보수 정당과 그 후보를 열렬히 옹호하고 보수주의에 강한 이념적 애착을 보인 반면, 중산층은 진보적 이념과 혁신 정치 성향에 기우는 모습을 보였다. 그런데 매우 예외적으로 저소득층이 보수적인 경향을 보였는데, 이러한 양상은 최근 선거에서 더욱 뚜렷하게 나타났다. 2002년 대통령 선거에서 보수 정당 후보와 혁신 정당 후보는 저소득층으로부터 각각 34.3%와 49%의 지지를 얻었으나, 10년 후인 2012년 대통령 선거에서는 저소득층의 52.4%가 보수 정당 지도자를 지지하였고, 37.3%만이 진보 정당 후보를 선택하였다. 중산층은 여전히 진보 정치인을 선호하였지만 지지 격차는 불과 10년 만에 절반으로 줄어들었다(서복경 2013).

2012년 대통령 선거에서 보수 및 진보 정당 후보들은 나란히 사회 양극화 해결과 계층 간 사회경제 격차 해소를 강조하고 주요 선거 공약으로 내세웠다. 저소득층은 상류층과 중산층보다 복지 문제에 더욱 민감하고 경제 빈곤과 사회 양극화로 인한 불이익이 크기 때문에 진보 정당을 지지할 가능성이 클 것으로 예상했으나, 이러한 기대 및 계급투표론과 달리 박정희 전 대통령의 딸 박근혜는 상류층은 물론 중하위 및 하위계층으로부터 과반수 득표를 받으며 대통령으로 당선되었다. 65.7%의 하위계층(월 소득 2백만 원 이하 가구) 유권자들이 압도적으로 박근혜를 지지하였고, 34.3%만이 진보 정당 후보를 지지하였다. 31.4%라는 하위계층 내 격차는 57.4%가 보수 후보를, 42.6%가 진보 후보를 선택한 상류층(월 소득 7백만 원 이상 가구) 유권자 내 격차인 14.8%

의 두 배가 넘는 수치였다(강원택 2013). 이는 상류층과 하위계층 모두 보수 정치를 지지하였으나 하위계층이 훨씬 더 열렬한 보수 신봉자임을 시사한다. 한국에서 보수 투표와 소득 수준 간에 선형 관계가 나타난 적은 없으나 최근에는 둘 사이에 U자형 관계가 뚜렷해지는 양상이다(서복경 2013). 그리고 이는 박정희로 대표되는 권위주의 체제에 대한 향수로 나타나고 있다.

결론

한국에서 민주적 자유가 권위주의 경제정책을 대체하던 1987년부터 권위주의 체제가 만들어낸 경제적 번영과 공평한 경제 분배가 무너지기 시작했다. 1997년 외환위기 이후, 경제 악화로 빈곤 및 고용 불안정이 심화하였고, 중산층이 몰락하였다. 외환위기 이후 정부의 복지 개혁 정책은 빈곤화와 양극화를 막기에 부족하였고, 점점 더 많은 저소득층이 보호받지 못한 채 사회적 낙오자로 남게 되었다. 경제 침체와 외환위기로 드러난 민주 체제의 부족함은 민주주의를 향한 대중의 지지도를 약화할 만큼 국민의 불만족을 증가시켰다. 민주주의 정당성의 감소는 민주주의의 공고함과 지속 가능성을 확실히 위태롭게 하고 있다. 한국인들은 원칙적으로 여전히 민주주의를 추구하면서도, 실제로는 민주주의에 불만을 느끼는 동시에, 비민주적 정부 수행 방식을 지지하고 있었다. 대중의 불만이 고조되면서 권위주의 체제에 이루었던 경제적 성공을 향한 향수가 깊어졌고, 이는 박정희 전 대통령 집권 당시의 시절에 대한 그리움을 불러일으켰다. 요약하면, 현재 한국 사회에는 민주주의 원칙에 대한 믿음과 권위주의 체제에 대한 지지가 공존하고 있고, 이는 1987년 이후 민주화 과정에서 만들어 낸 민주적 성과를 저해하고 있을 뿐만 아니라 민주주의의 정당성 또한 훼손하는 기능을 하고 있다.

심화학습

1 제3의 물결에 따른 민주주의 공고화 추세를 비교 역사적으로 검토하고 한국이 처한 상황을 분석한다.

2 전 세계적으로 진행되는 대의적 민주주의의 효율성에 대한 회의와 민주주의의 후퇴를 촉발한 요인들을 연구한다.

3 이와 더불어 극우 우파정당과 정치인의 득세가 초래한 부정적인 영향을 다각도로 살펴본다.

참고문헌

강우진. 2012.「한국 민주주의에서 경제적 불평등에 대한 인식의 정치적 효과: 민주주의 형성에 대한 효과를 중심으로」,『한국과 국제정치』 28: 145-175.

강원택. 2013.「2012 대선에서 나타난 한국정치의 특성과 변화」, 미출간.

김순영. 2006.「불평등과 한국의 민주주의」,『아세아연구』 49: 37-67.

서복경. 2013.「사회균열과 정당정치」, 미출간.

신광영. 2008.「현대 한국 불평등구조의 변화: 민주화 세계화와 새로운 사회적 위험」,『현대사회와 문화』 27: 5-32.

유경준. 2009.「우리나라 빈곤변화 추이와 요인 분석」,『KDI정책포럼』 215: 1-13.

조윤제, 박창기, 강정구. 2012.「한국의 경제성장과 사회 지평의 변화」, 금융경제연구원 워킹페이퍼 470.

홍재우, 조성대. 2006.「경제 위기와 민주주의: 외환위기 전후 대중의 민주주의 체제 지지의 변화」,『신뢰연구』 16: 109-36.

Chang, Yu-tzung, Yun-han Chu, and Chong-Min Park. 2007. "Authoritarian nostalgia in Asia", *Journal of Democracy* 18:66-80.

Hahm, Chaibong. 2008. "South Korea's miraculous democracy," *Journal of Democracy* 19:128-42, p. 129.

Huntington, Samuel P. 1991. "Democracy's third wave," *Journal of Democracy* 2:12-34.

_________. 1997. "After twenty years: the future of the third wave", Journal of Democracy 8:3-12.

Im, Hyug-Baeg. 2011. "Better democracy, better economic growth? South Korea," *International Political Science Review* 32: 579-97.

Kang, Won-Taek. 2010. "Missing the dictator in a new democracy: analyzing the "Park Chung Hee Syndrome" in South Korea", *Political and Military Sociology* 38:1-25.

Kang, Woojin. 2012a. "Democratic performance and authoritarian nostalgia in Korean democracy", Unpublished Manuscript.

-----------. 2012b. "Inequality, welfare system, and satisfaction with democracy in Korean democracy," Unpublished Manuscript.

Kim, Ji-Young. 2005. "'Bowling together' isn't a cure-all: the relationship between social capital and political trust in South Korea," *International Political Science Review* 26:193-213.

Kim, Taekyoon, Huck-Ju Kwon, Jooha Lee, and Ilcheong Yi. 2011. "'Mixed governance' and welfare in South Korea," *Journal of Democracy* 22: 120-34.

Korea Institute for Health and Social Affairs (KIHASA). 2011. Pog˘on, Pokchi Issue & Focus 94.

Kuznets, Simon. 1955. "Economic growth and income inequality," *The American Economic Review* 45:1-28.

Organization for Economic Cooperation and Development (OECD). 2008. *Growing Unequal,* Paris: OECD.

Park, Chong-Min and Doh Chull Shin. 2006. "Do Asian values deter popular support for democracy in South Korea?," *Asian Survey* 46: 341-61.

Shin, Doh Chull. 2011. "Is democracy the only political game worth playing in Korea? Exploring citizen attitudes toward democratic legitimacy", Paper presented at the Workshop on East Asian Perspectives on Political Legitimacy, August 18-20.

_________. 2012. *Confucianism and Democratization in East Asia.* New York: Cambridge University Press.

Shin, Doh Chull, Chong-Min Park, Ah-Ran Hwang, Hyeon-Woo Lee, and Jiho Jang. 2003. "The democratization of mass political orientations in South Korea: ascertaining the cultural dimension of democratic consolidation," *International Journal of Public Opinion Research* 15:265-84.

Chapter 05

글로벌 불평등과 한국 경제

1. 소득불평등 측정: 지니(Gini) 계수
2. 소득불평등의 영향
3. 한국의 소득불평등
4. 소득불평등의 해결 방안

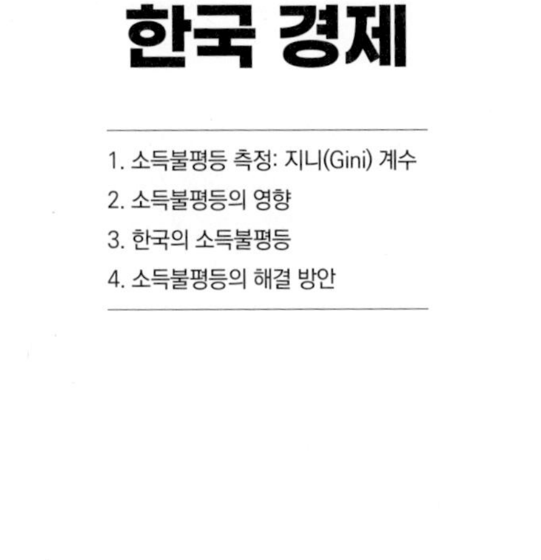

05
글로벌 불평등과 한국 경제

이 동 은

개요

성장과 분배는 경제학의 오래된 화두이다. 글로벌 금융위기 이후 소득불평등이 경제적 비효율성을 가져오는 원인 중 하나로 논의되면서 분배와 불평등 문제가 다시 주목을 받고 있다. 본 장에서는 경제학에서의 불평등의 기본 개념에 대해 이해하고, 다양한 자료를 통해 한국의 소득불평등 수준과 그에 대응하는 정책을 분석하고, 그 해결책을 모색해 보는 것을 목표로 한다. 제1절에서는 지니계수(Gini Coefficient)에 대한 이해를 바탕으로 소득불평등의 개념을 이해하고, 자본주의 경제의 심화에 따라 왜 불평등이 증가하는지를 논한다. 또한 지니계수의 국제 비교를 통해 한국의 불평등 수준에 대해 평가한다. 제2절에서는 불평등과 국민의 주관적 삶의 만족도와의 관계, 불평등이 야기하는 사회·경제적 비효율성 문제에 대해 논한다. 제3절에서는 노동시장, 부동산, 자산시장, 남녀 소득 격차, 도시와 지방 간 소득 격차 등 한국 소득불평등의 원인에 대해 논한다. 제4절에서는 누진적 소득세, 상속세, 재산세, 사회보장지출, 교육정책 등 불평등을 완화할 수 있는 정책 수단에 대해 논하고, 경제협력개발기구(Organisation for Economic Co-operation and Development, OECD) 자료를 통해 다른 국가의 소득재분배 정책과 비교한다. 심화학습으로는 정부의 소득재분배 정책이 가져올 수 있는 순기능과 역기능을 함께 고려하여, 어떠한 정책 수단이 바람직할 것인지를 논한다.

키워드

소득불평등, 지니계수(Gini Coefficient), 쿠즈네츠 가설, 자산시장과 소득불평등, 소득재분배정책

1. 소득불평등 측정: 지니(Gini) 계수

한국전쟁 이후 지난 70여 년 동안 한국경제를 주도한 제1의 화두는 경제 성장이었다. 그 결과 2장에서 살펴본 바와 같이, 국가 전체의 부를 증가시키는 데는 성공했다. 그러나 1980년대 후반부터 정치적 민주화와 함께 성장의 과실이 공평하게 분배되지 못했다는 불만이 나타났다.

한 국가의 소득 수준을 평가하는 데 많이 사용되는 1인당 GDP는 한 국가 전체의 소득을 인구수로 나눈 평균(Mean) 소득 개념이다. 그러나 1인당 국내총생산(Gross Domestic Product, GDP)은 실제 모든 국민이 그만큼의 소득을 갖고 있다는 의미는 아니다. 한 국가 안에는 고소득자도 있고 저소득자도 있으므로, 1인당 GDP로는 그 사회의 소득분포가 어떻게 되어 있는지 알 수 없다. 예를 들어 단 10명만 존재하는 사회에 1인당 GDP가 100만 원이라고 하자. 이 1인당 GDP는 국민 모두 소득이 100만 원이어도 가능한 수준이고, 국민 중 단 한 사람만 소득이 1,000만 원이고 나머지 국민은 소득이 없어도 가능한 수준이다. "소득 평등"을 모든 사람이 같은 소득을 갖는 상태라고 정의한다면, 전자는 극단적으로 평등한 국가이고, 후자는 극단적으로 불평등한 국가가 될 것이다. 무엇이 공정한 소득분배인가에 대해서는 다양한 철학적, 윤리학적 접근이 있을 수 있겠지만, 본 장에서는 경제적, 양적 소득분배에 대해서만 논하도록 한다.

소득불평등도를 측정하는 가장 대표적인 기준은 지니계수(Gini Coefficient, 이하 Gini 계수)이다. 먼저 한 국가 내의 국민을 소득이 가장 적은 사람부터 가장 많은 사람까지 왼쪽에서 오른쪽으로 일렬로 세운다고 생각해 보자. 그 다음 왼쪽 가장 소득이 적은 사람부터 점점 더 소득을 더해 가며 전체 소득에서 차지하는 비중을 나타내면, 이를 로렌츠(Lorenz) 곡선이라 부른다. [그림 5-1]에서 아래쪽으로 굽어 있는 곡선이 일반적인 로렌츠 곡선 모양이다.

가로축을 전체 인구에 대한 누적 인구의 비율로 나타내면, 가로축 맨 왼쪽은 0에서 시작해서, 가장 오른쪽에는 전 국민이 포함된 100%가 될 것이다. 세로축은 누적 소득이기 때문에, 누적 소득분포는 가로축 맨 오른쪽에서 GDP의 100%가 되어야 한다.

양극단의 경우를 생각해 보자. 전 국민이 모두 똑같은 소득을 갖고 있다면, 로렌츠 곡선은 "/" 모양의 45도 선이 될 것이다. 누적되는 소득의 양이 일정할 것이기 때문이다. 그래서 45도 선을 완전평등선이라 할 수 있다. 다른 극단에서, 모든 소득을 한 사람이 독점하고, 나머지 국민은 소득이 없다고 하자. 그렇다면 로렌츠 곡선은 좌측에서 우측으로 가는 동안 모두 0의 세로축 값을 갖다가, 가로축 오른쪽 맨 끝에서 수직으로 100%까지 상승하는, "」"과 같은 모양이 될 것이고, 이는 완전불평등선이라 할 수 있다. 그 외의 로렌츠 곡선은 이 양극단 사이의 어느 지점이 될 것이다.

[그림 5-1]에서 완전평등선과 실제 누적소득분포(로렌츠 곡선) 사이의 면적만큼이 소득불평등의 정도라고 할 수 있으며, 완전평등선 아래 삼각형의 면적(A+B)에서 면적 A가 차지하는 비중이 Gini 계수이다. 따라서 Gini 계수는 [식 5-1]과 같이 나타낼 수 있다.

[식 5-1. Gini 계수]

$$Gini\ 계수 = \frac{A}{A+B}$$

[그림 5-1. 로렌츠(Lorenz) 곡선과 불평등]

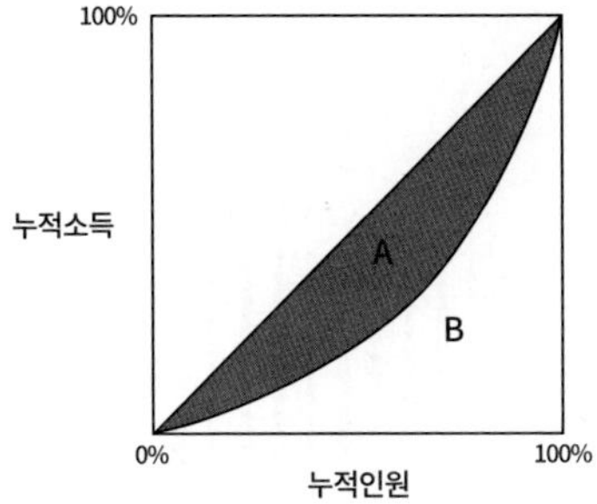

[그림 5-1]에서 완전평등선일 경우 A의 면적이 0이 되므로, Gini 계수는 0이 되고, 완전불평등선일 경우 B의 면적이 0이 되어, Gini 계수는 1이 된다. 따라서 Gini 계수가 1에 가까울수록 소득분포가 불평등한 국가, 0에 가까울수록 소득분포가 평등한 국가라고 할 수 있다. Gini 계수는 소득불평등도에 대한 절대적 기준을 제시해 주는 것은 아니지만, 한 국가 소득분포의 시간에 따른 변화를 파악하거나, 국가 간 '소득 불평등도'를 비교하는 데 유용한 지표이다. [그림 5-2]는 2018년 OECD 국가들의 Gini 계수를 나타내고 있는데, 한국은 0.345로 영국(0.366), 미국(0.393)보다는 낮지만, 독일(0.289), 프랑스(0.301) 등의 유럽 대륙 유럽 국가들보다는 크게 높은 수준이다.

[그림 5-2. OECD 회원국들의 Gini 계수(2018년)]

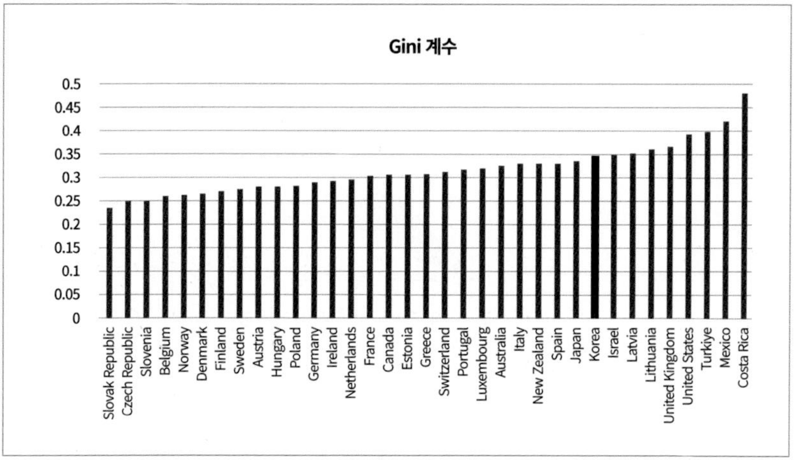

*출처: Organisation for Economic Cooperation and Development(OECD). 2022. “Income inequality(Indicator)”

그렇다면 소득불평등이 발생하는 원인은 무엇인가? 가장 근원적으로는 개인 각각 타고난 능력 차이가 있을 수 있다. 축구에 재능이 뛰어난 사람이 많지 않은데, 그렇게 뛰어난 선수의 경기를 관람하고 즐거워하는 사람들이 많다면, 여러 축구 구단들이 앞다투어 그 선수를 영입하려 할 것이다. 이 과정에서 재능이 뛰어난 특별한 축구선수는 많은 다른 사람들보다 높은 연봉을 받게 될 것이고, 이러한 능력의 차이가 소득 차이를 보일 것이다. 특히, 경제개발의 초기 단계에서는 산업구조의 변화에 따라 소득불평등이 크게 확대될 수 있다. 공업화가 진행되면서 농업이 중심인 농촌의 임금에 비해, 공업이 중심인 도시의 임금이 높아지게 되며, 이에 따라 소득불평등이 발생한다.

국제무역, 새로운 기술의 등장, 고용의 형태 변화 등을 통해서도 소득불평등이 야기될 수 있다. 국제무역을 시작하게 되면 자국의 경쟁력이 있는 산업 부분에서는 임금이 상승하고, 자국의 경쟁력이 없는 산업에서는 임금이 하락하는 효과가 있어 산업 간 임금 격차가 발생할 가능성이 있다. 또한, 새로운 생산기술이 등장하면, 그 기술을 습득한 노동자와 그렇지 못한 노동자들 간에 임금 격차가 벌어질 수 있다. 또, 특허제도를 통해 새로운 기술의 사용을 어느 한 개인이나 집단이 독점적으로 사용할 수 있다면, 기술을 사용할 수 있는 집단과 사용할 수 없는 집단 사이에 소득 격차가 벌어질 수 있다. 노동시장의 유연화에 따라 정규직과 비정규직의 임금 격차도 발생할 수 있다. 최근에는 금융업의 발달과 자산 가격 상승이 불평등을 일으킨다는 논의가 활발히 진행되고 있다. 가난한 사람들은 금융자산을 보유하기 힘들고, 금융자산 대부분은 부자들이 소유하고 있는데, 금융 자산 가격이 상승할 경우, 가난한 사람들의 소득은 제자리인 데 반해, 부자들의 소득만 증가하기 때문에 소득 격차가 벌어지게 된다.

정부는 소득재분배 정책을 통해 소득불평등을 완화할 수 있다. 먼저 조세의 측면에서 누진적 소득세를 통해, 고소득자들에게 더 높은 세율을 적용하여, 세후 소득 격차가 줄어들게 할 수 있다. 정부지출의 측면에서도 저소득층에 대한 지원, 사회복지 지출 등을 통해 저소득층의 소득을 상승시키는 방향으로 소득 격차를 줄여나갈 수 있다.

2. 소득불평등의 영향

개인의 능력과 노력의 차이가 존재한다는 점을 인정하면, 공정한 경쟁을 통해 자신의 생산성에 따라 임금을 받는 자본주의 경제에서 소득불평등이 발생하는 것은 당연한 일이다. 그러나 최근 소득불평등 확대가 일으키는 부정적인 영향에 대한 논의가 주목받고 있다. 가장 직접적으로는 불평등이 확대되면서 사회구성원들의 삶의 만족도가 낮아지고 불행한 사회가 될 수 있다. 2장에서 논의한 바와 같이 우리가 '국민소득'과 '경제성장'에 큰 관심을 두는 이유는 물질적인 만족도가 행복한 삶의 토대가 된다는 이유 때문인데, 경제성장의 결과로 불평등이 확대되어 오히려 사회 전체적인 삶의 만족도가 낮아진다면 불행한 일이 될 것이다. 최근 실증분석에서는 소득불평등이 사회의 주관적 삶의 만족도(Subjective Well-being)에 미치는 영향에 대해 다양한 분석이 이루어지고 있다. 대체로 높은 불평등도는 사회 계층 이동성(Social Mobility)의 제약(Alesina et al. 2004), 지속적인 불공정성의 지속(Graham and Felton 2006), 사회적 신뢰의 훼손(Oishi et al. 2011; Barone and Mocetti 2016)으로 인식되어 주관적 삶의 만족도를 낮추는 결과를 낳는다. 특히 Kang and Rhee(2021)는 2005년-2017년 기간의 134개국의 자료를 통해, 소득불평등도가 높은 국가군에서는 소득불평등도가 주관적 삶의 만족도를 낮추고, 상대적으로 소득불평등도가 낮은 국가군에서는 소득불평등도가 주관적 삶의 만족도에 영향을 미치지 않는다는 점을 발견하였다. 또 소득불평등도가 높은 국가군에서는 정부의 소득재분배정책이 주관적 삶의 만족도를 유의하게 상승시킨다는 것도 발견하였다.

소득불평등의 확대가 경제성장을 저해한다는 실증분석 연구도 나오고 있다(Easterly 2007; Halter et al. 2014; Berg et al. 2019). Berg et al(2019)는 소득불평등도는 중기적 경제성장에 악영향을 미치며, 정부의 소득재분배정책이 경제성장에 미치는 영향은 크지 않다는 실증분석 결과를 도출하였다. 소득불평등이 심화하면서 저소득층의 교육 수준이 저하되어 인적자본의 질이 낮아지고, 저소득 노동자들의 건강과 기대수명에 악영향을 끼칠 수 있다. 또한, 소득불평등도가 고착되어 사회 계층 간의 이동이 어려워진다면, 이는 그 자체로 노동의 의욕을 꺾어 경제의 효율성을 저해할 수 있다. 내가 아무리 노력해도 내 경제적 계층을 상승시킬 수 없다면, 누구도 열심히 노력할 이유가 없을 것이다.

소득불평등이 경제에 미치는 가장 극단적인 가설은 소득불평등이 금융위기의 원인이 될 수 있다는 것이다. 미국의 서브프라임 위기로부터 시작된 글로벌 금융위기 이후 이 가설이 주목받게 되었는데, 이 가설을 주장한 대표적인 학자인 라구람 라잔(Raghuram Rajan)은 다음과 같이 금융위기를 분석하고 있다. 소득불평등이 커지면 정부는 저소득층의 생활 안정을 위해 소득재분배 정책을 시행해야 하는데, 이는 고소득층의 조세 부담을 강화하는 것이기 때문에, 정부가 시행하기에 부담스러운 정책이다. 정부는 소득재분배정책보다 더 쉬운 방안으로 저소득층이 대출을 쉽게 할 수 있도록 하는 금융완화 정책을 펴기 쉬운데, 이는 가계부채를 증가시켜 금융위기의 가능성을 높인다(Rajan 2010). 이러한 Rajan의 가설은 2008년 미국 금융위기의 배경을 잘 설명하고 있다. 미국은 선진국 중 소득불평등도가 높은 국가이며, 신용도가 낮은 저소득층이 주택을 사기 위한 '서브프라임 대출(Subprime Mortgage)'의 부도 사태로부터 금융위기가 시작되었다. Rhee and Kim(2018)은 Rajan의 가설을 실증 분석하여, 개발도상국에서 소득불평등도의 확대가 대출을 증가시키고, 금융위기의 가능성을 높인다는 결론을 도출하였다. Stiglitz(2012)는 이에 한 발 더 나아가, 소득불평등도가 악화할수록, 최상위 금융소득자들은 정부에 금융 관련 규제 완화를 위한 로비활동을 하게 되고, 위험도가 높은 고소득 자산에 투자를 늘려 금융위기 가능성을 높인다고 주장하기도 하였다.

3. 한국의 소득불평등

한국의 소득불평등도는 [그림 5-2]에서와 같이 다른 선진국들과 비교해 다소 높다는 점에서 우려가 되기도 하지만, 외환위기 이후 소득 양극화가 심화하고 있다는 점에서 사회적인 갈등의 한 축을 이루고 있다. 소득 양극화란 소득분포가 고소득층과 저소득층으로 극단화되고, 중산층이 얇아지는 경향을 의미한다.

1960년대부터 1980년대 중반까지 권위주의 정권하에서 노동자에 대한 저임금 정책이 유지됐지만, 개발시대의 부동산 가격 상승 등으로 소득 불평등이 확대되었다. 1980년대 중반 이후부터 노동자들의 임금상승이 이루어지면서 소득불평등이 다소 완화되는 추세였으나, 1998년 발생한 외환위기로 기업들이 부도하면서 대량 실업 사태가 발생하였고, 소득불평등도가 다시 크게 악화하였다. 2000년대 들어와서는 비정규직의 확대로 인해 노동시장의 소득 격차도 벌어지고, 부동산 등 자산 가격 상승으로 금융소득자와 임금소득자 간의 소득 격차도 벌어지고 있다.

한국의 소득불평등은 Gini 계수 등 객관적으로 드러나는 수치보다 한국인들에게 더 큰 갈등의 요인이 되고 있다. 그 원인은 다음의 세 가지로 정리해 볼 수 있다. 첫째, 한국인들이 역사적, 문화적으로 공동체 의식이 강하다는 측면이 있다. 특히 식민지기, 한국전쟁, 빈곤을 '전 국민이 함께' 극복해 나왔다는 자부심이 강하다. '전 국민이 함께' 극복한 위기의 결과가 소득 격차라면, 이를 수용하는 데 어려움이 있을 수 있다. 1998년 외환위기 당시 전 국민이 참여한 금 모으기 운동은 이러한 공동체 의식을 잘 보여주고 있다. 노동자들의 임금 인상 요구가 있을 때 언론에서는 항상 '파이의 크기를 키워야 더 많이 나누어 먹을 수 있다'라거나 '국가 경제가 어려운데 각자의 이기심을 내세우면 국가가 어려워진다'라는 집단주의적 논리가 등장하는데, 막상 커진 파이의 분배는 공정하지 않다면 이를 수용하기 힘들다는 인식이다.

둘째, 소득 격차의 생성 과정이 공정하지 못했다는 인식이 있다. 자본주의 경제에서는 부의 축적과 소득 격차에 대한 인정과 존중이 필요하다. 예를 들어, 훌륭한 기술을 개발하여 성공한 기업가나, 뼈를 깎는 노력 끝에 높은 연봉을 받는 축구선수에 대해서는 누구나 인정과 존중을 보낼 것이다. 그러나 한국 현대사는 정부 주도 성장 과정에서 특혜와 부정이라는 요소가 개입되어 있었기 때문에, 이로 인한 소득 격차에 대한 인정에 어려움이 있다. 또 최근에는 부동산 시장 등 자산시장 가격 상승으로 인한 소득 격차가 벌어지고 있는데, 이는 '불로소득'으로 인식되고 있다. Kim and Rhee(2022)는 OECD 국가에 대한 실증분석을 통해, 부동산 가격의 상승이 소득 불평등의 한 원인이라는 점을 밝히고 있다. 한국 사회에서 부동산 가격의 상승은 서울을 중심으로 한 수도권과 그 외 지역 간의 소득 격차도 심화시키고 있다. 서울 중에서도 강남 지역의 부동산 가격 상승은 소득 격차 발생의 진원지라고 할 수 있다. 1970-1980년대 실질임금은 2배 상승에 그쳤으나, 전국 부동산 가격은 15배나 올랐고, 강남 부동산 가격은 200배가 되었으니, 서울과 지방, 임금소득자와 부동산 투기세력 간의 소득 격차는 심각하게 벌어진 셈이다[1].

셋째, 한국의 소득불평등에서 주목할 만한 점은 남녀 소득 격차이다. 한국의 남녀 차별적 사회 분위기는 지속해서 개선되어오고 있으나, 아직 노동시장에서의 남녀 임금 격차는 OECD에서 가장 높은 수준이다. [그림 5-3]은 OECD 국가의 남녀 임금 격차를 비교하고 있는데, 한국은 남녀 임금 격차가 압도적으로 가장 크다. 남녀의 임금 격차는 전체적인 소득불평등보다 더 문제가 심각하다. 성별은 개인의 능력이나 노력과 아무 관계가 없기 때문이다. 이러한 불평등은 사회적, 경제적인 갈등과 비효율성을 야기하게 된다.

---

1) 아주경제, 2021.3.17. [부동산, 투기의 역사] 1970 강남, 2021 광명시흥

[그림 5-3. OECD 회원국들의 남녀 임금 격차(2018년)]

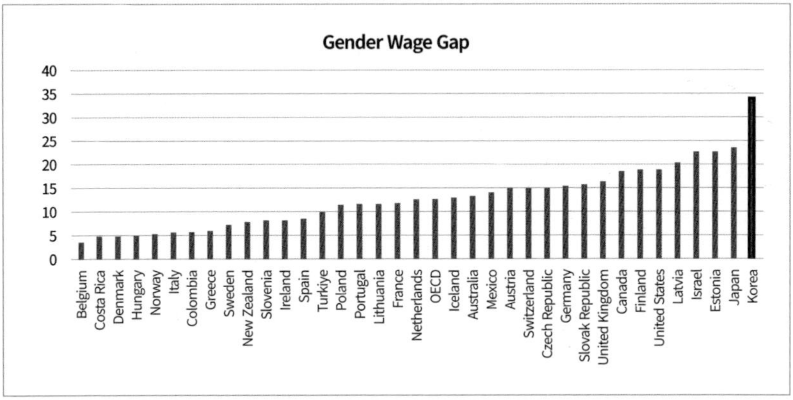

*남녀 임금 격차(gender wage gap)는 (남자 중위 소득 – 여자 중위 소득)/(남자 중위소득)으로 정의된다.
출처: Organization for Economic Cooperation and Development(OECD). 2022. “Gender wage gap (Indicator)”

4. 소득불평등의 해결 방안

경제 불평등은 경쟁을 통해 시장에서 자원이 배분되는 자본주의 경제에서 필연적인 부산물이다. 따라서 기본적인 전제는 ‘공정한’ 경쟁의 장이 마련되어 있느냐이다. 공정한 경쟁의 첫 번째 관문은 모든 구성원이 공정한 기회를 갖는 것이고, 특히 공평한 교육의 기회를 갖는 것이다. 국민 모두가 부모의 소득이나 부와 관계없이 공평한 기회를 통해 좋은 교육을 받을 수 있어야 한다. 현재 한국 사회에서는 부모의 소득에 따라 자녀의 성적이 결정되는 경향이 있다. 한국 사회에서 대학 입시제도가 끊임없이 논란의 대상이 되는 이유이다. 이를 바로잡기 위해 저소득층을 위한 입시제도, 지역별 안배를 위한 입시제도 등 다양한 대학 입시제도가 시도되고 있다.

공평한 기회가 주어지더라도 개인이 타고 태어난 능력에서 차별이 있기 마련이다. 어떤 사람은 출중한 외모를 타고 태어나 큰 노력 없이도 유명한 연예인이 되어 고소득을 받을 수도 있고, 어떤 사람은 사회적 경쟁에서 배제되는 장애를 가지고 태어날 수도 있다. 이 경우 정부의 개입을 통해 불평등이 어느 정도 완화되는 효과를 거둘 수 있다.

먼저 누진적인 소득세가 소득재분배의 기능을 수행할 수 있다. 한국의 경우 연 소득 1,200만 원 이하의 근로자는 6%의 세율이 적용되지만, 10억 원이 초과하는 고소득자의 경우에는 45%의 높은 세율이 적용된다. 이를 통해 세후 소득불평등도가 완화될 수 있다. 상속세를 통해 부의 대물림을 억제할 수 있고, 부동산 가격 상승에 대한 과세를 통해 불로소득에 대한 유인을 줄일 수 있다. 이렇게 거두어들인 세금을 정부가 저소득자들에게 혜택이 더 많이 가게 지출하는 것도 불평등을 완화하는 정책이 된다. 한국 정부는 생계가 곤란한 가계에는 '기초생활보장'을 해주고, 어려운 노후를 보내는 노인의 생활 보장을 위해 매달 '기초연금'을 지급하고 있다. 사회 보험 성격인 국민연금, 건강보험, 실업급여 등도 소득불평등을 완화해 주는 제도이다.

한국의 소득이 선진국 수준에 이르자 한국 사회에서는 소득불평등의 완화와 사회복지 수준에 대한 논의가 지속해서 제기되고 있다. 한 측면에서는 정부의 지나친 개입이 시장의 효율성을 저해할 위험에 대해 우려를 표하고, 다른 한 측면에서는 유럽 고소득 국가들처럼 낮은 불평등과 풍부한 복지제도를 요구한다. 그렇다면 현재 한국의 소득재분배정책의 정도는 어떠할까? [그림 5-4]는 Kim and Rhee(2022)에서 제시한 OECD 가입국들의 소득재분배정책의 정도, GDP 대비 사회복지지출, 정부의 조세수입을 나타내고 있다. [그림 5-4]에서 한국의 소득재분배 정도는 비교 대상인 다른 OECD 가입국들보다 가장 낮은 수준이고, GDP 대비한 사회복지지출 규모나 정부의 조세수입 규모도 상대적으로 낮은 수준에 머무는 것을 알 수 있다.

한국 사회는 아직 어느 정도의 소득불평등을 감내할 것이며, 어느 정도의 사회복지 수준을 추구할 것인가에 대한 합의가 이루어져 있지 않다. 따라서 이 문제를 둘러싸고 정치적으로 정책적으로 첨예한 논쟁이 진행 중이다. 다만 분명한 것은 한국이 소득 수준에 비해 소득불평등도가 높고, 사회복지 수준이 낮다는 것이다.

[그림 5-4. OECD 회원국들의 소득재분배, 조세수입, 사회복지지출]

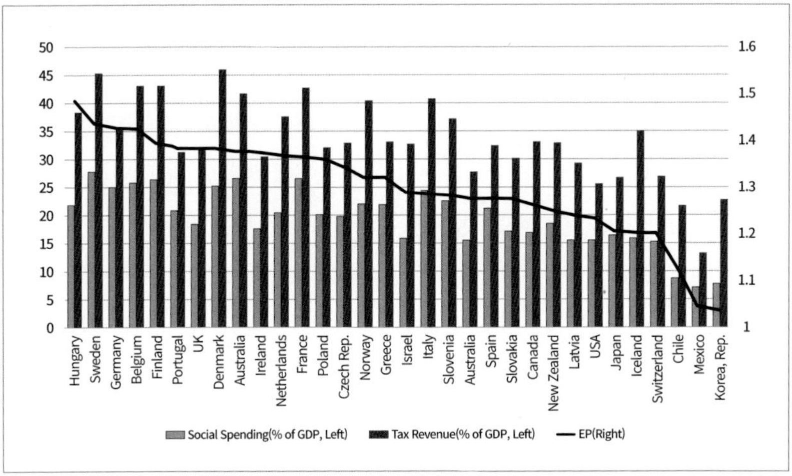

*실선은 소득재분배 정도를 나타내는 지수, 막대그래프는 각각 GDP 대비 사회복지지출과 조세수입을 나타낸다.

*출처: Kim, H., Rhee, D. -E. 2022. “The effects of asset prices on income inequality: Redistribution policy does matter.” Economic Modelling 113, p.6

결론

소득불평등도는 그동안 사회적 정의와 윤리의 차원에서 많이 논의됐다. 그러나 글로벌 금융위기 이후, 선진국에서 상승하는 소득불평등도가 경제적 효율성을 저해하고 있다는 논의가 시작되었다. 이제는 정부의 역할을 통해 소득불평등을 완화하는 것이 필요하다는 점에 국제적인 합의가 모이고 있다. 2015년 주요 20개국(G20) 재무장관과 중앙은행장 회의 공동선언문은 증가하고 있는 소득불평등도가 경제성장에 부담이 되고 있으며, 소득불평등을 바로잡는 '포괄적인 성장(Inclusive Growth)'이 이루어지도록 정책적인 노력을 해야 한다고 밝혔다.

한국은 급격한 경제성장 과정에서 상승한 소득불평등이 사회 갈등의 중요한 요소 중 하나이고, 어느 수준에 정책적 목표를 둘 것인가가 향후 남겨진 숙제이다. 한국의 빠른 경제구조 변화와 인구 고령화는 향후 소득불평등을 확대할 수 있는 요인이지만, 정부의 적극적인 정책을 통해 소득불평등을 완화할 수 있는 여지 또한 충분하다. 관건은 어느 수준에서 국민의 합의가 모이느냐이다.

1 소득 재분배 정책의 순기능과 역기능은 무엇인가? 소득불평등은 자본주의 경제의 필연적 부산물이다. 가장 극단적으로 평등한 소득분배를 추구한 제도는 이미 실패한 역사적 실험으로 이야기되는 공산주의 경제일 것이다. 공산주의 경제는 기본적으로 개인의 소유를 부정하고 공동생산, 공동분배하겠다는 기본 이념을 갖고 있었지만, 결국 실패했다. 시장을 배제한 정부 주도의 소득분배라는 것은 부패하기 마련이다. 또 경제 평등만을 강조하다 보면 더 많이 소유하고 싶다는 인간의 욕망을 무시하게 되어, 효율성이 훼손된다. 내가 아무리 능력이 뛰어나도, 아무리 열심히 일해도 똑같은 소득을 얻게 된다면, 누가 자신의 특별한 능력을 발휘하고, 열심히 일하겠는가? 그렇다고 소득불평등이 높은 사회가 효율성이 높은 사회도 아니다. 소득불평등이 높은 사회에서는 경제적 불평등이 특정 계급으로 고착되는 경향이 있는데, 이 역시 노동 의욕을 감소시켜 사회적 효율성을 저해한다. 결국, 얼마나 효율성을 훼손시키지 않으면서 공정한 경쟁의 장을 만들어 가느냐가 관건이다.

다음 각 방식의 정책이 노동 의욕에 어떤 영향을 미칠 수 있는지 토론해 보자.
- 누진적 근로소득세
- 누진적 재산세
- 상속세
- 금융자산에 대한 과세
- 실업급여

2 소득재분배정책 과정에서 국가의 역할이 강화될 수 있다. 한국 사회에서는 이러한 국가의 역할 강화가 '너무 큰 정부'를 만들 수 있고, 이는 시장의 효율성을 저해할 수 있다는 우려가 있다. 왜 큰 정부는 비효율적일 수 있는가 토론해 보자. 또 정부의 크기를 GDP 대비 정부지출 규모로 표시할 때, 한국 정부의 상대적인 크기를 다른 OECD와 비교하여 평가해 보자.

3 한국의 소득불평등도가 개선되려면 어떠한 종류의 정책이 필요한지 토론해 보자.

참고문헌

Alesina, Alberto, Rafael Di Tella, and Robert MacCulloch. 2004. “Inequality and Happiness: Are Europeans and Americans Different?" *Journal of Public Economics* 88, 2009–42.

Barone, Gugilelmo, and Sauro Mocetti. 2016. “Inequality and Trust: New Evidence from Panel Data.” *Economic Inquiry* 54(2), 794–809.

Berg, Andrew & Jonathan D. Ostry, Charalambos G. Tsangarides, Yorbol Yakhshilikov. 2018. “Redistribution, inequality, and growth: new evidence.” *Journal of Economic Growth,* 23(3). 259-305.

Easterly, William. 2007. “Inequality does cause underdevelopment: Insights from a new instrument.” *Journal of Development Economics,* 84(2). 755-776.

Graham, Carol, and Andrew Felton. 2006. “Inequality and Happiness: Insight from Latin America.” *Journal of Economic Inequality* 4, 107–22.

Halter, Daniel, Manuel Oechslin, Josef Zweimuller. 2014. “Inequality and growth: the neglected time demension.” *Journal of Economic Growth,* 19(1). 81-104.

Kang, Haejo, and Dong-Eun Rhee. 2021. “Does Income (Re)distribution Matter for Subjective Well-being? Evidence from Cross-country Panel Data.” *Social Science Quarterly* 102(2), 706-721.

Kim, Hyoungjong, and Dong-Eun Rhee. 2022. “The effects of asset prices on income inequality: Redistribution policy does matter.” *Economic Modelling* 113, 1-11

Oishi, Shigehiro, Selin Kesebir, and Ed Diener. 2011. “Income Inequality and Happiness.” *Psychological Science* 22(9), 1095–100.

OECD. 2022. “Gender wage gap (Indicator)”. doi: 10.1787/7cee77aa-en

OECD. 2022. “Income inequality (Indicator)”. doi: 10.1787/459aa7f1-en

Rajan, Raghuram G., and Fault Lines. 2010. *Fault Lines: How Hidden Fractures Still Threaten the World Economy.* Princeton University Press, Princeton.

참고문헌

Rhee, Dong-Eun, and Hyoungjong Kim. 2018. "Does income inqaulity lead to banking crises in developing countries? Empirical evidence from cross-section panel data." *Economic Systems,* 42(2)

Stiglitz, Joseph E. 2012. *The Price of Inequality: How Today's Divided Society Endangers Our Future.* W.W Norton & Co, New York.

Chapter 06

글로벌 한국과 복지국가

1. 경제구조의 변화와 복지국가
2. 한국 시민의 생각 살펴보기
3. 한국 정당의 공약 살펴보기
4. 한국 정부의 사회복지지출 살펴보기

06

글로벌 한국과 복지국가

임 시 정

개요

한국 경제의 세계화와 산업구조의 고도화는 국민 생활수준의 전반적인 향상에 이바지하였다. 하지만 이로 인한 이익을 모든 국가 구성원이 똑같이 누리게 된 것은 아니다. 수입 상품 및 외국인 노동자와의 경쟁, 새로운 기술의 도입 등으로 일자리를 잃는 사람들이 생겨났다. 또, 한국 경제가 세계 경제에 큰 영향을 받게 되면서, 글로벌 불경기의 영향으로 소득이 감소하는 등 예상치 못한 어려움을 겪는 사람들도 생겨났다. 그러자 경제적 불확실성과 위험으로부터 국민을 보호하는 복지국가에 대한 사회적 관심이 증가하였다. 또한, 복지국가를 둘러싼 찬반 논의도 활발해졌다. 이러한 배경을 바탕으로, 본 장에서는 민주 정치의 주요 행위자인 시민, 정당의 복지국가에 대한 인식을 살펴본다. 먼저 제1절에서는 세계화와 탈산업화가 복지국가에 미치는 영향에 대한 상반된 시각을 검토한다. 제2절에서는 한국 시민들이 개인의 경제적 어려움을 해소하는 데 있어 정부에게 어떤 역할을 기대하는지 세계가치관조사(World Value Survey, WVS) 자료를 통해 살펴본다. 제3절에서는 매니페스토 프로젝트(The Manifesto Project) 자료를 활용해 한국 주요 정당의 복지정책 공약과 정당 간 차이를 살펴본다. 제4절에서는 경제협력개발기구(Organisation for Economic Co-operation and Development, OECD) 데이터를 이용해 1990년대 이후 한국 정부의 복지 관련 지출 변화를 검토한다. 심화학습으로는 복지국가에 대한 여론, 정당의 공약, 정부의 정책을 국가 간에 비교해 본다.

키워드

복지국가, 사회적 위험, 사회보장, 여론, 정당, 정부

1. 경제구조의 변화와 복지국가

한국 경제의 세계화, 즉 무역, 투자, 노동시장의 개방은 경제 전체의 생산성을 증가시키고 상품의 다양성을 높여 생활수준의 전반적인 향상을 가져왔다. 동시에 한국 경제는 노동집약적 저부가가치 산업에서 지식 기반의 고부가가치 산업 위주로의 재편을 경험하고 있다. 하지만 이 같은 변화의 이익을 모두가 똑같이 누리는 것은 아니다. 수입 상품 및 외국인 노동자와의 경쟁으로 회사가 문을 닫거나, 직장을 잃어버리는 사람도 있다. 국가 경제가 세계경제에 큰 영향을 받게 되면서, 수출 시장의 경기 침체로 갑자기 소득이 감소하는 사람도 생겨난다. 어떤 사람들은 새로운 기술의 도입으로 일자리를 잃기도 한다.

[그림 6-1. 한국 농민들의 반 시장개방 시위 장면 + 톨게이트 수납원 시위 장면]

*출처: 손상원 외. 2014. "전국 농민 쌀개방 반대 집회 참석 위해 상경". 『연합뉴스』(09월 27일) https://www.yna.co.kr/view/AKR20140927032900054
양아라. 2019. "일터서 밀려난 고속도로 요금수납원들 "자회사 거부하면 화장실 청소, 풀 뽑기 행". 『민중의소리』 (06월 03일) https://vop.co.kr/A00001411274.html

이러한 상황은 정부가 개인의 경제적 어려움과 위험에 대해 얼마나 책임져야 하는지에 대한 논쟁으로 이어졌다. 경제적 불확실성과 위험으로부터 국민을 보호하는 복지국가에 대한 사회적 관심이 증가하였고, 복지국가를 둘러싼 찬반 논의도 활발해졌다. 복지국가에 대한 정의는 다양하지만, 본 장에서는 복지국가는 한 개인의 경제 상황을 악화시킬 수 있는 보편적 사회적 위험(실직, 은퇴, 질병/상해 등)에 대해 적절한 사회보장을 제공하는 국가라고 정의한다. 또한 복지국가의 구성원들은 사회보장 재정 마련에 기여하고 사회보장 혜택을 받음으로써 사회적 위험을 분담하게 된다.

개인 스스로 혹은 가족의 도움만으로 사회적 위험에 대응하기 어려워질수록 복지국가를 통해 위험을 분담하고자 하는 동기도 커질 것이다. 그렇다면 세계화와 산업고도화로 경제구조가 변하는 상황에서 복지국가를 가장 원하는 이들은 누구일까? 대부분 일자리를 잃거나 소득이 감소하는 등 경제적 피해를 보는 사람들일 것이다. 국제 무역의 주요 이론 중 하나인 스톨퍼-사무엘슨 정리(Stolper-Samuelson Theorem)에 따르면, 무역 개방은 생산에 필요한 요소 중 국내에 상대적으로 풍부한 생산요소의 실질 가치를 높여 이를 가진 사람에게 이득이 되지만, 국내에 상대적으로 적은 생산요소의 가치는 낮추어 이를 가진 사람은 손해를 볼 수 있다. 오늘날 한국은 높은 교육 수준을 가진 사람이 많고 거대 자본을 가진 대기업이 경제를 주도하는 국가이다. 따라서 반도체 산업과 같이 지식 기반 산업에 종사하는 이들과 대기업이 경제 세계화로 이득을 누리는 반면, 노동 중심 산업이나 농업에 종사하는 이들은 오히려 소득이 줄어드는 상황에 놓이게 될 수 있는 것이다.

[그림 6-1]의 농민과 수납원 시위처럼, 무역 개방과 산업고도화로 인한 피해를 우려하는 시민들은 보호와 보상을 요구하는 집단행동(Collective Action)에 나설 수 있다. 효과적으로 집단행동을 할 수 있는 집단은 정부와 다른 사회구성원들의 주목을 받지만, 그렇지 못하는 개인들은 보호와 보상에서 소외될 것이다. 경제구조 변화로 이득을 보는 사람들은 어떨까? 이들은 변화에 빠르게 적응하지 못한 것은 개인의 잘못이므로 정부가 세금으로 복지국

가를 확대해 뒤처진 사람들을 보호할 필요는 없다고 생각할 수 있다. 이처럼 사회 구성원 간에 의견이 다를 경우, 민주주의 정부가 복지국가를 확대하기는 정치적으로 힘들다. 이 경우 복지국가의 발전은 어려워지고 기존에 있던 복지국가 기능마저 쇠퇴할 것이다(Mishra 1999; Rudra 2006). 또, 복지국가의 쇠퇴로 정부의 보호에 기대지 못하게 된 사람들은 세계화에 저항하는 보호주의(Protectionism)에 기대게 될 수 있다. 최근 수년간 일부 국가에서는 복지국가 축소와 보호주의를 함께 내세우는 급진 우파 포퓰리즘이 인기를 얻기도 했다(Colantone and Stanig 2018).

하지만 경제구조 변화로 이득을 보는 사회 구성원들도 복지국가를 통한 위험 분담에 찬성할 수도 있다. 세계화 등 경제 변화에 저항하는 보호주의 세력이 강해지는 것을 막기 위해서는 이들에게 적절한 보상을 제공할 필요가 있기 때문이다. 또한, 지금은 경제적 어려움이 없는 사회 구성원들도 앞으로 어려움을 겪게 될지 모른다는 걱정 때문에 정부가 사회 보장 제도를 확대 운영하는데 찬성할 수 있다. 이처럼 경제구조의 변화로 피해를 보는 사람과 이익을 얻은 사람 모두 정부의 복지국가의 확대에 찬성한다는 주장을 정치학자들은 '보상이론' (Compensation Thesis)이라고 이름 붙였다. 이 보상이론에 따르면 민주주의 국가의 복지국가는 세계화와 탈산업화를 거치며 그 규모가 커진다(Rodrik 1997; Iversen and Cusack 2000; Garrett and Mitchell 2001).

이러한 이론적 논의 위에서 민주 정치의 주요 행위자인 시민과 정당의 복지국가에 대한 인식이 어떻게 변화해 왔는지를 한국의 사례를 통해 살펴보겠다.

2. 한국 시민의 생각 살펴보기

민주주의 국가에서 여론은 정부 정책에 영향을 미치는 가장 중요한 요인 중의 하나이다. 이번 절에서는 한국 시민들이 개인의 경제적 어려움을 해소하는 데 있어 정부에게 어떤 역할을 기대하는지 세계가치관조사(World Value Survey, WVS) 자료를 통해 살펴본다.

세계가치관 조사는 세계 각 나라의 시민들을 대상으로 사회, 문화, 정치적 이슈들에 대한 인식을 연구하는 프로젝트이다. 1981년 처음 시행된 이 조사에 한국도 매 차례 참여하였다. 매번 약 2,000명의 시민을 표본으로 한다. 정부의 복지 책임에 관한 질문은 1990년대 초 처음 소개되었기 때문에, 이번 절에서는 1990년대 초부터 최근까지 한국인의 관련 이슈에 관한 생각이 어떻게 변하였는지 살펴본다. 관련 문항은 다음과 같다.

다음과 같은 의견에 대해 선생님께서는 어떻게 생각하십니까?											
당사자가 각자의 생계에 책임져야 한다	1	2	3	4	5	6	7	8	9	10	정부가 복지에 더 책임져야 한다

개인이 각자 생계를 책임져야 한다고 생각하는 응답자들은 1에 가까운 숫자를 선택하고, 정부가 복지에 더 책임져야 한다고 생각하는 응답자들은 10에 가까운 숫자를 선택한다. 중간의 숫자들을 선택한 응답자들은 개인과 정부의 공동 책임이라고 생각하는 사람일 것이다.

한국에서 위 질문이 포함된 세계가치관 조사가 시행된 해는 1990년, 1996년, 2000년, 2005년, 2010년, 2018년이다. 만약 앞 절에서 소개된 보상이론이 맞다면, 세계화를 거치며 보다 많은 한국 시민이 정부가 시민의 복지에 더 책임져야 한다고 생각하게 되었을 것이다. 설문 첫해인 1990년, '세계화'는 한국인들에게 낯선 단어였다. 1993년 출범한 김영삼 정부가 1994년 세계화를 선언하면서 세계화라는 단어가 널리 알려지게 되었다. 이어 1995년에는 우루과이라운드 타결로 농산물 시장이 개방되었는데, 이때 농민들의 반대 시위를 통해 많은 한국 시민이 경제 개방으로 생계에 위협을 받는 한국인이 있을 수 있음을 인지하게 되었을 것이다. 그리고 1997년 금융위기를 거치며 한국 시민들은 자본시장의 자유화가 개인의 생계에도 영향을 미칠 수 있음을 실감하게 되었을 것이다.

이제 [그림 6-2]를 보자. 정부가 복지에 더 책임을 져야 한다고 생각하는 사람의 비율은 1990년도 18%에서 1996년 66%로 증가하였다. 이러한 증가를 한국 시민들이 느낀 세계화의 위험 및 불확실성과 연결할 수 있을까? 혹은 다른 이유로 설명할 수 있을까? 다시 [그림 6-2]를 보자. 정부가 복지에 더 책임을 져야 한다고 생각하는 사람의 비율은 2000년대 꾸준히 비슷한 비율을 유지하다가 2018년 조사에서 20%대로 감소하였다. 대신 개인과 정부가 나누어 책임을 져야 한다고 응답한 사람의 비율이 대폭 늘어났다. 이러한 변화는 어떻게 설명할 수 있을까?

아래 4절에서 살펴보겠지만, 1990년대까지 한국 정부의 복지 지출은 매우 낮은 수준이었으나, 2000년대부터 꾸준히 증가하였다. 이에 복지국가에 대해 깊이 생각해 본 적 없었던 시민들도, 2000년대 들어 복지국가와 관련된 뉴스를 더 많이 접하고, 관련 문제에 대해 생각해 보게 되었을 것이다. 특히 복지국가를 더 확대하기 위해 세금을 더 많이 거두는 것이 바람직한지, 또 누가 세금을 더 많이 내야 하는지에 대한 논쟁이 활발해졌다. 시민들의 인식도 이러한 논쟁을 거치며 변화하였을 수 있다.

[그림 6-2. 한국 시민들은 개인의 경제적 어려움을 누가 책임져야 한다고 생각할까?]

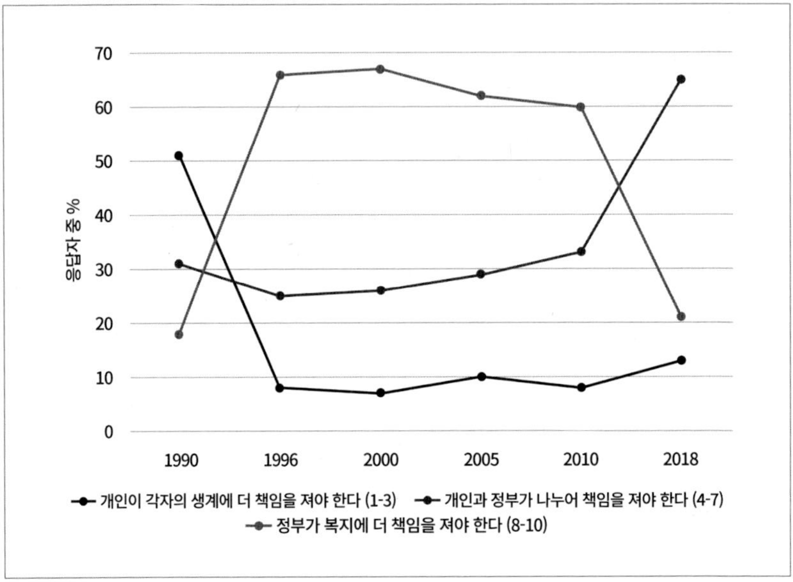

*출처: 세계가치관조사

이제 2010년과 2018년의 조사 결과에 주목해, 소득 집단별 응답을 살펴보자. [그림 6-3]의 왼쪽(2010년)과 오른쪽(2018년) 그래프를 비교해 보면, 모든 소득 집단에서 복지가 정부의 책임이라는 응답의 비율이 크게 줄었고, 공동의 책임이라는 응답이 늘었다. 그중 가장 눈에 띄는 변화를 보이는 집단은 고소득 집단이다. 이 집단에서 정부가 복지에 더 책임을 져야 한다는 응답 비율이 큰 폭으로 줄고, 개인이 각자 자신의 생계에 더 책임을 져야 한다는 응답 비율이 대폭 늘어났다. 복지국가 논의 초기에는 계층 간 의견의 차이가 두드러지지 않았다면, 논의가 본격화할수록 의견의 차이도 더욱 선명하게 드러나는 것이다.

[그림 6-3. 복지국가에 대한 소득 그룹별 인식 차이]

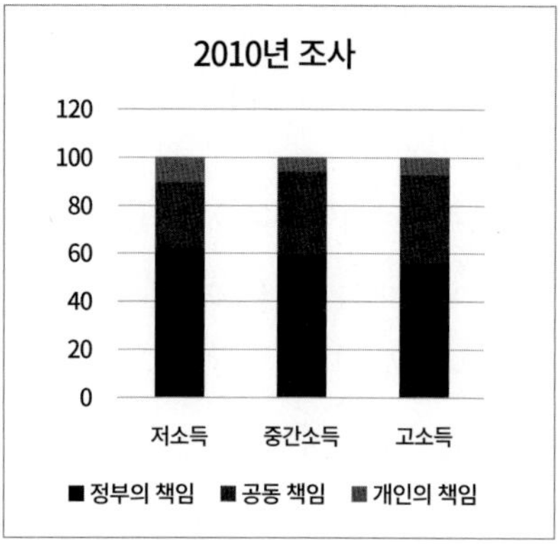

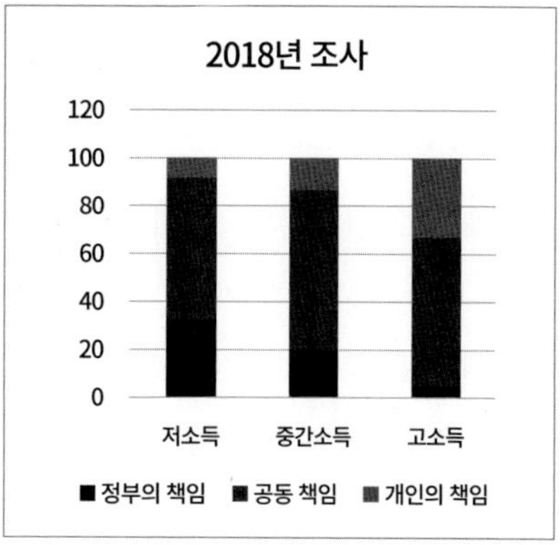

*출처: 세계가치관조사

3. 한국 정당의 공약 살펴보기

정당은 민주주의 정치과정에서 가장 중요한 행위자로서, "추구하는 이념과 가치관을 정강 정책을 통해 구체적으로 제시하고, 정치권력의 획득을 추구하는 조직"이다(청소년을 위한 정치학 대안교과서, 113). 정당이 정치권력을 획득하기 위해서는 유권자인 국민의 선택을 받아야 한다. 이 때문에 정당들은 매 선거를 앞두고 국민의 마음을 얻을 수 있는 다양한 공약을 내놓는다. 한국 주요 정당들의 복지국가에 관한 입장은 어떨까? 정당이 국민 다수의 여론을 반영한다면, 여론이 정부가 복지에 더 책임을 져야 한다고 생각할수록 정당도 복지국가에 관한 공약을 더 많이 내놓을 것이다.

이러한 배경을 바탕으로 이번 절에서는 매니페스토 프로젝트(The Manifesto Project) 자료를 활용해 한국의 주요 정당의 공약에서 복지국가가 차지하는 비중을 살펴본다. 매니페스토 프로젝트는 1945년부터 현재에 이르는 동안 전 세계 50여 개 민주주의 국가의 1,000여 개 정당에서 선거를 앞두고 공개한 공약을 주제별로 자료화하였다. 예를 들어, '복지국가'(Welfare State)를 주제로 한 공약이 국가별, 선거별, 정당별로 얼마나 등장하는지 알아볼 수 있다.

아래 [그림 6-4]는 4년마다 열리는 한국 국회의원 선거에서 정당이 내놓은 공약 중 '복지국가'가 차지하는 비중을 보여준다. 1석 이상의 의석을 차지한 정당만을 포함하였다. 1992년 선거의 경우, 3개 정당 모두의 복지국가 공약이 10%가 채 되지 않았다. 세계화가 본격 선언된 김영삼 정부 시기(1993-1998)에 펼쳐진 1996년 선거에서는 모든 정당이 10%가 넘는 복지국가 공약을 선보인다. 이어 2008년과 2012년 선거에서는 30%가 넘는 공약을 복지국가에 할애한 정당들이 등장했고, 2016년에 민주당은 무려 40% 이상의 공약을 복지국가에 집중하였다. 한 가지 흥미로운 점은 복지국가에 관한 공약을 가장 많이 내놓은 정당이 보수정당인 선거도 상당수 있다는 것이다. 이는 복지국가에 대한 광범위한 사회적 관심을 반영한다. 또 다른 흥미로운 점은 꾸준히 증가하던 복지국가 공약 비중이 2020년 선거에서는 감소하였다는 점이다. 이는 세계가치관조사를 통해 살펴본 한국 시민들의 인식 변화와 맥락을 같이한다고 볼 수 있다.

[그림 6-4. 정당별 복지국가 관련 공약 비중] ■ 진보정당 ■ 보수정당

(단위: %)

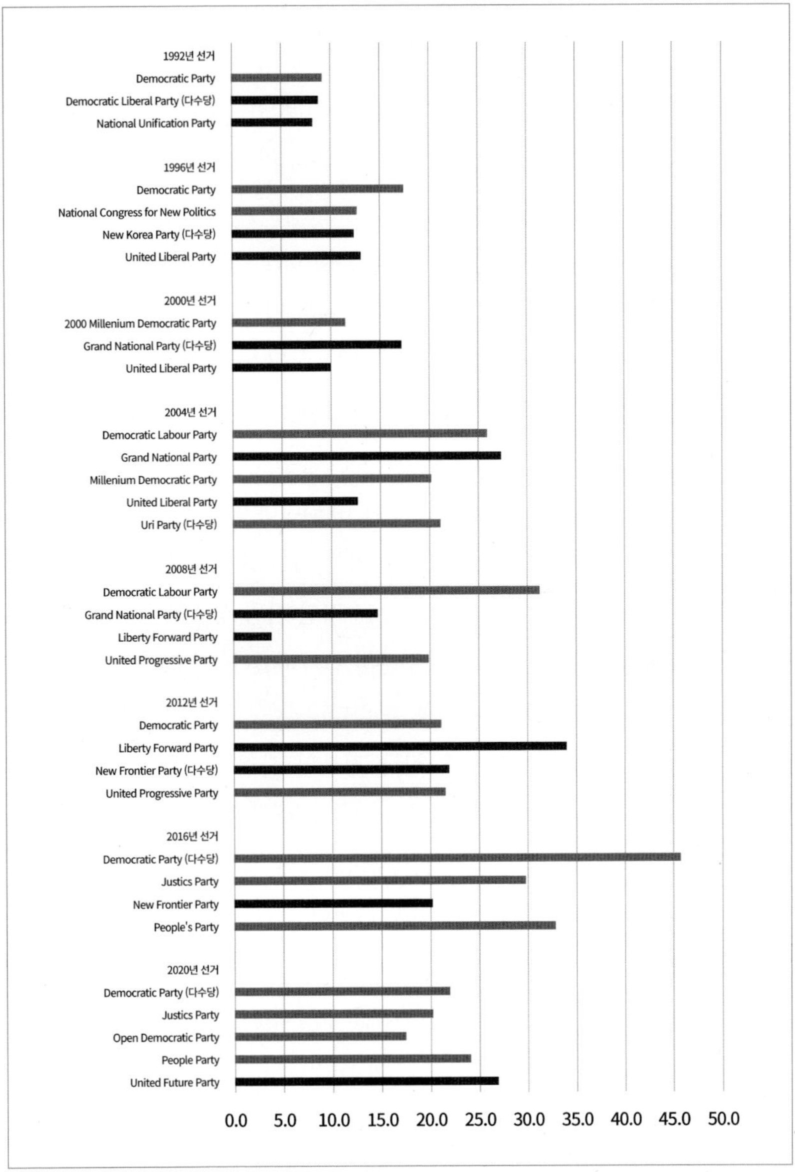

*출처: 매니패스토 프로젝트

4. 한국 정부의 사회복지지출 살펴보기

민주주의 국가에서 정부의 주요 정책은 시민을 대변하는 정당 간의 논쟁과 합의를 거쳐 만들어진다. 제2절과 3절에서는 1990년대부터 복지국가에 관한 여론과 정당의 공약이 어떻게 변하였는지 보았다. 이번 절에서는 1990년대 이후 한국 복지국가 규모의 변화를 보겠다.

한국에서 복지국가의 기틀이 마련된 것은 1997년 닥친 금융위기 여파 속에 1998년에 출범한 김대중 정부 시기(1998-2003)이다. 이 시기, 생활이 어려운 사람들에게 최저 생활수준을 보장해 주는 국민기초생활보장제도가 처음 시행되었고, 사회적 위험으로부터 국민을 보호하는 4대 보험(의료 · 연금 · 고용 · 산재)의 대상자도 크게 확대되었다. 제2절에서 검토하였듯이 한국에서 복지국가에 대한 시민 인식이 강화된 것이 1990년대 중반부터였으므로, 김대중 정부 이후 복지국가가 확대된 것은 이러한 시민 요구를 반영한 정치적 결과물이라고도 볼 수 있을 것이다. 이후 보수적인 이념 성향의 이명박, 박근혜 정부를 거치면서도 사회복지지출은 꾸준히 증가하였다. 이 같은 복지국가 확대 경향은 [그림 6-5]를 통해 확인할 수 있다.

먼저 위 그림은 1990년대 이후 한국 정부의 사회복지지출 규모 변화를 OECD 평균과 비교하여 보여준다. 아래 그림은 사회보장제도의 가입자인 개인과 기업이 부담하는 사회보장기여금(사회보장세)의 추이를 보여준다. 한국의 경우 정부의 사회복지지출과 개인과 기업이 부담하는 사회보장기여금 모두 OECD 평균에 비해 낮은 수준이다. 하지만 지난 30여 년간 두 항목 모두 꾸준히 증가해, OECD 평균과의 격차가 많이 좁혀졌다. 이는 국민의 복지에 정부가 더 많은 책임을 져야 한다는 한국 시민들의 인식과, 이에 맞추어 복지국가 관련 공약을 수립하고 실천한 정당들이 만든 정치적 결과일 것이다.

앞으로 한국의 복지국가에 대해서는 어떻게 예상해 볼 수 있을까? 앞서 제2

절에서는 복지국가에 관한 시민들의 태도에 소득 집단 간 균열이 드러나고 있음을 확인하였다. 제3절에서는 주요 정당의 복지국가에 관한 공약의 비중도 최근의 선거에서 다소 감소하였음을 확인하였다. 따라서 이번 절에서 확인한 복지국가 확대의 추세가 앞으로 한동안 지속할지, 아니면 다른 전환점을 맞을지는 예측하기 쉽지 않다.

[그림 6-5. 한국의 정부 사회복지지출과 사회보장기여금 규모]

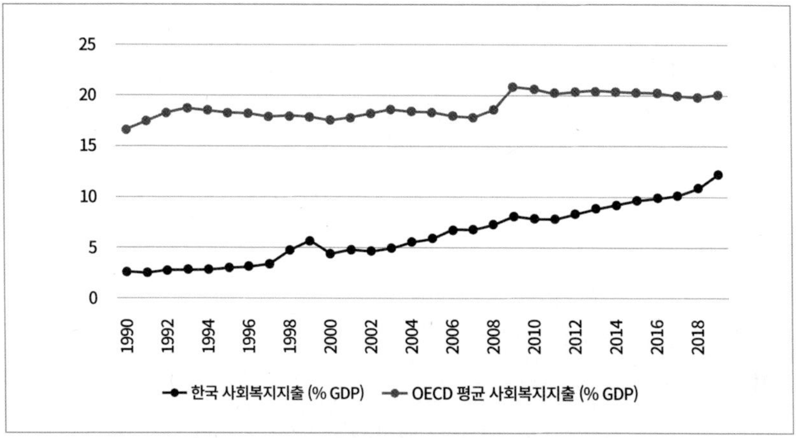

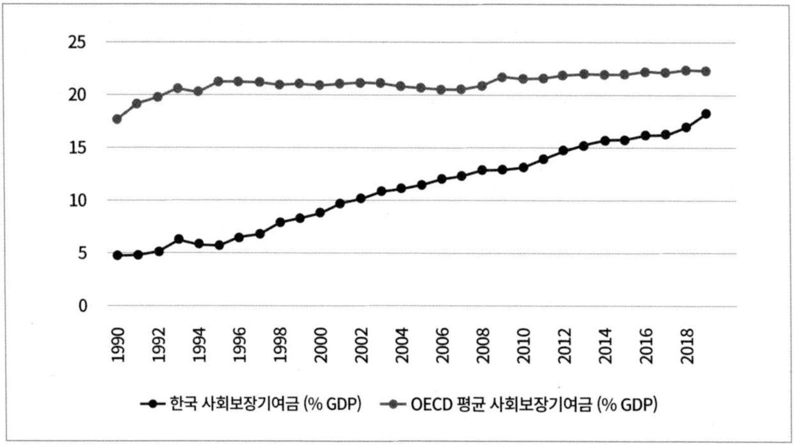

*출처:OECD

이미 여러 나라가 세계화, 산업구조의 고도화와 더불어 고령화를 경험하고 있다. 이러한 구조적 변화는 정도와 속도의 차이는 있지만 크게 보면 공통적이다. 하지만 이 과정에서 사회 구성원이 겪는 어려움에 각 국가가 대응하는 방식은 다양하다. 개인이 각자 스스로 생계를 책임지게 하면서 정부 책임은 최소화할 수도 있고, 정부의 복지 책임을 강화하고 이에 필요한 비용을 사회 구성원이 함께 추가로 부담할 수도 있다.

OECD 국가들 사이에도 사회복지지출 규모에는 국가별로 상당한 차이가 있다. 2022년 기준 GDP의 대비 사회복지지출이 프랑스의 경우 30%가 넘은 데 비해 아일랜드는 13%에 그쳤다. 이러한 차이가 나타나는 이유는 민주주의 국가의 복지 책임은 정치적 산물이기 때문이다. 한국 복지국가의 향방을 결정하는 것은 정치에 적극적으로 참여하는 시민과, 시민의 의사를 효과적으로 결집하고 선도하는 정치 단체일 것이다.

또 한 가지 중요한 것은 복지 제도는 정치적 산물이면서, 동시에 정치 행위자의 선호와 행위에 영향을 준다는 점이다. 복지국가의 규모가 매우 작았던 1990년대와는 달리, 이제 한국의 복지국가 규모는 상당히 커졌다. 4대 보험 등 주요 복지제도의 혜택을 받는 시민들은 이른바 복지국가의 기득권 집단으로서 기존 복지 제도 축소를 반대할 것이다. 반면 세금과 기여금 증가에 불만을 가진 시민들은 복지국가의 확대에 부정적인 태도를 보일 것이다. 앞으로 한국의 복지국가가 어떻게 변화할지에 대한 예측은 이러한 제도와 여론의 상호작용을 고려하면서 해야 할 것이다.

심화학습

1 한국 이외에 내가 잘 알고 있는 국가를 선택해, 그 나라에서는 누가 무역 개방으로 피해를 보는지 생각해 보자. 각국의 정부는 피해자들에게 경제적 보상을 제공해야 할까?

2 앞으로 고령화와 저출산으로 한국의 생산 가능 인구가 감소하는 경우, 세금과 사회보장 기여금도 감소할 것이다. 그렇게 되면 정부가 복지국가의 운영을 통해 시민을 경제적 어려움으로부터 보호하기가 어려워질 수 있다. 개발도상국으로부터 이민자를 적극적으로 수용하는 이민 정책이 이 같은 문제에 대한 해결책이 될 수 있을까?

3 정부의 사회복지지출이 큰 국가에 사는 사람들이 더 행복할까? OECD 웹사이트를 방문해 회원국 간 사회복지지출(Social Expenditure) 규모를 비교해 보자. 이번에는 OECD에서 제공하는 더 나은 삶 지수(Better Life Index) 항목 중 하나인 삶의 만족도(Life Satisfaction) 를 회원국 간에 비교해 보자.

참고문헌

한국정치학회, 2021. 『청소년을 위한 정치학 대안교과서』, 서울: 이학사.

손상원·백도인·이상학·이정훈. 2014. "전국 농민 쌀개방 반대 집회 참석 위해 상경". 『연합뉴스』(09월 27일) https://www.yna.co.kr/view/AKR20140927032900054

양아라. 2019. "일터서 밀려난 고속도로 요금수납원들 "자회사 거부하면 화장실 청소, 풀 뽑기행". 『민중의소리』(06월 03일) https://vop.co.kr/A00001411274.html

Garrett, Geoffrey, and Deborah Mitchell. 2001. "Globalization, government spending and taxation in the OECD." European Journal of Political Research 39(2).

Colantone, Italo, and Piero Stanig. 2018. "The trade origins of economic nationalism: Import competition and voting behavior in Western Europe." *American Journal of Political Science* 62(4).

Garrett, Geoffrey, and Deborah Mitchell. 2001 "Globalization, government spending and taxation in the OECD." *European Journal of Political Research* 39(2).

Iversen, Torben, and Thomas R. Cusack. 2000. "The causes of welfare state expansion: deindustrialization or globalization?." *World Politics* 52(3).

Mishra, Ramesh. 1999. *Globalization and the welfare state.* Cheltenham: Edward Elgar.

Rudra, Nita. 2002. "Globalization and the decline of the welfare state in less-developed countries." *International Organization* 56(2).

Rodrik, Dani. 1997. *Has globalization gone too far.* Washington, DC: Institute for International Economics.

Chapter 07

현대 한국인의 삶

1. 21세기 삶의 질: 1인당 GDP를 넘어
2. 국제 비교를 통한 한국의 사회, 환경, 경제
3. 한국의 주관적 안녕감(Subjective Well-being)
4. 한국의 경제 기적, 지구 위험 한계선을 침범하다

07
현대 한국인의 삶

로버트 루돌프

개요

새롭게 등장한 다면적 척도는 국가의 성과와 국민의 삶에 대한 평가를 모두 반영하기 때문에 개인 삶의 질에 대한 포괄적인 이해를 가능하게 한다. 제1절에서는 삶의 질을 다면적으로 측정하는 새 지표들을 소개하는 동시에 이를 통해 한국인의 삶의 질의 지표를 국제적으로 비교해 본다. 제2절에서는 새로운 척도를 이용하여 한국 경제를 다시 측정하고, 한국인의 삶의 질을 국제적으로 비교해 본다. 제3절에서는 더 나은 삶 지수를 분석하여 한국인이 주관적으로 느끼고 있는 삶에 대한 만족도를 살펴본다. 한국은 세계에서 가장 높은 수준의 경제, 기술, 보건, 교육 지표를 가진 국가 중 하나로 나타났으나, 한국인 개인은 각자의 삶의 질에 대한 만족도가 낮은 것으로 측정된다. 또한, 국가 경제의 급속한 발전으로 인해 심각한 환경 문제에 한국 사회는 직면하고 있다. 심화학습에서는 경제발전과 지구 환경 문제, 상대적으로 낮은 삶의 만족도와 성 평등 문제를 논의한다.

키워드

삶의 질, 주관적 안전감, 환경 지속가능성

1. 21세기 삶의 질: 1인당 GDP를 넘어

20세기에는 각 국가의 발전을 주로 소득 증가로 측정하였다. 특히 제2차 세계대전 이후, 세계 각국은 국내총생산(Gross Domestic Product, GDP)[1]을 경제 지표로 채택하였고, 높은 GDP 성장률에 도달하는 것이 곧 정부 정책의 주요 목표가 되었다. 이 같은 소득 중심의 경제 정책은 생산 활동과 일자리 부족에 시달리던 개발도상국과 전쟁으로 황폐해진 국가에는 확실한 도움이 되었다. 오늘날에도 빈곤 국가 내의 일자리 창출 및 소득 증가 중심 정책은 국민의 삶을 즉각적으로 개선해 준다는 점에서 분명한 의미가 있다. 그러나 한 국가가 경제개발협력기구(Organisation for Economic Co-operation and Development, OECD) 회원국 수준의 소득을 누리게 되고 나면, 추가적 소득 증가가 과연 국민의 삶의 질을 향상할 수 있는지 살펴보아야 한다. 오늘날 잘 알려진 대로, GDP 향상만을 위한 노력은 실제로 사회 및 지구 전반의 지속가능성을 점점 위협하고 있다. 사실 지난 50년간의 급속한 GDP 및 인구 증가는 현 인류 환경과 기후 위기에 주된 원인이다.

이와 같은 이유에서, 지난 20여 년간 GDP 향상에 집중된 정책과 관심을 선진국이 비판해 온 것은 지극히 자연스러운 일이다(Sen 1999; van den Bergh 2009; Gertner 2010; Kahneman and Deaton 2010; Kubiszewski et al. 2013; Steptoe et al. 2015). GDP를 대신하여 삶의 질을 폭넓게 측정하기 위해 몇 가지 새 지표가 제안되었다. 사회 진보를 복합적으로 측정하는 지표는 삶의 질을 결정하는 소득의 영향을 인정하되 시야를 넓혀 더욱 광범위한 목표를 가지도록 만든다. 21세기의 삶의 질 측정을 위한 이런 새로운 접근법으로는 UN의 지속가능발전목표(Sustainable Development Goals, SDGs), 더 나은 삶 지수(Better-Life-Index, OECD 2011), 참 진보 지

1) GDP는 1년간 한 국가에서 생산된 모든 재화와 서비스의 가치를 측정한 것이다.

수(Genuine Progress Index, Talberth et al. 2007), 세계 행복 보고서(World Happiness Report, Helliwell et al. 2012), 그리고 도넛 경제 모델(Doughnut Model of the Economy, Raworth 2017) 등이 있다. 이러한 지표는 개인의 삶에 영향을 미치는 광범위한 요소, 즉 경제적, 사회적, 환경적, 금전적, 비금전적, 객관적, 주관적 요소를 폭넓게 고려하고 있다.

이들은 GDP 중심의 단순 척도를 뛰어넘어 여러 분야를 두루 고려함으로써 정책 입안자가 포괄적인 시각에서 더 나은 정책을 수립할 수 있도록 돕는다. 예를 들어, OECD의 더 나은 삶 지수는 주거, 소득, 직업, 지역사회, 교육, 환경, 시민참여, 보건, 삶의 만족도, 안전, 일과 삶의 균형, 그리고 성평등으로 이루어진 총 12개 범주에서 OECD 회원국 및 국가 지역의 순위를 매긴다.

2. 국제 비교를 통한 한국의 사회, 환경, 경제

2018년 한국 송도에서 개최된 제6회 OECD 세계 포럼은 "미래의 참살이"(Future of Well-being)라는 주제 아래에 국가 안녕의 현대적 측정에 관한 논의를 진행하였다. 한국은 최근까지 빈곤했던 한 국가가 소득 증가 중심의 경제성장이라는 한 가지 목표에 총력을 기울임으로써 급속한 발전을 이뤄냈음을 보여주는 대표적인 사례이다. 1948년부터 1952년 동안에 성공적으로 시행된 토지개혁, 1960년부터 지속한 훌륭한 지도력, 2대에 걸친 국민의 희생 덕분에 2021년 한국은 세계 14위의 경제 규모를 가진 선진국으로 발돋움하였다. 특히 보건, 교육, 기술 분야에서 세계적으로 두각을 나타내고 있다. 그렇다면 다른 분야에서 한국의 순위는 어떠한지, 한국인의 삶의 질에 있어서 취약한 분야는 무엇인지, 또한 21세기 초의 한국인은 자신의 삶에 만족하고 있는지를 살펴보자.

[표 7-1. 국제적 비교 관점에서의 한국인의 삶의 질]

	지표 (Indicator)	값 (Value)	세계순위 (Global Rank)
사회 (Social)	기대수명 Life expectancy (years, 2020)	83.4	5
	대학등록률 School enrollment, tertiary (% gross, 2018)	95.9	5
	15세의 학업 성취도 Academic performance of 15-year olds (PISA, 2018)	520	6
	사회적 평등 Social Equality (Gini Index, most recent value by country)	31.4	36
	성 평등 Gender Equality (GGGI, 2021)		102
	행복도 Happiness (Avg. life ratings, 2019-2021)	5.94	59
	출산율 Total Fertility Rate (2019)	0.92	200
환경 (Environment)	탄소 배출 CO2 emissions (metric tons per capita, 2019)	11.8	177
	물질 발자국 Material footprint per capita (in tons, 2019)	22	123
	대기 오염도 Air pollution (PM 2.5, micrograms per cubic meter, 2017)	25	118
	재생에너지 소비 Renewable energy consumption (% of total final energy consumption, 2019)	3.36	170
경제 (Economy)	국내총생산 GDP (PPP, in billion USD, 2021)	2427.8	14
	1인당 국내총생산 GDP per capita (PPP, in USD, 2021)	46,918	30
	실업률 Unemployment rate (%, 2019)	3.75	30
	수출액 Exports (total, in billion USD, 2019)	648.6	7
	미국 특허청 등록 특허 Patents registered with the US Patent Office (per million residents, 2010)	257.2	4

*참고: 높은 순위(작은 숫자)는 더 나은 성과를 가리킴

*출처: Helliwell et al.(2022), OECD(2019), UNCTADSTAT(2022), Weil(2013), World Bank(2022), World Economic Forum(2021).

[표 7-1]은 사회, 환경, 경제 지표에 관한 한국의 세계 순위를 보여준다[2]. 첫째, 사회 지표와 관련하여, 한국의 출생 시 기대수명은 세계 5위(83.4년)로서 인구의 전반적 보건 수준이 매우 높다는 것을 보여준다. 한국은 효율적인 보건 체계, 전통적으로 건강한 식단, 올바른 태도에 대한 사람들의 높은 선호도로 알려져 있다. 대학 등록률(95.9%) 및 학업 성취도로 대변되는 교육 분야에서도 한국은 국제적으로 앞서있음을 알 수 있다. 실제로, OECD에서 실시하는 국제학업성취도평가(Programme for International Student Assessment, PISA)에서 전 세계의 15~16세 학생들과 한국 학생들의 성과를 비교하였을 때 한국 학생들은 줄곧 상위권을 차지해 왔다. 그러나 한국 교육의 배경에는 비대해진 사교육 산업 때문에 학생들이 교실에서 과도할 정도로 많은 시간을 보내고 있다는 그림자가 존재한다. 사회적 평등 분야에서도 한국의 소득 불평등은 다른 국가에 비해 상대적으로 낮은 수준이다(지니(Gini) 계수 31.4; 전 세계 36위). 1948년부터 1952년 사이에 성공적으로 이뤄진 토지개혁으로 인해 한국 경작지의 절반 이상이 부유한 지주로부터 거주민들과 소작인들에게 재분배되었다(Rodrik 1995; Yoo 2014). 덕분에 오늘날의 한국인은 낮은 수준의 불평등을 누리고 있다. 그러나 한국은 몇 가지 사회 지표에서 뒤처지고 있다. 한국 국민이 스스로 느끼고 있는 행복도는 세계 59위에 그치고 있다. 이는 1인당 GDP 세계 순위 30위 국가의 개인이 느끼고 있는 행복도에 비해 현저히 낮은 수준이었다. 또한 성 평등 분야에서도 매우 저조한 순위(102위)를 보여주었다. 한국 사회의 큰 성별 격차는 15세기 조선 시대 때부터 이어져 온 유교주의적인 가부장제의 산물이다. 유교 사상에 의하면 사회의 안정성은 동등하지 않은 관계에서 비롯된다. 그중 하나를 예시로 들자면, 여성을 향한 남성의 지배가 있다(Han 2004). 또한, 현재 한국의 출산율은 경쟁적인 교육 구조, 비싼 부동산 시세, 전통적인 가부장제에 맞선 젊은 여성들의 반

2) 모든 순위는 글로벌 순위로 이해되어야 한다. 데이터 가용성에 따라 대략 150~200여 개 국가가 대상이 되었다.

항 때문에 세계 최하위를 기록한다(2019년 기준 0.92).

둘째, 환경 지표와 관련하여 한국은 세계 여타 국가에 뒤쳐지고 있으나 개선의 여지는 크다. 1인당 이산화탄소 배출량이 세계 최고 수준이고(2019 기준 1인당 11.8mt, 전 세계 177위), 1인당 물질발자국(Material Footprint)이 큰 것으로 나타났으며(22톤, 전 세계 123위), 대기 오염도가 심각한 수준이고(118위), 재생에너지 생산은 크게 뒤쳐지고 있었다. 실제로, 한국의 총 최종에너지 소비량의 3.36%만이 재생 가능 에너지원에서 생산되기 때문에 한국의 세계적 순위는 170위이다[3].

셋째, 한국은 경제 지표와 관련하여 매우 높은 순위를 보여주고 있는데, 이는 경제발전을 위한 과거 정부의 노력에 비추어 볼 때 그리 놀랍지 않은 결과이다. 한국은 2021년 GDP 24,278억 달러로 세계 순위 14위를 차지하였으며, 1인당 GDP는 46,918 달러로 세계 순위 30위(Purchasing Power Parity, PPP: 구매력평가지수)를 차지하였다. 2019년에 3.75%였던 실업률은 여타 국가에 비해 낮은 수준이었다(30위). 또한, 한국 경제는 세계 시장을 강하게 지향하고 있으며, 2019년에는 $6,486억 달러 상당의 수출액으로 세계 7위 수출국인 동시에 미국 특허청에 등록된 특허 분야에서 4위를 차지해 세계 기술 선진국에 속하는 것으로 나타났다.

3. 한국의 주관적 안녕감(Subjective Well-being)

OECD의 더 나은 삶 지수(Better Life Index, BLI)에 따르면 한국인의 삶의 질은 36개 OECD 회원국 중 중하위권에 속하는 것으로 나타났다. 이 지수에 의하면, 한국은 교육, 주거, 시민참여에 강점이 있지만, 환경, 일과 삶

3) 환경 지표의 경우, 값이 비쌀수록(예: 높은 배출량) 더욱 낮은 순위를 나타낸다.

의 균형, 삶의 만족도, 지역사회(비공식 사회적 지지[4])에 취약점이 있었다.

더 나은 삶 지수(BLI)를 통해 볼 수 있듯이 새로운 삶의 질 지수는 객관적 통계수치뿐 아니라 전국적 규모의 설문 조사를 통해 수집된 국민 개인의 주관적 자기 평가 수치도 함께 반영하고 있다. 즉, 국민 개인에게 자기 삶의 질, 자유, 사회적 관계 등을 직접 평가하도록 함으로써 그 사회에 대해 흥미롭고 새로운 통찰이 가능해진 것이다.

[그림 7-1. 국가 소득 수준과 삶의 만족도]

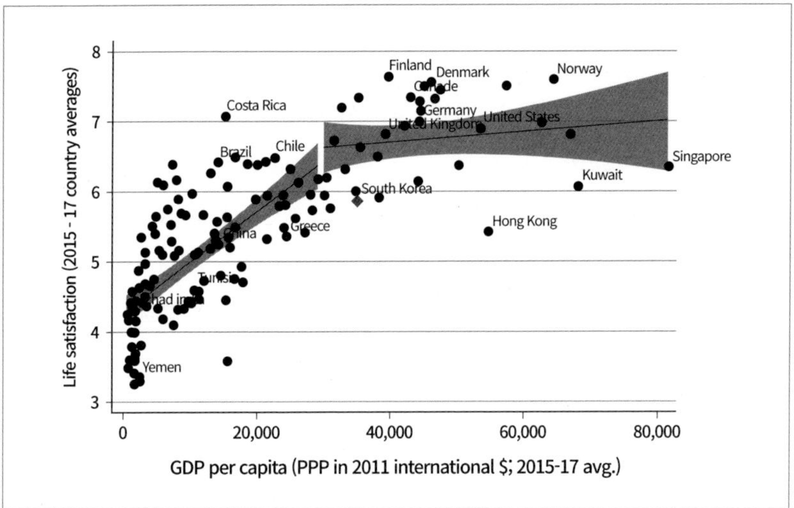

*출처: World Bank, WDI, and World Happiness Report 2017.

가. 경쟁과 삶의 만족도

[그림 7-1]에서 보듯이 한국인은 자신의 소득 수준(추세선 아래에 위치한

4) 비공식 사회적 지지는 "당신이 곤경에 처했을 때 필요시마다 의지할 수 있는 친척이나 친구가 있습니까?"라는 질문에 긍정적인 응답을 한 사람들의 비율로 측정되었다.

다)에 근거한 예측치보다 낮은 수준의 삶의 만족도를 보여주었다. UN이 발표한 2018년 세계 행복지수에 따르면, 한국은 총 156개국 중 57위를 차지하는 데 그쳤다. 이 지수는 매년 각국에서 평균 1,000명에게서 얻은 삶의 질 평가 수치를 바탕으로 작성된다. 2018년도 발표에서는 2015년부터 2017년까지의 평균 지수가 함께 보고되었다. 0점에서 시작하는 10점 만점의 척도에서(0점은 최하의, 10점은 최고의 삶의 만족도), 2015년부터 2017년까지 한국인 평균은 5.88점을 기록하였다. 이 같은 수치는 핀란드(7.63), 노르웨이(7.59), 덴마크(7.56) 같은 다른 선진국들에 비해 크게 뒤지는 수준이다. 흥미롭게도, 동아시아 국가 중 삶의 만족도에 있어서 예상치에 크게 밑도는 국가는 한국만이 아니었다. 홍콩(5.43)과 일본(5.92) 역시 자국의 소득 수준보다 국민의 삶의 만족도는 낮은 수준을 보여주었다. 동아시아 국가에서 나타나는 낮은 삶의 만족도의 요인으로는 교육과 취업 시장에서 과도한 경쟁이 지적된다. 학생과 직장인은 상대적으로 긴 시간 동안 공부와 업무에 몰두해야 하며 이는 과도한 스트레스를 불러일으킨다. 이와 같은 높은 경쟁률은 한국과 같은 국가에는 축복인 동시에 저주다. 왜냐하면 치열한 경쟁은 경제발전을 이루어낸 중요한 요인임에도 불구하고 과도한 경쟁은 정신 건강을 악화시켜 결국에는 미래에 삶의 질이 발전하는 데 걸림돌이 될 수 있기 때문이다. 이러한 현상은 극심한 교육 경쟁에 노출된 한국 청소년 사이에서 보인다. 한국 청소년은 정신 건강 악화의 문제에 직면해 있으며, OECD 국가 중에 가장 낮은 삶의 만족도를 기록한다(Rudolf and Bethmann 2022).

나. 외로움과 삶의 질

2018년도 세계 행복지수(Helliwell et al. 2018)에서는 위와 같은 삶의 만족도 평가에 있어서 국가 간 차이의 요인에 관하여 심층 분석하였다. 긍정적 감정(행복, 웃음, 즐거움) 및 부정적 감정(걱정, 슬픔, 분노)의 경험과 더불어 1인당 소득, 건강 기대수명, 비공식 사회적 지지, 선택에 관한 자유, 관대함, 부패에 대한 인식, 실업, 소득 불평등 등과 같은 요인을 분석한 결과 모든 요인이 개인의 삶의 만족도와 유의한 관계를 보이는 것으로 나타났다. 이 보고에 따르면, 한국은 평균 소득 및 보건 분야에서 타 국가보다 상대적으로 높은 수준을 보여주었다. 여러 하위 지표 중 한국은 1인당 소득(28위), 건강 기대수명(4위), 관대함(39위)에서 상대적으로 높은 순위를 나타냈다.

그러나 정책 입안자가 간과해 왔을지도 모르는 일부 다른 지표 분야에서는 잠재적 취약점을 시사한다. 비공식 사회적 지지에 관한 통계 수치를 보면 한국인 응답자의 20%는 어려운 시기에 도움을 청할 친구나 친척이 없는 것으로 나타났다. 이 지표가 5%에 그친 스칸디나비아 국가들과 비교하면, 한국의 경우는 4배나 높은 결과이다. 한국은 이 분야에서 세계 95위에 그치고 있다. 이 같은 결과는 부유하지만, 고령화 사회가 된 많은 국가에서 개인의 외로움이 점점 중요한 사회문제로 인식되고 있다는 점을 생각해볼 때, 한국에서도 나타나고 있는 지역사회의 약체성은 특히 우려되는 사항이다. 한국의 정책 입안자 및 이해 관계자는 이 같은 사회적 지지 분야에서의 타 부유 국가와 한국의 격차를 좁히기 위해 전 세계 모범사례를 벤치마킹해야 한다. 한국 정부는 고령자에 대한 공식 지원 강화와 더불어 비공식 사회적 지지 환경을 개선할 필요가 있다. 이는 특히 한국이 OECD 회원국 중 노년 빈곤율이 가장 높다는 점에서 더욱 중요하다[5].

5) OECD 빈곤 통계에 따르면, 한국인 퇴직 연령자의 45.7%가 가계구성에 따라 조정된 순이익이 중위 순이익의 50% 미만에 머물러 상대적 빈곤 상태에 있었다. 한국의 노년 빈곤율은 OECD 평균의 약 4배에 달한다.

다. 선택의 자유와 삶의 질

정책 입안자들이 주목해야 할 또 다른 점은 한국이 선택의 자유 분야에서 놀라울 정도로 낮은 순위를 기록했다는 것이다. 한국은 선택의 자유 분야에서 튀니지, 차드, 예멘 같은 저개발 국가를 포함한 155개국 중 139위에 머물렀다. [그림 7-2]에서 보듯이 한국인 응답자의 58%만이 그들이 가진 선택의 자유에 만족하고 있었다. 이에 반해, 세계 행복 보고서(World Happiness Report, WHR)에 따르면 세계에서 가장 행복한 3개 국가에서 인구의 95%가 선택의 자유에 만족한다고 응답하였다. 일반적으로 높은 수준의 개인의 자유는 개인의 안녕에 이바지하며 선택의 자유(Agency)는 인간의 성장에 매우 중요한 역할을 한다(Sen 1975; Robeyns 2005; Verme 2009). 자유의 정의는 문화에 따라 차이를 보일 수도 있지만, 이에 대한 한국인의 저조한 만족도는 한국 정책 입안자가 심각하게 고려해야 할 사안이다.

[그림 7-2. 국가 소득 수준과 선택의 자유]

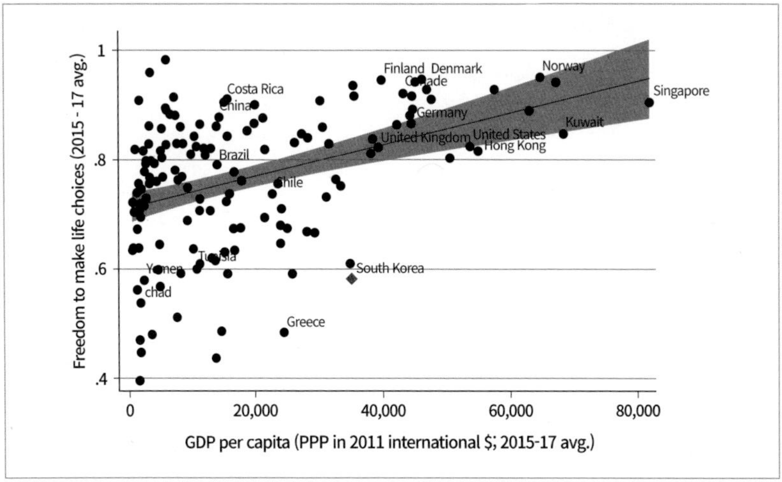

*출처: World Bank, WDI, and World Happiness Report. 2018.

통계 자료는 5명 중 2명의 한국인이 삶에서 무엇을 할 것인지에 대한 선택의 자유가 없다고 느끼고 있다고 보여준다. 이는 주의를 필요로 하는 사항이다. 이에 관한 정확한 분석을 위해서는 더 많은 연구가 필요하지만, 이 같은 결과는 한국의 보편적인 전통적 사회 규범과 고유한 제도적 요인과 관련하여 이해될 수 있을 것 같다. 예를 들어, 한국은 가정 및 직장 내에 타 OECD 국가와 비교하면 강력한 위계 구조가 존재하며(Kim 2007; Bae et al. 2011), 이 같은 위계 구조는 일반적으로 유교 사상에서부터 비롯하였으며 연공서열과 성별에 기반하고 있다. 어린이는 손위 형제자매, 부모, 선생님께 순종하고, 근로자는 상사에게 복종하며, 여성은 전통적으로 남편에 순종하고 가정을 위해 자신의 경력을 희생한다. 비록 많은 전통 사회 규범과 질서가 급격하게 변화하고 있으나, 일부 몇몇 분야에서는 전통적 사회 규범이 여전히 인생의 성공을 규정한다고 주장되고 있다. 한국은 다양성과 창의적 선택을 수용하는 데 어려움을 겪고 있다. 더욱이 자녀의 선택에 대한 부모의 영향력은 여전히 엄격한데, 이는 부분적으로 낮은 출산율과 사교육에 대한 부모의 높은 투자에 기인한다. 이외에도 한국인은 상대적으로 취약한 사회 안전망과 높은 노년 빈곤율을 삶에 대한 잠재적 위협으로 여기고 있다. 이러한 위협은 그들이 위험을 감수하는 행동을 감소시킴으로써 삶의 실제적 및 인식된 자유를 제한할 가능성이 있다.

4. 한국의 경제 기적, 지구 위험 한계선을 침범하다

지난 두 세대 동안 한국은 세계 최빈국 중 하나에서 세계 부유국의 모임인 OECD 회원국으로 발전하였다. 그러나 한국인의 생산과 소비가 증가함에 따라 한국인은 다른 많은 부유국 국민과 함께 지구 환경에 위협을 가하고 있다.

[그림 7-3. 한국의 사회경제적 성취와 환경 지표, 1992 대 2015]

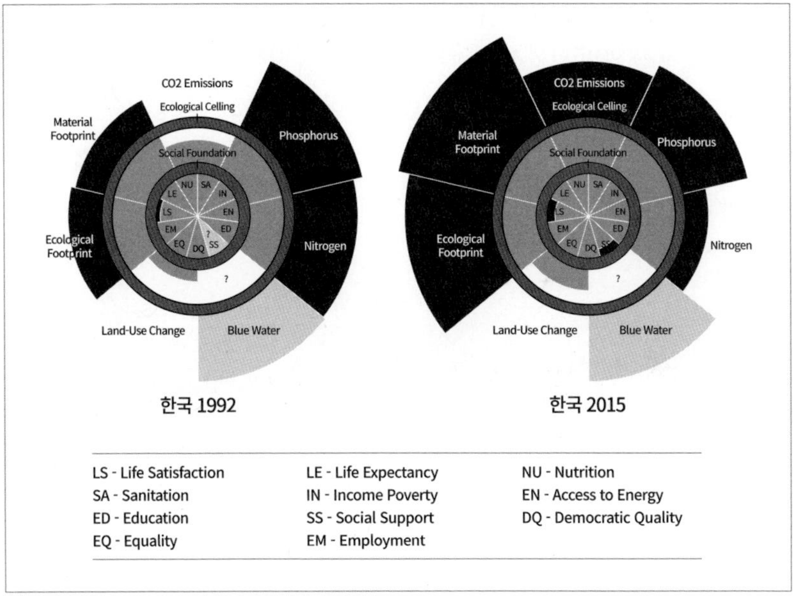

*출처: Fanning, A. L., O'Neill, D. W., Hickel, J., & Roux, N. (2022). The social shortfall and ecological overshoot of nations. Nature Sustainability,5(1), 26-36.

[그림 7-3]은 삶의 질에 대한 소위 "도넛" 모델을 보여준다(Raworth 2017; Fanning et al. 2022). 도넛 모형에서 짙은 녹색 선은 사회 기반과 생태 한계를 나타내며, 파란색 부채꼴 모양은 기본 요구 충족과 연관된 임계치에 관련한 사회적 성과를 나타낸다. 녹색 부채꼴 모양은 지속 가능성과 연관된 생물

물리학적 경계와 관련한 자원 사용을, 빨간색 부채꼴 모양은 사회적 임계치 이하 부족분이나 생물 물리적 경계를 넘어선 초과분을 나타내며, 회색 부채꼴 모양은 누락 데이터를 표시한다. [그림 7-3]의 안쪽 원에서 보듯이 한국은 사회 지표 측면에서 좋은 모습을 보여준다. 2015년도에 11개 중 9개의 지표가 사회 기반 임계치를 충족하거나 그에 근접한 양상을 나타냈다. 그러나, 평등, 삶의 만족도와 사회적 지지 측면에서는 뒤처지는 모습을 보였다.

환경 지표 측면에서는 한국은 1992년 이미 4개 분야에서(인과 질소의 사용, 물질 및 생태 발자국)[6] 생태적 한계를 심각하게 위반했음을 알 수 있다. 이 같은 환경 문제는 2015년까지 한국의 경제성장에 따라 더욱 악화하였다. 질소 사용이 감소하고, 인 사용은 유지되었으나 이산화탄소 배출량, 물질 및 생태 발자국은 많이 증가한 모습이다. 이러한 '도넛' 모델은 한국의 지속 불가능한 발전의 경로가 환경에 미치는 영향을 줄이기 위해 친환경적인 경제로 전환해야 하는 필요성을 보여준다.

6) 이에 대한 추가 설명은 다음을 참조하라. https://goodlife.leeds.ac.uk/

결론

한국은 세계 전례 없는 급속한 경제성장을 보여준 놀라운 국가이다. 한국은 1996년 12월 OECD에 가입하였고, 다양한 경제, 보건, 교육 지표에 따르면 한국은 세계에서 가장 발전된 국가 중 하나이다. 그러나 한국인은 높은 소득 수준보다 낮은 삶의 만족도를 느끼고 있는 것으로 측정된다. 지속 가능한 경제발전을 위해 제안되고 있는 새로운 지표를 활용한 조사에 의하면, 많은 한국인이 과도한 경쟁을 학교와 직장에서 경험하고 있는 것으로 보이고, 지역사회에서는 고립과 외로움을 느끼고 있는 것으로 측정되며, 일상에서 선택의 자유가 제한된다고 답하고 있다. 또한 한국은 국가 발전을 위해 지구 환경을 위협하고 있으며, 삶의 질의 환경적 측면에서도 저조한 성과를 보여주고 있다. 고도 경제성장 이후의 한국은 경제발전과 개인의 삶의 질 사이의 관계를 보다 면밀하게 분석하여, 국가 경제발전, 개인의 삶의 질, 그리고 지속 가능한 지구 환경을 복합적으로 개선하기 위해 노력할 때이다.

1 한국인들의 삶의 만족도, 지역사회, 에이전시의 수준이 상대적으로 낮은 원인은 무엇인가? 이를 개선하기 위해 정부가 내놓을 방안으로는 어떤 것이 있을까?

2 한국은 성평등 분야에서 낮은 순위에 있다. 세계 성 격차 보고서(Global Gender Gap Report, World Economic Forum, see "Korea" fact pages in the Appendix)를 분석하여, 한국 여성이 남성보다 가장 큰 격차를 보이는 부문을 찾아보고, 심각한 성차별을 초래하는 요인을 찾아보자.

3 한국에서 보이는 경제성장과 환경적 지속가능성 사이의 상충관계에 대해 생각해보자. 웹사이트 https://goodlife.leeds.ac.uk/를 접속하여 도넛 모델에 나타난 타 OECD 국가의 성적을 확인하고, 현재의 환경 및 기후 위기를 고려할 때, 추가적인 경제성장이 부유한 국가의 윤리적인 정책 목표가 될 수 있다고 생각하는가?

참고문헌

Bae, Johngseok, Shyh-Jer Chen, and Chirs Rowley. 2011. "From a paternalistic model towards what? HRM trends in Korea and Taiwan." *Personnel Review,* 40(6), 700-722.

Fanning, Andrew L., Daniel W. O'Neill, Jason Hickel, and Nicolas Roux. 2022. "The social shortfall and ecological overshoot of nations." *Nature Sustainability,5*(1), 26-36.

Gertner, Jon. 2010. "The rise and fall of the GDP". New York Times (May 13), 13.

Han, Hee Sook 2004. "Women's life during the Choson dynasty." *International Journal of Korean History,6*(1), 113-162.

Helliwell, John, Richard Layard, and Jeffrey Sachs. 2012, 2018, 2022. "World happiness report" *[2012, 2018, 2022].*

Kahneman, Daniel and Angus Deaton. 2010. "High income improves evaluation of life but not emotional well-being." *Proceedings of the national academy of sciences,* 107(38), 16489-16493.

Kim, Hee-Kang. 2007. "Locating Feminism beyond Gender and Culture-A Case of the Family-head System in South Korea." 담론 201, 10(1), 245-290.

Kubiszewski, Ida, Robert Costanza, Carol Franco, Philip Lawn, John Talberth, Tim Jackson, and Camille Aylmer. 2013. "Beyond GDP: Measuring and achieving global genuine progress." *Ecological Economics,* 93, 57-68.

OECD. 2011. *How's life?: measuring well-being.* Paris: Organisation for Economic Co-operation and Development.

OECD. 2019. *PISA 2018 Results (Volume I): What Students Know and Can Do.* Paris: PISA, OECD Publishing. https://doi.org/10.1787/5f07c754-en.

Raworth, Kate. 2017. "A Doughnut for the Anthropocene: humanity's compass in the 21st century." *The lancet planetary health,1*(2), e48-e49.

Robeyns, Ingrid. 2005. "The capability approach: a theoretical survey." *Journal of human development,6*(1), 93-117.

참고문헌

Rodrik, Dani. 1995. Getting interventions right: how South Korea and Taiwan grew rich. *Economic policy,10*(20), 53-107.

Rudolf, Robert and Dirk Bethmann. 2022. "The Paradox of Wealthy Nations' Low Adolescent Life Satisfaction." *Journal of Happiness Studies,* 1-27.

Sen, Amartya. 1985. "Well-being, agency and freedom: The Dewey lectures 1984." The journal of philosophy,82(4), 169-221.

Sen, Amartya. 1999. *Development as Freedom.* New York: Alfred A. Knopf.

Steptoe, Andrew, Angus Deaton, and Arthur A. Stone. 2015. "Subjective wellbeing, health, and ageing." *The Lancet,* 385(9968), 640-648.

Talberth, Joh, Clifford Cobb, and Noah Slattery. 2007. "The genuine progress indicator 2006." *Oakland, CA: Redefining Progress,26.*

UNCTADSTAT. 2022. "UNCTAD Statistics online." https://unctadstat.unctad.org/

Van den Bergh, Jeroen CJM. 2009. "The GDP paradox." *Journal of Economic Psychology,* 30(2), 117-135.

Verme, Paolo . 2009. "Happiness, freedom and control." *Journal of Economic Behavior & Organization,* 71(2), 146-161.

Weil, David N. 2013. *Economic growth.* 3rd edition. Pearson Education Ltd.

World Economic Forum. 2021. "Global Gender Gap Report 2021."

World Bank. 2022. "World Development Indicators."

You, Jong-sung. 2014. "Land reform, inequality, and corruption: A comparative historical study of Korea, Taiwan, and the Philippines." *The Korean Journal of International Studies,12,* 191-224.

Chapter 08

한국의 통상협력과 글로벌기업

1. 한국 국제 경제 협력의 역사
2. 한국의 FTA 현황과 정책
3. 한국기업의 세계화

08

한국의 통상협력과 글로벌기업

강 문 성

개요

본 장에서는 다양한 국가와 경제협력을 해 온 한국의 경제성장 과정과 그에 따른 영향을 학습한다. 제1절에서는 한국의 국제경제협력의 역사를 재구성한다. 한국 정부는 1960년대 이후부터 시작된 수출주도형 경제성장 전략에 따라 통상정책을 수립하였다. 이에 한국은 1967년 다자무역체제에 가입하고, 1990년대 후반 이후에는 지역무역정책을 적극적으로 추진하였다. 한국기업 역시 국내에만 머무르지 않고, 해외 생산시설 건설, 다양한 형태의 전략적 제휴 등을 통해 생산 활동뿐만 아니라 경영 전반의 활동을 세계화하였다. 제2절에서는 한국의 통상정책을 자유무역협정(Free Trade Agreement, FTA) 협상 과정을 통해 분석한다. 최근 미국과 중국 간 무역 분쟁이 심화하면서 세계화 추세가 약화하고 통상 문제가 국가안보 차원에서 고려되면서, 향후 국제통상질서와 국제통상환경이 변화할 가능성이 크다. 제3절에서는 변화하는 국제 경제 환경 속에서 한국기업의 전략을 고찰한다. 심화 학습으로는 시장개방으로 인한 국내 이해관계자와 정부 간 갈등 및 코로나-19 전염병의 세계적인 유행으로 인한 공급망 불안정성, 그리고 앞으로 한국은 어떠한 FTA 정책을 펼 수 있을지를 논한다.

키워드

다자무역체제, 세계무역기구(World Trade Organization, WTO), 경제통합, 자유무역협정(Free Trade Agreement, FTA), 외국인직접투자, 다국적 기업, 글로벌 가치사슬(Global Value Chain, GVC)

1. 한국 국제 경제 협력의 역사

가. 한국의 수출입 추이

천연자원이 부족한 한국은 1948년 정부 수립 이후 1950년에서 1953년에 걸친 한국전쟁으로 기반 시설이 파괴되어 경제 발전이 어려운 상황이었다. 그러나 1960년대 이후 수출주도형 경제성장 정책으로 세계 10위권의 경제 규모를 갖춘 국가로 성장하였고, 무역이 경제 발전에 크게 이바지하였다. 이러한 무역의 역할은 [표 8-1]에 나타난 한국 경제의 무역의존도가 잘 보여주고 있다. 2021년 한국의 무역의존도는 69.6%를 기록하며, 이는 미국(20.4%), 일본(25.3%), 중국(34.2%) 보다 훨씬 높은 수준을 보였다. 이와 같은 수출주도형 성장은 변화하는 국제무역환경에 적응하여 수출을 통한 경제성장을 달성하려는 정부의 통상정책이 큰 역할을 했다.

[표 8-1. 주요국의 무역의존도(2021년)]

(단위: %)

국가	한국	미국	중국	일본	독일
수 출	35.6	7.6	19.0	12.7	38.6
수 입	34.0	12.8	15.2	12.6	33.6
합 계	69.6	20.4	34.2	25.3	72.2

*1) 일본은 2020년 통계 2) 무역의존도 = (수출+수입)/GDP×100
*출처: 통계청. 2022. "KOSIS 국가통계포털." https://kosis.kr/index/index.do

1인당 국민소득은 국내총생산(Gross Domestic Product, GDP)을 인구로 나눈 것이기 때문에, 경제성장률이 인구증가율을 초과하면 1인당 국민소득은 증가한다. 한국 경제의 성장에 따라 1인당 국민소득이 증가하면서 질 높은 상품과 서비스에 대한 소비자의 수요가 증가하였고, 이에 따라 국내 산업의 생산구조가 단순한 노동집약적 산업에서 점차 고도화하기 시작하였다. 일반적으로 수요 증가는 기업의 경쟁을 유발하고, 그에 따라 기업 역시 높은 품질의 상품과 서비스 생산에 초점을 두게 된다. 또한, 무역이 자유화되면, 소비시장은 훨씬 더 확대되고 경쟁력을 갖춘 기업은 수요에 따라 상품과 서비스를 생산하여 국내시장에 공급하고 수출시장에도 적극적으로 참가한다. 이러한 과정을 통해 한국의 소비시장은 확대되었고, 기업 간 경쟁이 심해지면서 기업의 효율성은 점차 높아졌다.

한국의 주요 수출시장은 1970~90년대 미국, 일본 등 선진국 중심에서, 중국, 베트남 등의 경제성장과 더불어 개발도상국 중심으로 변화하게 된다. 개발도상국 중심의 수출은 해당 개발도상국의 시장 확대에 따른 결과이기도 하지만, 글로벌 가치사슬(Global Value Chain, GVC)[1)]의 발달로 인해 부품 소재 관련 수출입이 증가하였기 때문이다.

한국의 수출 품목은 1970년 섬유류, 가발, 의류 등과 같이 노동집약적 상품을 중심으로 발달하였으나, 점차 반도체, 자동차, 자동차 부품, 평판 디스플레이, 석유제품 등과 같이 정보통신기술, 석유화학 등 기술집약적인 상품으로 진화하였다. 이는 한국 정부의 시대별 산업개발전략에 따른 결과로써, 전략산업이 1960~70년대 경공업(Light Industry), 1970년대 후반~1980년대 중화학공업(Heavy and Chemical Industry, HCI), 1990년대 정보통신기술(Information and Communication Technology, ICT) 산업 등으로 발전해 왔다.

주요 수입 대상국과 수입품목을 동시에 살펴보면, 먼저 한국의 부족한 에너지 환경을 개선하기 위해 쿠웨이트, 사우디아라비아 등과 같은 중동 국가로부터 석유/원유, 천연가스, 석탄 등 에너지 수입의존도가 높은 것을 알 수 있

1) 기업이 상품과 서비스를 생산해 부가가치가 생성되는 일련의 과정을 가치사슬이라고 하며, 이러한 가치사슬 활동이 한 국가 내에 국한되지 않고 여러 국가에 걸쳐 일어날 때 글로벌 가치사슬이라고 부른다.

다. 또한, 글로벌 가치사슬의 발달에 따라 중국, 미국, 일본 등과 부품 소재 수입에 집중되고 있다.

[표 8-2. 수출과 수입의 총액, 주요 대상국 추이]

(단위: 백만 달러)

1970		1990		2010		2021	
수출	수입	수출	수입	수출	수입	수출	수입
835	1,984	65,016	69,844	466,384	425,212	644,400	615,093
미국 395	일본 954	미국 19,360	일본 18,574	중국 116,838	중국 71,574	중국 162,913	중국 138,628
일본 234	미국 678	일본 12,638	미국 16,942	미국 49,816	일본 64,296	미국 95,902	미국 73,213
홍콩 28	독일 74	홍콩 3,780	독일 3,284	일본 28,176	미국 40,403	베트남 56,729	일본 54,642
독일 27	프랑스 72	독일 2,849	중국 2,268	홍콩 25,294	사우디 아라비아 26,820	일본 30,062	호주 32,918
캐나다 20	쿠웨이트 65	싱가포르 1,805	사우디 아라비아 1,725	싱가포르 15,244	호주 20,456	홍콩 37,467	사우디 아라비아 24,271

*출처: 한국무역협회. 2022. "K-stat 무역통계." https://stat.kita.net/

[표 8-3. 한국의 주요 수출품과 수입품]

1970		1990		2010		2021	
수출	수입	수출	수입	수출	수입	수출	수입
섬유류	일반기계	의류	원유	반도체	원유	반도체	원유
합판	곡물	반도체	반도체	선박	반도체	자동차	반도체
가발	운반기기	신발	석유제품	자동차	석유제품	석유제품	천연가스
철광석	전기기기	영상기기	섬유화학 기계	평판 디스플레이	천연가스	자동차부품	석유제품
전자제품	석유	선박	가죽	석유제품	석탄	평판 디스플레이	석탄

*출처: 한국무역협회. 2022. "K-stat 무역통계." https://stat.kita.net/

나. 다자무역체제 가입과 혜택

한국의 경제개발 초기 과정에서 가장 중요한 환경의 변화는 1967년 '관세 및 무역에 관한 일반협정(General Agreement on Tariffs and Trade, GATT)'에 한국 정부가 서명한 것이다. GATT 서명으로 한국은 다자무역체제(Multilateral Trading System)에 편입되었고, 이를 통해 무역자유화의 국제적 흐름에 참여하여 무역을 통한 지속적인 성장을 도모하게 되었다. 당시 한국은 개발도상국의 지위를 활용하여 국내 산업을 보호하고 육성하는 동시에 한국산 상품을 외국 시장에 수출하면서 경제성장을 도모할 수 있었다.

제2차 세계대전 직후 1948년 발효된 GATT 협정은 1995년 세계무역기구(World Trade Organization, WTO)가 설립되기 전까지 총 8차례의 관세 및 비관세 장벽을 인하하기 위한 다자무역협상을 거쳤다. 이러한 다자무역협상의 결과는 수출주도형 경제성장 전략을 세운 한국이 꾸준히 성장할 수 있는 환경을 만들어 주었다. 우루과이 라운드(Uruguay Round, UR, 1986~94년) 협상 결과에 따라 공산품의 관세와 비관세 장벽이 대폭 낮아지면서 이미 공업화에 성공한 한국은 1995년 WTO 체제의 출범으로 안정적인 수출 기반을 마련할 수 있었다. 다자무역체제 아래 확산한 자유무역의 환경과 개발도상국에 주어진 다양한 특혜 조치에 힘입어 한국 경제는 고도의 수출 확대 및 경제성장을 경험할 수 있었다.

또한, WTO 체제가 '규율 중심의 시스템(Rule-based System)'으로 운영되면서, 미국, EU 등 선진국의 일방적 제재나 압력에서 벗어나 협상을 통해 시장을 개방하고 선진국의 불합리한 조치에 대해서는 WTO 분쟁해결절차(Dispute Settlement Procedure, DSP)를 통해 무역 분쟁을 평화적으로 해결할 수 있었던 것 역시 한국이 다자무역체제로부터 얻을 수 있는 혜택이었다. 한국은 2022년 12월까지 총 21건의 제소와 19건의 피소 등 총 40건의 통상 분쟁에 관련되었는데, 대부분이 선진국과의 분쟁이다. 특히, 21건의 제소 중 1건을 제외하고는 미국과 14건, EU 3건, 일본 3건 등 선진국과의 분쟁이었고 한국이 대부분 승소하여 상대국의 불합리한 조치를 바로 잡는 데 성공하여 국제관계 측면의 정치적 힘이 아닌 규율 중심의 다자무역체제로부터 큰 혜택을 받았다고 평가된다.

다. 지역무역체제로의 정책 전환

한국은 다자무역체제로부터 많은 혜택을 받았음에도 불구하고, 국내외 경제 및 국제통상환경이 변화하면서 1990년대 후반부터는 점차 지역무역체제에 초점을 둔 통상정책으로 전환하였다. 먼저, 1997년 한국 경제가 금융위기를 겪게 되면서 경제 구조를 더욱 선진화하고 개혁할 필요성을 느끼게 된다. 또한, 1990년대 후반 이후 전 세계 많은 국가가 지리적으로 인접한 국가와 자유무역협정(Free Trade Agreements, FTAs)을 체결하고 추가적인 시장개방을 통해 경제적 혜택을 회원국과 공유하기 위한 지역주의(Regionalism)가 확산하였다. 1990년 WTO에 통보된 지역무역협정(Regional Trade Agreements, RTAs)이 22건에 불과했으나, 2000년 97건으로 증가한 후 2021년 누적 통보 건수가 579건에 달했다. 이처럼 1990년대 후반부터 시작된 지역주의의 확산에 따라 한국 정부 역시 기존의 다자주의 중심의 통상정책에서 지역주의 중심의 통상정책으로 정책적 초점을 옮기게 되었다.

[그림 8-1. 지역무역협정의 전 세계 추이]

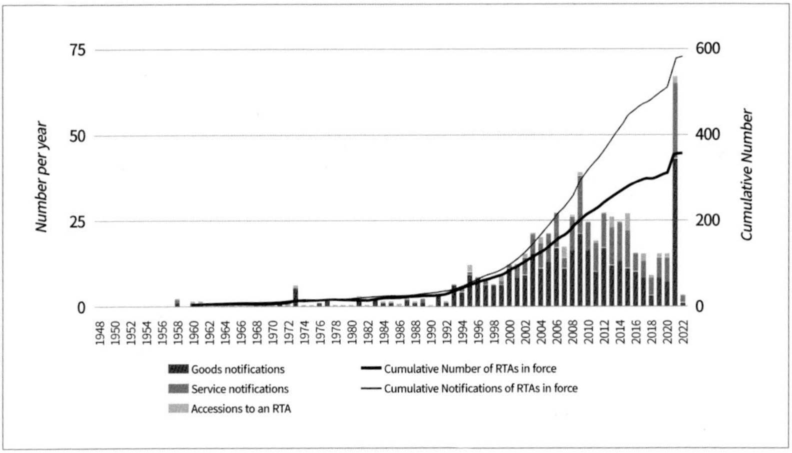

*출처: WTO. 2022. "Regional Trade Agreements Database." https://rtais.wto.org/UI/PublicMaintainRTAHome.aspx

2. 한국의 FTA 현황과 정책

가. FTA 정책의 방향과 전략

한국 정부가 1990년대 후반부터 지역주의 중심의 통상정책에 초점을 두기 시작하면서, 1998년 12월 칠레와의 FTA를 먼저 추진하고 중소형 거점 국가와의 FTA에 관한 연구를 개시한다는 기본 정책 방향을 정했다. 또한, 미국, EU, 일본, 중국 등 거대 경제권과의 FTA는 더욱 정밀한 검토를 거쳐 추진 여부를 결정하기로 했다. 그와 같은 정부 방침에 따라 협상이 시작된 한국 최초의 FTA인 한 · 칠레 FTA는 농업계의 반발 등 상당한 진통을 겪은 끝에 2004년 4월 발효되었다.

그 이후 한국 정부는 FTA의 범세계적 확산 추세에 늦게 참여한 불이익을 극복하고자 'FTA 로드맵(Roadmap)'을 설정하고 다수의 국가와 동시다발적으로 FTA를 추진하기 시작했다[2]. 한국 정부는 FTA 로드맵을 통해 동시다발적 FTA, 포괄적이며 수준 높은 FTA, 사회적 합의에 기초한 FTA를 추진한다는 FTA 정책의 기본 원칙을 제시했다.

나. FTA 협상의 역사와 현황

1999년 12월 협상이 시작된 한 · 칠레 FTA는 2002년 10월 협상을 타결하고 2003년 2월 양국 정상이 협정안에 서명하였다. 그러나 협상안에 대한 국회의 비준 동의에만 1년 이상의 시간이 소요되는 등 상당한 진통을 겪은 후 2004년 4월 발효되었다. 이후 한국 정부는 동시다발적인 FTA 협상을 추진하

---

2) 2003년 9월, 단기, 중기, 장기적으로 추진할 목표(FTA 상대국)를 제시하는 1차 FTA 로드맵을 설정한 후, 2004년 5월에는 보다 적극적인 정책 방향을 제시한 수정된 FTA 로드맵을 발표했다. 강문성 외(2021).

였고, 미국, EU, 중국 등 총 59개국과 20건의 FTA가 발효되었다.

특히, 한국은 미국, EU, 중국 등 거대 경제권과의 FTA를 체결하여, 이를 통해 해외시장을 확보하는 데 성공하였다. 또한, 2022년 2월 일본, 중국, 호주, 뉴질랜드, 아세안 국가 등 총 15개국이 참여하는 '역내포괄적 경제동반자 협정(Regional Comprehensive Economic Partnership, RCEP)'이라는 '거대 FTA(Mega-FTA)'가 발효되어 동아시아 및 태평양 지역에서의 경제협력이 앞으로 더욱 강화될 것으로 전망된다.

[표 8-4. 한국의 FTA 현황, 2023년 1월 현재]

	대상 국가
발효 (20건)	칠레, 싱가포르, EFTA, 아세안, 인도, EU, 페루, 미국, 튀르키예, 호주, 캐나다, 중국, 뉴질랜드, 베트남, 콜롬비아, 중미, 영국, 역내포괄적경제동반자협정(RCEP), 인도네시아, 캄보디아
서명/협상 타결 (2건)	이스라엘(2021.05.12. 서명); 필리핀(2021.10.26. 협상 타결)
협상 중 (6건)	한국-일본-중국, 에콰도르, MERCOSUR, 러시아(서비스/투자), 말레이시아, 우즈베키스탄
협상 재개 여건 조성	멕시코, PA(멕시코, 페루, 콜롬비아, 칠레)

*EFTA(European Free Trade Association)는 노르웨이, 리히텐슈타인, 스위스, 아이슬랜드 등 4개국 포함. 아세안(ASEAN)은 라오스, 말레이시아, 미얀마, 베트남, 브루나이, 싱가포르, 인도네시아, 태국, 필리핀, 캄보디아 등 10개국 포함. EU는 2022년 12월 현재 독일, 프랑스, 이탈리아, 네덜란드, 벨기에, 룩셈부르크, 아일랜드, 덴마크, 그리스, 스페인, 포르투갈, 스웨덴, 핀란드, 오스트리아, 헝가리, 폴란드, 체코, 슬로베니아, 에스토니아, 사이프러스, 라트비아, 리투아니아, 몰타, 슬로바키아, 루마니아, 불가리아, 크로아티아 등 27개국을 포함하며, 한-EU FTA 체결 당시 영국을 포함한 28개국과 FTA를 체결하였으나, 영국의 EU 탈퇴로 인해 27개국으로 감소하였음. 중미는 니카라과, 온두라스, 코스타리카, 엘살바도르, 과테말라 등 5개국 포함. RCEP은 한국, 일본, 중국, 호주, 뉴질랜드, 아세안 10개국 등 15개국 간 FTA임. MERCOSUR는 브라질, 아르헨티나, 파라과이, 우루과이, 베네수엘라 5개국으로 구성된 남미공동시장으로, 2022년 12월 현재 회원국 자격 정지 상태인 베네수엘라를 제외한 4개국과 협상 중임.

*출처: 산업통상자원부. 2022. "FTA강국, KOREA." http://www.fta.go.kr/

또 하나의 '거대 FTA'라 할 수 있는 '한중일 FTA'는 2013년 3월부터 제1차 협상이 시작되어 2019년까지 총 16차례의 공식 협상이 개최되었으나,

3국 간 경제적, 정치적 이해충돌로 별다른 성과를 거두지 못하고 있다. 그 외에도 한국은 '남미공동시장(Mercado Común del Sur, MERCOSUR)', 에콰도르, 러시아, 말레이시아, 우즈베키스탄 등과의 양자 간 FTA 협상을 각각 진행 중이다.

이처럼 한국은 양적으로나 질적으로 'FTA 강국'이라고 불리는 데 전혀 손색이 없다. 한국은 미국, 중국 등 세계 최고의 경제 대국과 FTA를 체결했고, EU, 캐나다, 호주, 뉴질랜드, EFTA 등 선진국, 그리고 인도, 아세안, 칠레, 페루, 콜롬비아 등 개도국에 이르기까지 대부분 주요 무역대상국과 FTA를 체결했다. 그러나, FTA 체결 국가가 다수임에도 불구하고, 원산지 규정과 관련된 추가적인 서류 작업, FTA에 대한 낮은 인지도 등의 이유로 일부 FTA를 제외하고는 특혜 무역 활용률이 그리 높지 않은 편이다. 따라서, FTA의 실효성을 높이는 것이 한국으로서는 또 하나의 중요한 도전 과제이다.

3. 한국기업의 세계화

가. 한국기업의 세계화 전략

한국의 경제성장은 한국 경제의 세계화 속에서 이루어져 왔다. 2021년 한국의 수출은 6,444억 달러를 기록하였는데, 이는 50년 전에 비해 700배 이상 증가한 수치이다. 이는 같은 기간 중 1인당 GDP가 130배 증가한 것과 비교하면 5배 이상 높은 수치이다.

한국 경제의 세계화는 한국기업의 경영 차원에서도 나타난다. 치열한 국제경쟁 환경 속에서 살아남기 위해 기업은 국가 단위를 초월하여 생산, 공급, 판매 전략을 수립하고 기업 활동을 영위하고 있다. 기업경영의 세계화는 특히 대기업에서 더욱 두드러지게 나타난다. 예를 들어, 한국의 대표적인 기업인 삼성전자는 2018년 말 기준으로 216개의 전 세계 생산거점, 판매거점, 디자인 센터, 연구소 등을 보유하고 있는 것으로 나타나고 있다. 다만, 미국과 중국 간의 기술 패권 경쟁이 심화하고 코로나-19의 확산으로 해외 생산거점 국가의 공장이 생산 차질이 발생하면서 효율성 중심의 생산거점 활용 전략에서 국내로 이전하는 '리쇼어링(Reshoring)' 전략으로 전환하고 있다. 예를 들면, 삼성전자는 베트남 스마트폰 생산설비를 국내 구미 사업장으로 이전하는 전략을 이행하였다.

[그림 8-2. 삼성전자의 해외 생산거점, R&D 센터 및 디자인 센터 현황]

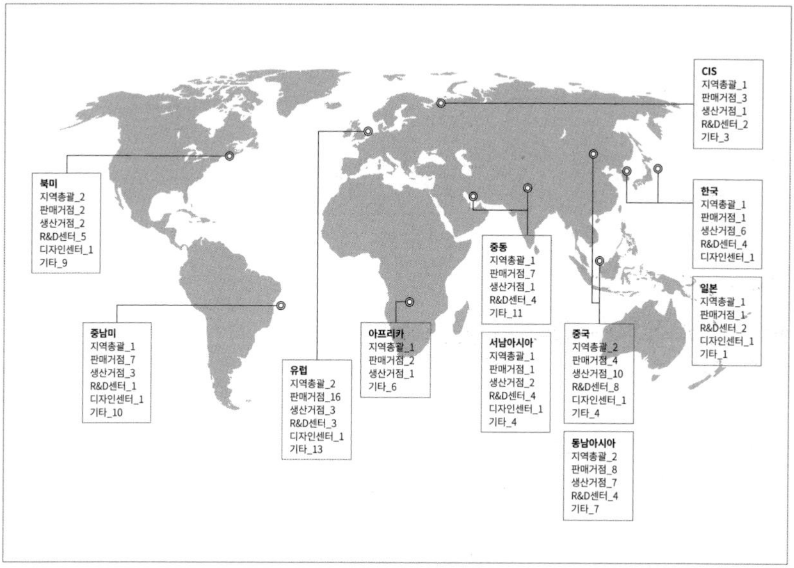

*출처: 강문성 외, 『한국경제의 이해』(2021), p.188.

한국기업의 세계화에 따라 한국의 해외직접투자도 큰 폭으로 증가하고 있다. 이는 국내 기업이 해외에 유통망 및 서비스망을 직접 구축하거나 생산기지를 건설하여 생산의 세계화를 이루는 과정에서 반드시 해외직접투자가 수반되기 때문이다. [그림 8-3]은 한국의 해외직접투자(신고기준) 변화를 보여주고 있다. 이에 따르면, 한국의 해외직접투자는 국내외 경제 상황에 따라 다소의 변화는 있지만, 전반적으로 증가세를 보여주고 있다. 2000년 63.3억 달러에 불과했던 한국의 해외직접투자는 2006년 200억 달러 수준으로 급상승한 이후 지속해서 증가하여 2021년에는 1,105.5억 달러를 기록하였다.

[그림 8-3. 한국의 해외직접투자 추이]

(단위: 백만 달러)

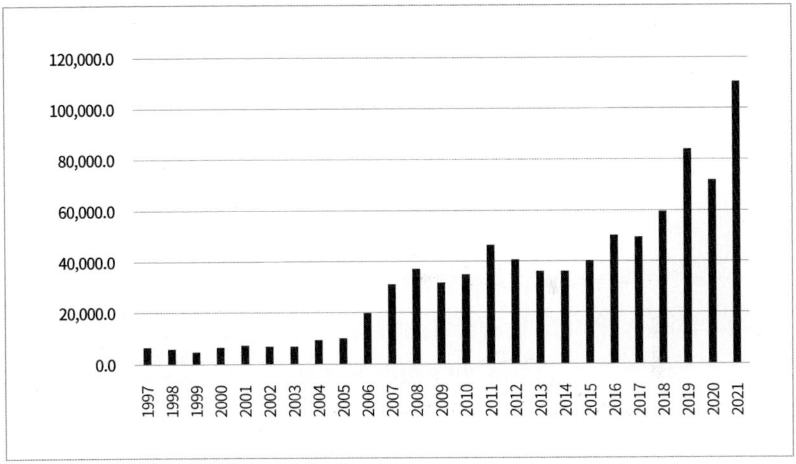

*출처: 한국은행. 2022. "경제통계시스템(ECOS)." https://ecos.bok.or.kr/#/

한국의 해외직접투자를 지역별로 보면, 20년 전과는 달리 아시아 개도국 및 중남미 국가의 비중이 선진국 수준까지 높아졌다. 이는 국내의 높은 생산비용 등으로 인하여 가격경쟁력을 상실하였거나 상실 과정에 있는 기업이 임금 등 생산비용이 더욱 저렴한 국가로 생산기지를 옮기는 과정의 결과로 이해할 수 있다. 그러나 미국이나 유럽과 같은 선진국으로의 해외직접투자도 지속해서 이루어지고 있는데, 과거에는 해당 국가의 현지 시장으로 진출하기 위한 목적에서 많이 이루어졌지만, 최근에는 선진국의 기술을 습득하고 연구개발(Research and Development, R&D) 기지를 건설하기 위한 해외직접투자가 중심이 되고 있다.

나. 글로벌 가치사슬의 심화와 확대

세계화가 확대, 심화하고 다국적 기업(Multinational Corporations, MNCs) 등 기업의 활동이 한 국가를 벗어나 다수의 국가로 확장되면서 글로벌 가치사슬 역시 심화, 확대하고 있다. 일반적으로 글로벌 가치사슬은 같은 제품의 생산이 여러 국가에서 발생하는 수평적(Horizontal) 글로벌 가치사슬과 R&D, 디자인, 부품 및 소재 생산, 최종재 조립 등 서로 다른 생산 활동이 복수의 국가에서 발생하는 수직적(Vertical) 글로벌 가치사슬로 구분한다. 이와 같은 글로벌 가치사슬의 확대를 통한 세계화는 관세 및 비관세 장벽을 낮추기 때문에, 첨단 IT 제품 및 중간재의 생산기술에 경쟁력이 있는 한국 경제에는 유리하게 작용하였다. 중국이 세계의 공장으로, 제조업의 중심 국가로 성장하는 동안 한국은 다양한 첨단 기술 제품의 중간재 수출을 통해 글로벌 가치사슬에 핵심적인 국가로 성장했다. 반도체, 이차전지를 비롯한 각종 부품 및 소재 등 한국에서 생산되는 중간재는 중국을 넘어 미국, 유럽, 일본 등 모든 주요 선진국에서도 높은 수요를 창출하고 있고, 따라서 한국은 대부분 주요 제품 관련 글로벌 가치사슬에 중요한 구성원으로 참여하고 있다.

그러나, 기업의 세계화와 해외직접투자는 기업의 경쟁력을 강화하고 한국기업의 브랜드가 세계적인 브랜드가 되는 긍정적인 측면을 갖지만, 이러한 글로벌 가치사슬의 심화 및 확대로 인해 국내경제가 상대적으로 위축한 것 역시 부인할 수 없다. 한국기업이 생산 공장을 해외로 이전함으로써 국내의 일자리는 감소하고, 국내 산업의 공동화(空洞化, Hollowing-out) 현상은 악화하였다. 또한, 코로나-19 전염병의 전 세계적 유행 상황으로 인해 해외공장의 생산 차질은 세계화된 한국기업의 생산 활동에 직접적인 영향을 주었다. 이에 더하여, 미국과 중국 간의 무역 분쟁과 기술 패권 경쟁이 점차 가속하면서 글로벌 가치사슬이 효율성 중심에서 국가안보 및 국제관계 역학에 따라 재편할 움직임을 보여주고 있어 앞으로 글로벌 가치사슬의 재편 방향에 따라 한국기업의 세계화 전략 역시 수정될 것으로 보인다.

결론

한국 경제성장을 국제 경제 환경 변화 속에서 한국 정부와 기업이 행한 통상정책과 전략의 변화를 중심으로 살펴보았다. 이를 통해 무역이 한국 경제성장에 매우 크게 이바지하였다는 것을 알 수 있다. 그러나 적극적인 통상을 통해 이루어 낸 경제성장은 무역의존도가 지나치게 높아지는 결과를 가져왔다. 한국의 높은 대외무역의존도는 어떤 문제를 일으킬까? 이는 국가 경제가 그만큼 대외 경제 환경의 변화에 많은 영향을 받는다는 것을 의미한다. 세계 경제가 좋은 성장세를 보일 때는 순기능으로 작용하지만, 세계 경제가 위기를 맞거나 침체에 빠질 때는 한국 경제 역시 그와 비슷한 상황을 맞게 된다. 한국의 지나치게 높은 대외무역의존도를 완화하기 위한 노력이 필요하다. 자원 빈국의 대외무역의존도가 높은 것은 어느 정도 불가피하겠지만, 한국은 서비스 산업의 경쟁력 강화를 통해 수출 확대와 대외무역의존도 완화라는 두 마리 토끼를 한 번에 잡을 수도 있다. 최근 서비스 무역이 상품 무역에 비해 빠르게 성장하면서 높은 부가가치를 창출하고 있을 뿐만 아니라, 서비스 산업의 특성상 내수 확대에 이바지하는 부분도 절대적으로 크기 때문이다. 또한, 시장개방과정에서 피해를 본 계층에 대한 정부의 적극적인 지원과 함께, 한국 정부는 통상정책을 기존의 시장개방 협상 중심의 통상정책에서 통상의 혜택이 더욱 다양한 계층으로 확산할 수 있도록 통상정책을 포용적으로(Inclusive) 수립하고 이행할 필요가 있다.

1 시장개방으로 인해 한국 사회가 겪은 갈등은 무엇인가? 2000년대 발생한 '한미 FTA 협상과 미 소고기 수입 갈등'을 중심으로 고찰해 보자.

[그림 8-4. 한미 FTA 반대 시위]

*출처: 박세연. 2006. "도심 곳곳 한미FTA저지 기습시위." 『뉴시스』(12월 6일) https://n.news.naver.com/mnews/article/003/0000254283

2 코로나-19 범유행으로 인한 글로벌 가치사슬 불안정성에 대해 고찰해 보자.

[그림 8-5. 한산한 현대 자동차 울산 공장]

*출처: 윤일지. 2022. "한산한 현대자동차 울산 공장." 『뉴시스』(2월 10일) https://n.news.naver.com/mnews/article/421/0004454872

3 한국은 동시다발적 FTA 추진으로 많은 성과를 거두었는데, 앞으로 FTA 정책을 어떠한 방향으로 추진해야 할까?

참고문헌

강문성·강인수·김태준·박성훈·박태호·송백훈·송유철·유재원·유진수·이호생·채욱·한홍열. 2021. 『한국경제의 이해』. 서울: 박영사

구경현·서진교·김종덕·김현수·강구상·강준구·김혁황·금혜윤·엄준현·강민지. 2022. "한미 FTA 발효 10년 성과와 시사점." 『오늘의 세계경제』. Vol. 22. No. 4.

박세연. 2006. "도심 곳곳 한미FTA저지 기습시위." 『뉴시스』 (12월 6일) https://n.news.naver.com/mnews/article/003/0000254283

산업통상자원부. 2022. "FTA강국, KOREA." http://www.fta.go.kr/

윤일지. 2022. "한산한 현대자동차 울산 공장." 『뉴시스』 (2월 10일) https://n.news.naver.com/mnews/article/421/0004454872

통계청. 2022. "KOSIS 국가통계포털." https://kosis.kr/index/index.do

한국경제 60년사 편찬위원회. 2011. 『한국경제 60년사: 대외경제편』. 서울: 한국경제 60년사 편찬위원회

한국무역협회. 2022. "K-stat 무역통계." https://stat.kita.net/

한국은행. 2022. "경제통계시스템(ECOS)." https://ecos.bok.or.kr/#/

Kim, Wan-Soon and You-Il Lee. 2007. *The Korean Economy: The Challenges of FDI-led Globalization.* Northampton: Edward Elgar Publishing Limited.

WTO. 2022. "Regional Trade Agreements Database.https://rtais.wto.org/UI/PublicMaintainRTAHome.aspx

Chapter 09

국제개발협력과 글로벌 한국

1. 한국의 국제개발협력
2. 국제개발협력의 목적
3. OECD DAC가 권고하는 원조 vs. 한국의 원조
4. OECD DAC가 선정한 수원국 vs. 한국이 선정한 수원국

09

국제개발협력과 글로벌 한국

강 규 원

개요

본 장에서는 OECD DAC와 한국의 ODA 지원형태와 수원국의 특성을 비교한다. 이를 통해 두 가지 근본적인 질문에 대해 고민해 본다. 첫째, 한국은 글로벌 흐름에 부합하는 형태의 ODA를 지원하고 있는가? 둘째, 한국이 OECD DAC가 권고하는 특징을 가진 수원국을 선택하고, 추천하는 ODA 형태를 따를 필요가 있는가? 제1절에서는 수원국에서 공여국으로 전환한 한국의 발전 경험에 대해 알아보면서 주요 용어인 국제개발협력에 대한 개념을 살펴본다. 제2절에서는 공적개발원조(Official Development Assistance, ODA)에 대한 개념과 국제개발협력의 목적을 소개한다. 제3절에서는 OECD DAC와 한국의 원조 지원형태를 비교하고, 제4절에서는 선정한 수원국의 특징을 비교한다. 심화학습으로는 다른 OECD DAC 회원국과 한국의 ODA 지원현황(동기, 형태)을 비교해보고 한국의 ODA가 나아가야 할 방향에 대해 고민해 본다.

키워드

국제개발협력, 목적, 국제사회, 규범, 한국

1. 한국의 국제개발협력

1953년 한국전쟁이 끝난 뒤 한국은 세계에서 가장 가난한 나라 가운데 하나였다. 한국이 1955년 국제금융기구인 국제통화기금(International Monetary Fund, IMF)과 세계은행(Word Bank, WB)에 가입할 때 1인당 국민총소득(Gross National Income, GNI)은 65달러로, 아프리카의 가나 · 가봉보다 낮았다(KDI 2015). 이후 한국은 빠른 속도로 큰 성장을 이루었으며 이를 “한강의 기적”이라고 부른다. 자주 언급되는 한국의 경제성장 요인으로는 의류, 섬유, 조선, 철강, 자동차, 전기 분야의 산업 발달, 높은 교육열, 민주화, 자유무역의 혜택 등 있다. 이러한 요인 중에 하나로 국제사회의 원조를 빼놓을 순 없다.

국제사회의 원조가 없었더라면 한국전쟁으로 인한 폐허 속에서 최빈국이었던 한국이 경제성장의 계기를 마련하기는 어려웠을 것이다. 1950년대의 한국의 경제 상황을 ‘원조 경제’로 표현할 만큼 미국과 UN으로부터 많은 원조를 받았다. 이 시기에 한국이 받은 원조액은 29억 7천 5백만 달러에 달했다(행정안전부 2023). 이와 같은 한국에 대한 원조는 세계의 빈곤 문제 완화를 위한 국제사회의 구체적인 노력인 국제개발협력과 맥을 같이한다. 국제개발협력의 주된 목적은 선진국과 개발도상국 간, 개발도상국 상호 간, 개발도상국 내에서 발생하는 격차를 줄이고 개발도상국의 빈곤 문제를 해결하는 것이었다. 최근에는 개발도상국과 선진국 모두의 사회 · 경제 · 환경 발전을 위해 노력하는 행위로 의미가 바뀌고 있고, 국제개발협력의 행위자는 원조를 제공하는 공여자와 원조를 받는 수원국이다.

한국은 수원국에서 공여국으로 전환한 최초 국가이다. 한국은 전쟁 40여 년만인 1996년에 선진국 모임인 경제개발협력기구(Organisation for Economic Co-operation and Development, OECD)에 가입했고, 2010년에는 OECD 개발원조위원회(Development Assistance Committee, DAC)의 회원이 되었다. OECD DAC는 주요 공여국의 모임으로 국제개발협력에 관한 주요 규범을 제정하고 이를 통해 개발원조가 개발도상국의 빈곤퇴치와 지속 가능한 개발에 이바지할 수 있도록 국제적 논의를 주도해 왔다. 이에, OECD DAC 회원국을 선진국 중의 선진국이라고 부르기도 하는데 2023년 10월 기준으로 38개의 OECD 회원국 중 30개의 국가가 DAC 회원국이다. 한국은 최빈국에서 OECD DAC 회원국이 되었고, 국제개발협력을 주도적으로 이끌어가는 공여국이 되었다.

국제사회는 공여국으로 성장한 한국이 개발도상국의 경제 · 사회 발전을 위해 노력할 것을 기대한다. 한 공여국이 어떠한 철학과 가치를 바탕으로 원조를 제공하고 있는지는 그 국가의 원조 지원 목적, 지원형태, 그리고 지원대상인 수원국을 통해 나타난다. 본 장에서는 OECD DAC가 국제개발협력에 있어 추구하는 가치와 철학과 한국의 ODA 지원 목적을 알아본다. OECD DAC 회원국과 한국의 ODA 지원형태를 비교하고, OECD DAC가 한국에 권고하는 원조의 형태를 파악한다. 더 나아가 한국의 ODA 지원 목적을 달성하기 위해 한국이 OECD DAC의 권고 사항을 꼭 따를 필요가 있는지에 대한 근본적인 질문을 제기한다.

2. 국제개발협력의 목적

공여국은 여러 가지 이유로 수원국에 공적개발원조(Official Development Assistance, ODA)를 제공한다. ODA는 해외원조(Foreign Aid)로 사용되는 경우가 많지만, 해외원조는 ODA보다 더 넓은 범위의 용어이다. OECD DAC는 다음의 네 가지 조건을 모두 만족시키는 해외원조를 ODA로 분류하고 있다. 첫째, 공여의 주체가 중앙 및 지방정부, 산하 집행기관 등의 공적 기관에 의해 제공되어야 한다. 따라서 NGO, 재단 또는 민간기업의 지원은 ODA로 간주하지 않는다. 둘째, 공여의 목적이 개발도상국의 경제개발 및 복지증진을 위한 지원이어야 한다. 따라서 군사 목적, 상업 이익 목적 등을 위한 지원은 제외된다. 셋째, 공여 대상으로는 OECD DAC 회원국의 수원국 목록에 포함된 개발도상국이거나, OECD DAC 회원국이 정하는 ODA 적격 국제기구에서 제공되어야 한다. 넷째, 공여 조건으로 차관의 경우 증여율(Grant Equivalent)[1] 기준[2]이 충족되어야 한다. 이상의 네 가지 요건을 만족시키는 해외원조를 ODA로 정의한다.

ODA 공여국이 해외원조를 하는 이유는 무엇일까? 우선 인도주의적인 목적으로 불우한 이웃을 돕는 것을 들 수 있다. 공여국은 ODA 지원을 통해 다른 국가 사람들이 음식, 주택, 의료, 교육 및 기타 기본적인 필수품과 기회에 접근할 수 있도록 돕는다. 공여국이 ODA를 지원하는 또 다른 목적으로는 정치 · 외교적 그리고 상업적 목적이 있다. 특히, 국방, 외교, 국제무역 관련 정부 기관의 관점에서 ODA는 주로 외교적, 상업적, 안보적 이익을 포함한 외교정책 목표를 달성하는 수단이다. 이러한 관점에서 공여국은 안보 목표 달성을 위해 공여국 군대가 배치된 수원국, 테러와의 전쟁을 선포한 수원국에 더 많

---

1) 증여율은 공여재원의 무상 정도를 나타내는 지표로 차관액과 차관원리금의 현재 가치의 차이로 측정된다. 증여율은 차관의 공여 조건이 개도국에 우호적일수록(금리가 낮을수록 상환기간이 길수록) 커진다. 무상원조는 증여율이 100%이다.

2) 증여율 기준은 최빈/저소득국 45% 이상, 하위중소득국 15% 이상, 상위중소득국 10% 이상이다.

은 ODA를 제공한다. 또한, 투자와 무역 관계를 촉진하기 위해 ODA를 지원하기도 하고, 국제사회에서 공여국으로서의 위상을 높이고 국가의 이미지 개선에 목적을 두기도 한다.

제2차 세계대전이 끝난 후 해외원조는 이타적이면서도 이기적인 특성을 동시에 가지고 있었다. 특히, 역사적으로 해외원조는 외교 정책의 도구로 사용되어왔다. 냉전 시대에 미국과 서구는 공산주의의 확산을 막기 위해, 소련과 동구는 자본주의의 확산을 막기 위해 원조를 제공했다. 지금도 ODA는 민주주의 강화, 굿 거버넌스, 그리고 수원국의 정치적, 경제적 자유화와 연결되어 있다. 구속성 원조는 사업적 이익을 추구하는 원조의 형태로 볼 수 있다. 구속성 원조는 수원국이 개발협력사업을 위한 상품과 서비스를 공여국 또는 제한된 국가에서만 살 수 있다. 반면 비구속성 원조는 수원국이 원하는 국가에서 상품과 서비스를 자유롭게 조달할 수 있다. 하지만 공여국이 항상 이처럼 외교적 또는 상업적 이익을 추구하는 ODA만을 지원하는 것은 아니다. 특히 최근에는 공여국의 상업적 이익과 직접적인 연관성이 있는 구속성 원조의 비중은 점차 줄어들고 있고, 공여국은 자국을 위한 이익 발생 가능성이 명확하지 않더라도 수십억 달러의 원조를 지원하고 있다. 긴급구호에 집중된 인도적 지원은 사심 없는 ODA의 대표적인 예다. 기후변화 등 자연재해에 대한 긴급 조치를 위해 공여국은 상업적, 외교적 목적이 아닌 인도주의적인 목적으로 ODA를 지원한다. 또한, 과거 식민지 착취와 불공평한 경제 체제로 인해 피해를 본 개발도상국을 위해 보상 차원에서 해외원조를 제공하기도 한다. 일부는 부유한 국가들이 식민통치와 불평등한 세계 무역 시스템을 통해 더욱 풍요로워졌다고 주장하고, 이에 대한 대가로 공여국은 ODA를 늘려야 할 의무가 있다고 주장하기도 한다. 더 나아가 국제인권법에 따르면, 해외원조 제공은 공여국의 의무로 간주 될 수 있다. 국제 협약에 따르면, 모든 사람은 무료 초등 교육을 받을 권리가 있지만, 개발도상국이 무료로 초등 교육을 제공하는 데 필요한 자원이 없는 경우, 공여국은 개발도상국의 권리가 충족될 수 있도록 도와줄 의무가 있다.

[표 9-1. 국제개발협력의 목적]

목 적	내 용
정치·외교적인 목적	정치 외교적인 목적은 국제 안보, 국제 정치 및 지정학적 분야에서의 국가 간 관계를 포함합니다. 특히 원조에서 정치. 외교적인 동기는 공여국과 수원국간의 역사적인 관계가 중시됩니다.
개발적 목적	개도국의 사회경제적 발전과 빈곤 퇴치는 원조의 수단임과 동시에 목적이라고 할 수 있습니다. 개발을 위한 원조는 구체적으로 자금지원, 구조조정 및 부채 탕감을 통해 개도국의 경제를 안정시키고, 기술협력을 통해 개도국의 기술 수준을 높이며 사회경제적 인프라를 건설하는 등 개도국의 경제성장에 기여하는 것을 목적으로 합니다. 또한, 교육 및 보건 분야 공공서비스의 범위와 수준을 높여 개도국 주민의 삶의 질을 제고합니다.
인도주의적 목적	인도주의적 관점의 개발원조는 개도국의 절대빈곤감소와 인간의 보편적 가치실현을 위한 도덕적 의무로 해석됩니다. 긴급구호 등으로 대표되는 인도주의적 목적의 원조는 가장 논란의 여지가 적은 목적이라고 할 수 있습니다. 즉 원조의 인도주의적 목적이란 국제사회가 극도의 기아와 빈곤, 재해 등으로 고통받는 이들을 간과해서는 안 되는 의무를 가졌음을 의미합니다.
상업적 목적	경제적 또는 사업적 동기는 공여국의 전략적 자원 확보와 수원국에 대한 민간자본투자 확대에 유리한 환경조성, 수출시장 확대 등을 목적으로 원조를 시행하는 것을 말합니다. 이러한 경제적 동기는 개도국을 선진공여국의 잠재적인 투자 및 수출시장으로 간주하며, 원조를 통한 개도국의 경제성장과 무역환경 개선이 선진국 기업들의 수출 및 투자 촉진과 수익성 증대에 기여한다는 국익의 관점에 입각합니다.

*출처: ODA 정보포털(2023). https://www.oda.go.kr/opo/odin/mainInfoPage.do?P_SCRIN_ID=OPOA602010S01

3. OECD DAC가 권고하는 원조 vs. 한국의 원조

OECD DAC는 인도주의적 목적에 따른 원조(즉, 원조를 가장 필요로 하는 국가에 우선 지원)을 강조한다. OECD DAC의 "인도주의–개발–평화 관계에 관한 DAC 권고안 [DAC Recommendation on the humanitarian-development-peace nexus]"은 세계의 주요 공여국에게 인도주의적 목적 기반으로 한 원조를 상대적으로 취약하고 갈등이 있는 국가에 중점적으로 지원할 것을 권고한다. 반면, 한국은 공동번영과 세계평화 달성과 같은 보편적 가치를 추구하는 동시에 국익 중심의 원조를 강조하는 경향이 있다. 한국은 2021년 "제3차 국제개발협력 종합기본계획"에 나타난 바와 같이, "협력과 연대를 통한 글로벌 가치 및 상생의 국익 실현"을 향후 5년 한국 국제개발협력의 비전으로 수립했다. 또한, 2022년 윤석열 정부의 국정 목표에 따르면, 외교 안보 관련 목표를 "국익 · 실용의 외교전략과 튼튼한 국방역량으로, 영향을 받는 국가에서 영향을 주는 글로벌 중추 국가로의 도약을 목표"로 설정했다.

통상적으로 수원국의 필요를 채우고 발전을 추구하는 ODA와 공여국의 국익이라는 개념은 상충하는 관계로 인식되고 있다. 하지만, 과연 공여국의 국익을 고려하지 않는 ODA가 있을 수 있을까? 한국뿐만 아니라 다양한 DAC 회원국들은 국제개발협력을 통한 국익 창출에 관심이 많다. 공여국의 ODA 지원 동기는 경제적 동기 요인(수출, 수입, 외국인 직접 투자 등), 외교적 동기 요인(UN 총회 투표 등), 인도주의적 동기 요인(수원국의 빈곤율, 소득수준, 취약 수준 등)이 ODA에 영향을 미치는 정도를 분석함으로써 알 수 있다. 또한, 공여국의 ODA 지원동기와 ODA 지원형태는 연관성이 있다. ODA의 형태는 크게 유상과 무상 ODA, 양자와 다자 ODA, 그리고 구속성과 비구속성 ODA로 구분된다. 유상 ODA는 상환의무가 있고, 무상 ODA는 상환의무가 없다. 유상 ODA는 사업시장에서의 대출보다 금리가 낮고 상환 기간이 길다. 양자 ODA는 공여국이 수원국에 직접 제공하는 ODA를, 다자 ODA는 세계은행이나 유엔(United Nations, UN) 기구와 같은 다자간 기구를 통해 전달하는 ODA를 의미한다. 따라서 공여국이 자국을 위한 목적을 달성하기 위해서는 다자 ODA보다는 양자 ODA가 유리할 수 있다. 또한, 앞서 언급한 바와 같이, 구속성 원조를 받은 수원국은 개발협력을 위한 상품과 서비스를 공여국 또는 제한된 국가에서만 조달받을 수 있으므로 공여국은 구속성 원조를 통해 명확한 이익을 얻을 수 있다. 따라서 공여국에 직접적인 이익을 주는 ODA 형태는 유상, 양자 그리고 구속성 ODA이다. 하지만, 공여국이 지원하는 ODA의 형태만 보고 ODA가 수원국의 빈곤 해소보다는 자국의 이익을 추구하고 있다고 판단할 수는 없다. 예를 들어, 미국의 원조는 외교의 연정선상으로 발전되어 왔으며, 제재와 전쟁을 대체하는 주요 외교 수단으로 사용되었다. 냉전체제 아래에 공산주의 확산을 막기 위해 미국은 전략적으로 수원국인 한국, 인도, 파키스탄, 베트남에 ODA를 지원했는데, 모두 무상 ODA의 형태로 지원했다. 수원국의 발전보다는 동맹국의 지지를 얻기 위한 외교적 목적으로 무상 ODA를 지원한 것이다. 이처럼 ODA 지원형태만으로 공여국의 자국 이익 추구 여부를 판단할 수는 없다. 인도주의적 목적에 따른 원조를 강조하는 OECD DAC는 공여국에게 상대적으로 취약하고 갈등이 있는 수원국을 대상으로 유상보다는 무상원조를, 양자간 보다는 다자간 원조를, 그리고 구속성보단 비구속성 원조의 비중을 늘릴 것을 권고한다. 따라서, 한국과 OECD DAC 회원국의 ODA 형태별 원조 규모를 살펴보고자 한다.

한국의 유상원조의 비율은 세계 최고 수준을 유지하는 것으로 OECD DAC 회원국은 동료평가(2012 & 2018)를 통해 최빈곤국에 대한 한국의 유상원조 비중이 여전히 높은 수준임을 지적했다(권혁주 외 2020). 무상원조가 유상원조보다 더 효과적이라는 국제적 합의는 없으나, OECD DAC 회원국은 수원국의 부담을 덜어주는 무상원조에 대한 비중이 더 크다. 2016-17년에

OECD DAC 회원국은 전체 ODA의 18.6%를 유상형태로 지원했고, 호주, 네덜란드, 노르웨이, 미국 등의 많은 공여국은 100% 무상원조를 지원했다(OECD 2018b). OECD DAC 회원국은 2019년 기준 ODA의 9%를 유상, 그리고 87.4%를 무상으로 제공했다. 반면, 한국은 같은 해 ODA의 37%를 유상, 그리고 63%를 무상으로 제공했다. 한국도 다른 OECD DAC 회원국과 같이 무상원조에 더 큰 비중을 두고는 있으나, OECD DAC 회원국과 비교하면 무상원조 비중이 매우 작다.

OECD DAC 회원국과 한국 모두 다자간보다는 양자 간 원조의 규모가 더 크다. OECD DAC 회원국은 전체 ODA의 71.8%를, 한국은 75.4%를 양자간 ODA에 지원하는바, OECD DAC 회원국과 한국의 양·다자간 지원 비중은 비슷하다. 양자원조는 다자원조에 비해 정치적 영향을 더 많이 받는다. 그리고 국제사회는 국제기구가 집행하는 다자원조가 비교적 합리적인 기준을 근거로 수원국을 선정하고 간접비 등을 절감할 수 있으므로 효율적이라 주장한다. 또한, 분절화 문제는 양자원조에서 더 빈번하고 심각하게 발생한다. 분절화는 공여국의 원조전달 경로가 지나치게 확산되어 너무 많은 국가에 너무 적은 원조를 제공하거나, 한 공여국 내 여러 기관이 일관성 없이 원조를 이행하는 현상을 의미한다(홍지영 외, 2020). ODA 시행기관이 나뉘어 있는 분절화 추진체계는 원조중복, 전달체계 혼선, 사업 부실화 등의 부작용을 발생시킨다는 지적을 받고 있다. OECD DAC 회원국과 한국 모두 다자간보다는 양자 간 원조의 규모가 더 크다.

또한 국제기구는 점차 구속성보다는 비구속성 원조를 제공할 것을 권고하고 있다. 왜일까? 구속성 원조는 개발협력을 위한 상품과 서비스를 공여국 또는 제한된 국가에서만 조달받을 수 있다. 공여국은 구속성 원조 제공을 통해 명확한 이익을 얻을 수 있지만, 이는 사업 비용을 최대 15~30%까지 증가시킨다는 연구결과가 있다(Jepma 1991, 15). 덴마크, 스웨덴, 영국과 같은 일부 OECD DAC 회원국은 구속성 원조를 완전히 폐지했다. 하지만, 2017년 기준으로 오스트리아(50%), 체코(44%), 폴란드(40%), 미국(36%) 등의 공여국은 상당 비중의 구속성 원조를 제공하고 있다(OECD 2018b). OECD DAC 회원국과 한국 모두 구속성보다 비구속성 원조를 더 많이 지원하고는 있으나, OECD DAC 회원국의 비구속성 원조 비중(82.5%)이 한국의 비구속성 원조 비중(59.4%) 보다 훨씬 크다. 이에 따라, OECD DAC 회원국은 동료평가(2012 & 2018)를 통해 한국에 전체적으로 원조를 최대한 비구속화하고 특히 최빈국 및 고채무빈국 ODA의 비구속화를 권고하였다(권혁주 외 2020).

OECD DAC가 권고하는 원조 지원형태와 한국의 원조 지원형태 중 어느 것이 옳은지 그른지를 판단할 수는 없다. 그리고 OECD DAC가 권고하는 원조 지원형태가 항상 공여국보다는 수원국에 이익이 된다고 볼 수도 없다. 이에, 원조지원형태의 적절성에 대해 운운하기 전에 어떠한 목적으로 원조를 제공하는지, 그리고 그 목적이 적절한지에 대해 먼저 논의할 필요가 있다. 국제사회가 권고하는 것처럼 상업적 · 정치 · 외교적 목적보다는 개발 · 인도주의적 목적으로 지원하는 원조가 더 바람직한 원조인가? 물론 세계의 빈곤과 불평등 해결을 위해 개발 · 인도주의적인 목적만으로 원조를 지원하는 것은 매우 이타적이고 윤리적인 행위이다. 하지만 공여국이 자국의 이익이 될 것을 기대하면서 지원하는 원조를 바람직하지 않은 원조라고 볼 수도 없다. 지속적인 원조 규모의 성장과 효과성 향상을 위해서는 원조에 대한 국민의 지지가 필요하다. 국민이 원조에 대해 긍정적으로 인식하기 위해서는 원조 지원이 자국에 어떠한 이익을 가져왔는지 이해하는 것이 도움이 된다. 다시 말해, 수원국과 공여국 모두에 이익이 되는 원조를 제공하는 것이 장기적으로는 수원국에 더 큰 규모의 효과적인 원조를 제공하는 데에도 도움이 된다는 것이다. 이처럼 개발 · 인도주의적 목적뿐만 아니라 상업적 · 정치 · 외교적 목적 모두 나름의 가치가 있는 목적이라면 국제사회가 공여국에 권고하는 지원형태를 한국이 꼭 따를 필요가 있는지에 대해 고민해 볼 필요가 있다.

[표 9-2. OECD DAC 회원국 및 한국의 ODA 규모 비교표]

(단위: 백만불, %)

구 분	OECD DAC		한국	
	원조금액	비율	원조금액	비율
양자원조	108,751.10	71.8	1,857.04	75.4
유상원조	9,812.36	9.0	686.28	37.0
무상원조	95,085.00	87.4	1,170.76	63.0
그 외	3,854.39	3.6	-	-
다자원조	42,747.01	28.2	606.14	24.6
구속성	16,131.23	17.5	1,277.91	40.6
비구속성	76,203.33	82.5	1,871.38	59.4
민간기관 및 NGO 지원	46,242.90	11.07	453.97	3.73

*출처: OECD (2022) “Development.” https://stats.oecd.org

4. OECD DAC가 선정한 수원국 vs. 한국이 선정한 수원국

아직까지 해외 원조 지원을 받아야 마땅한 국가의 특성에 대한 합의가 이루어진 적이 없다. 하지만, 국제사회는 원조를 가장 필요한 나라(countries most in need)에 더 많은 재원을 제공해야 한다고 주장한다. OECD DAC 회원국의 소득그룹별 원조(ODA 순지출) 추세에 따르면, 최근 10년간 최빈국(Least Developed Countries, LDCs)에 대한 지원은 꾸준히 증가하였고, 하위 중소득국(Lower Middle Income Countries, LMICs)에 대한 지원도 큰 비중을 차지하고 있다. 2019년 ODA 순지출액은 최빈국 282.1억 달러, 하위 중소득국 210억 달러, 상위 중소득국 83.5억 달러, 기타 저소득국 5.5억 달러를 기록했다(국무조정실 2022). 한국도 다른 DAC 회원국과 마찬가지로 최빈국과 하위중소득국에 ODA를 집중적으로 지원하고 있다. 2021년 소득그룹별 ODA 지원비율(증가액 기준)에 따르면, 한국은 최빈국들에 약 8억 달러, 하위중소득국에 약 6.9억 달러를 지원하여 전체 양자 원조 중 69.4%를 지원하고 있다(국무조정실 2021). 이 통계자료에 따르면, 한국을 포함한 OECD DAC 회원국이 가장 도움이 필요한 수원국에 가장 많은 ODA를 지원하고 있어서 국익보다는 수원국의 필요를 우선순위에 둔 것으로 보인다. 하지만, 한 가지 간과해서는 안 될 사실이 있다. OECD 방침에 따라 OECD 회원국은 상위중소득국 이상의 수원국에는 비구속성 원조 지원만 가능하고, 최빈국, 저소득국, 하위중소득국에는 구속성 원조 지원이 가능하다. 따라서 공여국은 구속성 원조 지원이 가능한 소득 수준이 비교적 낮은 수원국에 많은 원조를 지원하는 것으로 해석할 수 있다.

지역별 ODA 지원 비중 관련, DAC 회원국은 사하라 사막 이남 아프리카에 가장 많은 원조를 지원한다(OECD 2018b). 해외 원조의 최고 수혜 국가는 국제 정치에 따라 매년 다르다. 예를 들어 2016-17년에는 인도가 가장 많은 원조를 받았고, 아프가니스탄이 뒤를 이었다(OECD 2018a). 인도가 많은 원조를 받은 이유는 인구 등의 규모가 클 뿐만 아니라 원조의 필요도 또한 크기 때문이다. 또한, 이는 공여국이 원조를 통한 인도에서의 상업적 이익 창출을 기대한 결과이기도 하다. 아프가니스탄은 2001년 9.11 테러 사건 직후 미국이 아프가니스탄을 침공한 후부터 해외 원조가 급증했고, 이는 서방의 안보 이익과 연관되어 있다. 이처럼 공여국별 원조를 제공하는 목적이 다르고, 국제 정치에 따라 수원국별 원조 규모는 변한다. 한국도 다른 OECD DAC 회원국과 마찬가지로 아프리카와 아시아 지역에 가장 많은 ODA를 지원하기는 하지만,

아프리카보다 아시아 지역에 더 많은 ODA를 지원한다. 2021년 한국 ODA의 지역별 비중은 아시아 47.30%, 아프리카 24.30, 중남미 9.60% 순이었다(국무조정실 2021). 특히, 한국은 중점협력국인 베트남, 방글라데시, 미얀마, 필리핀 등 동남아시아 국가를 대상으로 한 ODA 비중이 크다. 한국은 전략적 파트너로서 성장잠재력이 높은 아세안, 남아시아 및 중앙아시아 국가들의 중요성이 확대되면서 아시아 지역의 원조 규모를 확대해 나아가고 있다.

이러한 상황 속에서 수원국 선정에 대한 근본적인 질문을 제기할 수 있다. 즉, 어느 국가가 더 원조를 받을 자격이 있는가? ODA가 가장 필요한 최빈국에 가장 많은 ODA를 지원해야 하는가? 아니면, ODA가 더 효과적으로 사용될 것으로 보이는 거버넌스 수준이 높은 국가에 집중적으로 지원해야 하는가? 일부는 거버넌스 수준이 비교적 높고 소득이 높은 국가는 금융시장에서 투자를 유치하거나 돈을 빌릴 수 있으므로 ODA가 필요하지 않다고 주장한다. 반면 일부는 국가의 거버넌스 수준과 소득이 너무 낮으면 ODA가 낭비된다고 주장한다. 후자와 같은 주장에 대해, 다른 일부는 거버넌스와 소득 수준이 낮은 국가에 대한 지원을 차단하는 것은 “원조 고아”와 같은 큰 고통을 안겨주는 것이며, 심지어 정치적 또는 경제적 붕괴로도 이어질 수 있다고 경고한다. 이들은 ODA가 경제성장으로 빠르게 전환되지 않더라도, 최빈국에 대한 많은 지원이 필요하다고 주장한다. 그렇다면 수원국의 필요와 거버넌스 수준과는 관계없이 공여국에 더 많은 이익을 주는 국가에 더 많은 ODA를 지원해야 하는가? 이처럼 ODA 지원을 받아야 마땅한 국가의 특성에 대한 합의는 아직 존재하지 않는다. 선정한 수원국의 특성에 따라 국제개발협력의 목표를 달성하는 데 장단점이 있을 뿐이다. 중요한 것은 공여국이 국제개발협력에 있어 어떠한 철학과 가치관이 있는지를 파악하고, 이에 따른 목표를 설정하고, 수원국을 선정하는 것이다.

결론

본 장은 한국의 ODA 지원 동기와 형태가 국제적 흐름에 조화하고 있는지 살펴봄과 동시에 흐름에 조화할 필요가 있는지에 대한 질문을 제기한다. 애초에 한국이 수립한 국제개발협력 비전이 OECD DAC의 비전과 부합하지 않는다면 굳이 OECD DAC가 한국에 권고하는 내용을 모두 수용할 필요가 있는지 고민해 볼 필요가 있다. 국제기구, 타 공여국 등의 외부의 의견에 흔들리지 않고 애초에 세운 계획에 따라 국제개발협력을 시행하기 위해 공여국은 먼저 고유의 국제개발협력 철학과 가치를 수립할 필요가 있다. 한국은 과연 이러한 철학과 가치를 가지고 있는가? 명확한 철학과 가치를 가지고 있다면, 한국은 다음의 질문에 쉽게 답할 수 있을 것이다. 어떠한 목적으로 원조를 제공해야 하는가? 그 목적달성을 위해 어떠한 조건을 붙일 수 있는가? 어떠한 기준으로 수원국을 선정해야 하는가? 만약 한국이 국제개발협력에 대한 명확한 철학과 가치를 갖고 있다면, 한국은 국제개발협력 비전에 맞는 원조 지원형태를 선택하고, 수원국을 선정해야 할 것이다. 이와 더불어, 다른 공여국의 원조 지원 목적과 수원국 지원 현황(수원국의 소득, 지원형태 등)을 살펴보는 것도 한국이 앞으로 국제개발협력에 있어 나아갈 방향을 정하는 데 도움이 될 것이다.

심화학습

1 OECD DAC 회원국들의 ODA 지원 목적을 공부하고, 이들의 ODA 지원형태를 살펴보자.
https://www.oecd.org/statistics/compare-your-country.htm

2 한국의 ODA 지원 목적을 공부하고, 한국의 ODA 지원형태를 살펴보자. 한국은 설정한 ODA 지원 목적에 부합하는 ODA를 제공하고 있는가? 어떻게 ODA 효과성을 개선할 수 있는가?
https://www.oecd.org/statistics/compare-your-country.htm

3 최근 한류 열풍이 확대되고 있는 가운데 한국 문화가 한국의 ODA 지원 목적달성에 어떠한 영향을 미칠 수 있을지 고민해 보자.

참고문헌

국무조정실. 2022. "DAC 회원국 지원현황".
https://www.odakorea.go.kr/ODAPage_2022/category01/L04_S01_01.jsp
(검색일: 2022.01.04.).

국무조정실. 2021. "지원실적".
https://www.odakorea.go.kr/ODAPage_2018/category02/L03_S02.jsp
(검색일: 2022.01.04.).

관계부처합동. 2021. 제3차 국제개발협력종합기본계획(2021-2025). 국제개발협력위원회.

권혁주. 김태균. 김성규. 김은주. 이수연. 2020. "새로운 국제개발협력 정책의 모색: 3차 국제개발협력기본계획 수립을 위한 제언." 『국제개발협력연구』 제12권1호,

홍지영, 정헌주, 손혁상. 2020. "한국의 원조분절화 현상에 관한 실증연구."
『한국정치학회』 54집2호,

행정안전부. 2023. "국제원조".
https://theme.archives.go.kr/next/economicDevelopment/economicAid.do?page=3&eventId=0049284255(검색일: 2022.01.05.).

ODA 정보포털. 2023. "국제개발협력의 개념과 목적". https://www.oda.go.kr/opo/odin/mainInfoPage.do?P_SCRIN_ID=OPOA602010S01(검색일: 2022.01.04.).

KDI. 2015. "한국 경제, 기적을 만들다".
https://eiec.kdi.re.kr/material/clickView.do?click_yymm=201512&cidx=2437(검색일: 2022.01.05).

Jepma, C. J. 1991. The Tying of Aid. Paris: OECD.
OECD. 2018a. "Aid at a Glance Charts." www.oecd.org/dac/stats/aid-at-a-glance.htm(검색일: 2022.12.12).

OECD. 2018b."Statistics on Resource Flows to Developing Countries".
www.oecd.org/dac/stats/statisticsonresourceflowstodevelopingcountried.htm(검색일:2022.12.12).

OECD. 2022. "Development". "https://stats.oecd.org. (검색일:2022.12.12).

Chapter **10**

문화산업과 K-컬처

10
문화산업과 K-컬처

박 현 선

개요

한국 문화산업은 서구 근대성과 자본주의 시장경제의 동력에 힘입어 빠르게 성장한 동시에 한국사회 고유의 문제들을 보여주며 독특한 문화정치를 형성해 왔다. 본 장에서는 21세기 글로벌 사회에서 중요한 지표로 작용하는 문화산업이라는 개념을 검토하고 한류와 K-컬처에 대한 비판적 시각을 제시하고자 한다. 이를 위해, 제1절에서는 현대사회에서 문화산업의 특성과 개념의 변화를 전반적으로 살펴본다. 20세기 초 자본주의적으로 대량생산된 대중문화를 의미했던 문화산업은 21세기에 들어서 다양한 형식의 예술 및 콘텐츠 상품으로 다변화되면서 포괄적인 이해를 요구한다. 제2절에서는 문화산업으로서 한류를 둘러싼 다양한 담론을 살펴보고 한국학에서 진행된 한류 연구의 변천을 살펴보고자 한다. 제3절에서는 디지털 기술의 발전과 시청각 플랫폼의 확산이 어떻게 한국문화의 세계 경쟁력에 영향을 미쳤는가를 살펴본다. 또한, 글로벌 팬덤 현상과 관련하여 한류의 팬 문화가 어떻게 수용자를 적극적 행위자로 구성하는가를 논의한다. 21세기 문화산업은 다국적 시장을 두고 각축을 벌이는 동시에 새로운 글로컬 문화가 등장할 수 있는 공간을 마련하기도 한다. 제4절에는 한국문화산업이 미래로 나아가기 위해 풀어야 할 과제를 살펴본다. 심화학습으로는, 독과점적 시장구조의 문제를 비판하고 예술창작의 생태계를 지속 가능한 것으로 만들기 위해 한국 문화산업이 어떤 노력을 기울여야 하는지 토론한다.

키워드

문화산업, 한류, K-컬처, 소프트 파워, 글로벌 팬덤, 디지털 플랫폼

1. 문화의 시대에 문화산업이란?

21세기는 '문화의 시대'라고 말할 수 있다. 장구한 문명의 흐름에서 21세기를 바라볼 때, 인류가 오늘날의 문화적 수준에 이른 것은 비교적 최근의 일이다(하라리 2015). 인간 사회가 산업혁명, 근대화, 정보화 사회로 진입한 것이 지난 수백 년의 역사라면, 컴퓨터 기술과 디지털 통신이 발달하면서 세계적인 문화 교환이 이루어진 것은 1980년대 이후 시작된 현상이다. 즉, 우리가 익숙하게 알고 있는 현재 사회의 모습과 삶의 방식이 인류 문명의 장구한 역사 속에서는 짧은 순간이라 할 수 있고 이 모습 또한 불변하는 것이 아니라 변화하는 것이다.

많은 이들이 주목하듯이, 현대사회의 패러다임은 산업 사회에서 정보화 사회로, 그리고, 문화 사회로 전개되고 있다. 왜 '문화'가 부상하는가? 흔히 우리는 전통문화유산과 예술, 문화콘텐츠와 같이 인간 창의성이 만들어낸 문화 산물(Cultural Products)로서 문화를 이해해 왔다. 그런데, 이는 협소한 개념에 불과하다. 문화연구학자인 레이먼드 윌리엄스는 문화는 '삶의 방식'(a way of living)이라고 폭넓게 정의한 바 있다(윌리암스 1983). 인간의 상상력과 경험, 이야기를 담고 있는 문화는 인간이 살아가는 방식으로서 국가, 정치, 경제, 정체성 등 모든 영역에 걸쳐 작동하고 있기 때문이다. 특히, 21세기에는 글로벌화와 통신 기술의 발전이 신속하게 진행되고 있으며 각 문화의 특성과 다양성을 존중하고 인정하는 문화적 환경이 조성되었다. 정치, 경제, 기술, 정보 분야에서 문화적 가치가 부상하면서 이제 문화는 한 사회를 형성하는 물질적, 정신적 과정을 일컫는 개념으로 확장되고 있다. 대한민국의 〈문화기본법〉 역시 '광의의 문화' 개념을 택하고 있다.

문화기본법 3조(정의) "문화"란 문화예술, 생활 양식, 공동체적 삶의 방식, 가치 체계, 전통 및 신념 등을 포함하는 사회나 사회 구성원의 고유한 정신적 · 물질적 · 지적 · 감성적 특성의 총체를 말한다.

이 장에서는 21세기 사회에서 문화의 복합적 역할을 배경으로 한국 문화산업의 의미를 살펴보고자 한다. 한국 문화산업은 서구 근대성과 자본주의 시장경제의 동력에 힘입어 빠르게 성장한 동시에 한국사회에 내재하는 고유의 문제들을 표상하며 독특한 문화정치를 형성해 왔다. 예를 들어, 최근 한류를 둘러싼 논의를 보면 글로벌 경제와 한국문화 사이의 갈등과 협상, 전유 과정이 매우 역동적으로 드러난다. 한국의 문화산업은 문화산업의 정의와 범주를 넓혀 사회의 총체적 형태로서 이해해야 한다. 더불어, 글로벌 문화산업의 문제점에 주목하기 위해 비판적 시각을 활용할 필요가 있다. 왜냐하면, 한국 문화산업은 전 세계의 대중에게 호소할 수 있는 문화생산물을 만들면서 창조적 활동을 해나가는 동시에, 글로벌 시장을 두고 각축을 벌이는 거대 미디어 및 문화 산업체들과 경쟁하기 때문이다.

먼저, 현대사회에서 문화산업의 개념과 범주를 비판이론의 관점에서 살펴보자. 문화산업이라는 용어는 프랑크푸르트학파인 호르크하이머와 아도르노가 『계몽의 변증법(The Dialectic of Enlightenment)』에서 처음 사용되었다. 여기서 문화산업은 자본주의적으로 대량생산된 대중문화(Mass Culture)를 일컫는다. 마치 공장에서 물건을 생산하듯이 예술이 상품화되고 문화가 표준화 된 방식으로 만들어지는 방식을 비판하며 이들은 다음과 같이 말했다. "오늘날 문화는 모든 것을 동일성으로 오염시키고 있다. 영화, 라디오, 잡지는 단일한 체계를 형성한다. 문화의 각가지(Branch)는 그 자체로서 서로 다를 바 없이 모든 것들이 함께 일치하고 있다"(호르크하이머와 아도르노 1972,

95) 예를 들어, 디즈니 애니메이션에서 도널드 덕이나 미키 마우스는 귀여운 캐릭터인 동시에 기존 질서에 저항해 봐야 소용이 없다는 교훈을 사람들 머릿속에 주입하는 경향이 있다. 남녀노소 누구나 좋아하는 테마파크인 디즈니랜드 역시 이들의 비판대상이었는데 여기서 '대중'(The Mass)은 겉보기에는 자유롭고 행복해 보이지만 궁극적으로는 경제적 · 사회적 장치에 갇힌 영원한 소비자일 뿐이기 때문이다. 오늘날의 관점에서 볼 때, 프랑크푸르트학파의 문화산업 개념은 대중문화를 지나치게 부정적이고 일방향적인 것으로 보는 한계가 있지만, 자본주의 생산 체제의 컨베이어 벨트 위에서 문화적이고 사회적인 것들이 상품화되고 동질화되는 것을 꿰뚫어 본다는 점에서 여전히 유효한 논의를 담고 있다.

이후 문화산업이라는 개념은 1980년대 영화, 방송, 잡지 등 전통적인 문화산업과 텔레커뮤니케이션, 컴퓨터, 디지털 기술 등 정보 · 통신 · 기술(ICT) 산업이 융합되면서 점차 확장되어 쓰이기 시작했다. 그리고, 1990년대 중반 이후로 디지털 기술과 지적 재산권이 성장하면서 문화산업에 대한 논의는 더욱 넓고 깊어졌다(진달용 2019, 87). 오늘날 일반적으로 문화산업이라는 용어는 더욱 확장되어서 유네스코나 관세 및 무역에 관한 일반협정(GATT)의 규정에 따라 사용될 때가 많다. 유네스코는 문화산업을 "문화적 함의를 내포하는 활동이나 재화, 서비스로 상업적 가치와 상관없이 당대에 특정 가치나 목적이 있다고 인식되는 것"이라고 정의한다. 활동이나 재화, 서비스는 다음과 같이 분류할 수 있다(UNESCO 2005 & 2009).

- 문화 활동(Cultural Activities): 상업적 가치와는 관계없이 문화적 표현(Cultural Expressions)을 내포하거나 전달하는 활동
- 문화 상품(Cultural Goods): 아이디어, 상징, 삶의 방식을 전달하는 문화적 재화(이들 중 일부는 저작권의 대상이 됨)

• 문화 서비스(Cultural Services): 물질적인 문화상품 그 자체가 아니라 그들의 생산과 유통을 촉진하는 산업

21세기 문화산업은 인간의 욕구를 실현하는 최종단계의 산업이 되었고 고부가가치를 만들어내는 산업으로 주목받고 있다. 이렇게 문화의 힘이 커지고 사회의 중심가치가 된 배경에는 다양한 요인이 존재한다. 문화의 힘이 커지고 사회의 중심가치가 된 배경에는 다양한 요인이 존재한다. 그중에서도 디지털 기술 변화, 글로벌 인구 이동에 따른 다양성 확산, 체험과 접속을 통한 가치 창출 현상 등이 새롭게 대두되었다. 최근 들어 경험경제(Experience Economy), 컬처노믹스(Culturenomics), 상표 가치(Brand Value)와 같은 용어들이 등장하는 것도, 과거에 문화를 하나의 대상으로 대하는 것을 지나서 이제는 모든 산업을 연결하고 '문화화'하는 방식으로 패러다임이 전환되고 있음을 잘 보여준다.

또한, 문화산업은 국가의 정체성 확립에 이바지함과 동시에 국가의 경제적, 정치적 가치를 상징한다. 소프트 파워(Soft Power)라는 용어를 주조한 조셉 나이는 이를 다음과 같이 정의한다. 소프트 파워는 "강제나 보상보다 사람의 마음을 끄는 힘으로 원하는 것을 얻는 능력이다. 이런 힘은 한 나라의 문화와 그 나라가 추구하는 정치적 목표, 제반 정책 등의 매력에서 비롯된다"(나이 2004). 전 세계에서 소프트 파워의 영향력을 보여주는 문화로 한국의 대중문화를 들지 않을 수 없다. 한국 언론과의 인터뷰에서 조셉 나이는 소프트 파워는 국가의 크기나 인구 규모와 비례하지 않는다고 말하며, 특히 한국의 소프트 파워가 전 세계에 미치는 영향력에 주목했을 뿐만 아니라 이것이 결국 북한을 변화시키는 힘이 될 것으로 기대한 바 있다[1].

1) [VOA 뉴스] "한국 '소프트 파워'…북한 변화시키는 힘" https://www.voakorea.com/a/6258680.html (Acess 2022.8.10.)

역사적으로 되돌아볼 때, 과거에 한국 정부가 문화산업을 대했던 입장은 주로 "국가 건설 또는 윤리적으로 유해한 혹은 정치적으로 위험한 외래문화의 침투를 방어하는 데 활용"(진달용 89)하는 것이었다. 예를 들어, 한국 정부는 전후 한국의 근대화 프로젝트와 경제개발, 남북 분단 상황, 민족 문화 예술의 선양 등을 위해서 영화산업을 동원하곤 했다. 1962년에 영화법이 제정 공포된 이후 수시로 이루어진 영화법 개정은 주로 정부의 정책과 이념에 맞춰 변화되었다. 이는 때로 영화예술의 민족적 · 정치적 방향을 견인했고 때로는 과도한 간섭과 검열로 문화 전반을 위축시키기도 했다.

한국이 문화산업의 가치에 더 적극적으로 주목하기 시작한 것은 1990년대 중후반 세계화가 본격화되면서이다. 1994년 국가과학기술 자문회의는 영화 〈쥬라기 공원〉(스티븐 스필버그, 1993)이 현대자동차 150만대의 수출액과 맞먹는 이윤을 창출했다고 발표했고, 이는 곧 김영삼 정부의 세계화 정책과 맞물려 문화산업에 대한 경제적 · 정책적 투자 지원으로 이어졌다. 그리고 1997년 IMF 경제위기가 한국을 강타하면서 영화 및 드라마를 위시한 문화산업은 국가 침체를 돌파할 출구로 탐색되었다. 이 때가 바로 '한류'라는 열풍이 시작된 시기이다.

2. 한류의 발전과 확산

90년대 말 아시아권 국가들을 중심으로 한국 드라마와 영화가 열풍을 일으킨 현상을 가리켰던 '한류'는 이제 K-팝 등 대중문화 콘텐츠를 중심으로 전 세계적 현상이 되어 더욱 확산하고 있다. 이 절에서는 문화산업으로서 한류를 둘러싼 다양한 담론을 살펴보고 한국학에서 한류 연구의 흐름을 이해하고자 한다. 이에 앞서, 한류의 시기적 구분과 특징을 살펴보자.

[표 10-1. 한류의 시기적 구분과 특징]

구 분	한류 1.0	한류 2.0	한류 3.0	신한류
시기	1997~ 2000년대 중반	2000년대 중반~ 2010년대 초반	2010년대 초반~ 2019년	2020년~
특징	한류의 태동 영상콘텐츠중심	한류의 확산 아이돌스타중심	한류의 세계화 세계적스타상품 등장	한류의 다양화 + 세계화 (온라인 소통)
핵심분야	드라마	대중음악	대중문화	한국문화 + 연관산업
대상국가	아시아	아시아, 중남미, 중동, 구미주, 일부 등	전 세계	전 세계 (전략적 확산)
소비자	소수 마니아	10~20대	세계시민	세계시민 (맞춤형 접근)

*출처: 『신한류 진행정책 추진계획』(2020)

[그림 10-1. 시기별 주요 작품]

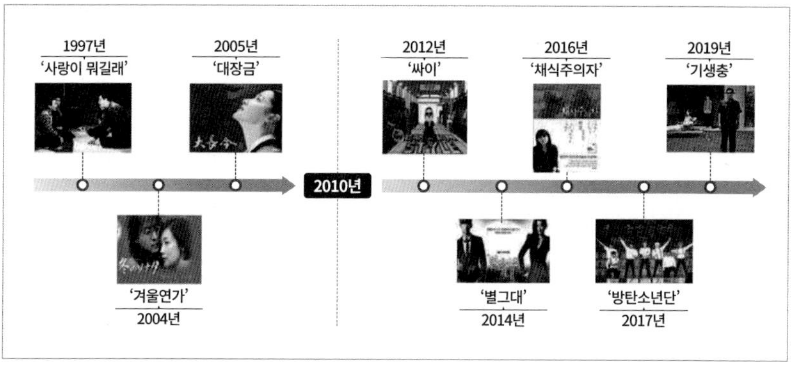

*출처: 『신한류 진행정책 추진계획』(2020)

위 표와 그림에서 보듯이 한류의 발전사는 1990년대 후반 태동기인 '한류 1.0'을 거쳐 2000년대 들어서면서 K-팝과 아이돌 스타를 중심으로 한 '한류

2.0,' 그리고 2010년 이후 "강남스타일", 방탄소년단(BTS), 〈기생충〉(봉준호, 2019), 〈오징어게임〉(황동혁, 2021) 등 세계적인 한류 문화상품이 등장하는 '한류 3.0'의 시대로 이어진다. 그리고 2020년을 기점으로 한국은 대대적으로 한류의 새로운 도약을 기획했다. 한국 정부는 한류의 지속적 확산과 긍정적 파급효과를 위해 〈신한류 진행정책 추진계획〉을 발표하고, 12개 공공기관이 참여하는 '한류 협력위원회'를 출범시켰다. 정부는 '신한류' 그리고 K-컬처[2]라는 용어를 통해서 한류의 미래 방향을 제시했다. 한국문화 전반으로 확장해 한류 콘텐츠를 발굴하고 연관 산업과의 연계를 강화하는 방향이다.

BBC는 "1990년대 K-팝은 서구-아시아의 혼종으로 간주하였으나, 이제는 수백만 달러의 산업으로 성장하여 수많은 팬덤을 이끄는 세계적 문화산업으로 성장"했다고 보도했다(2011.4.26.). 한류가 글로벌하게 인기를 누리게 된 이유는 무엇인가? 우리는 K-컬처의 세계화 현상을 어떻게 해석할 것인가? 지금까지 수많은 학자와 콘텐츠산업종사자, 문화정책 전문가가 이 같은 질문들을 던져왔다. 한류에 대한 다양한 시각을 살펴보면, 크게 4가지로 묶어서 생각해 볼 수 있다.

첫째, 한류에 대한 민족주의적 해석이 있다. 대중문화와 근대 매체가 형성되기 시작한 20세기 이래로 한국은 식민지 지배와 한국전쟁, 미국식 문화 제국주의 등을 경험했음에도 불구하고 그 위기를 극복했으며, 대중문화의 질적인 우수성이나 문화적 고유성을 세계에 증명했다. 국민 문화로서 한류는 전통의 가치를 살리고 '한'과 '흥'과 같은 고유한 정서를 발산하는 동시에 현대적 기술과 감각, 발전사회의 면모를 보여준다. 민족주의적 해석의 의미는 한국문화산업이 지닌 고유성과 독창성에 주목하고 민족적 정서에 호소한다는 데 있다.

둘째, 한류 현상을 아시아 정체성과 관련해 설명하는 방식이 있다. 아시아 국가들은 오래된 역사와 유교 전통, 가족애와 집단정체성 등을 공유하며 지리

---

2) 케이 컬처(K-culture)는 신한류의 영문 명칭이자 국제 홍보브랜드로 활용되는 용어이다.

적인 것뿐 아니라 문화적 근접성(Cultural Proximity)을 이루어 공존해왔다. 이는 한류가 서구의 외래문화가 아니라 자신과 유사한 문화를 보여주는 아시아에서 먼저 큰 인기를 얻게 된 배경이다. 이와 관련해서, 전통적 가치와 모던한 감각, 역사적 기억을 혼합한 한류의 특징에 대해 '아시아 지역 욕망의 동시성'으로 바라보는 시각도 존재한다. 한류는 한국 대중문화의 질적인 우수성이나 문화적 고유성 때문에 생겨난 것이라기보다는 급격한 산업 자본주의적 발전을 겪은 아시아 사회 내부의 보편적 갈등을 가장 세속적인 자본주의적 물적 욕망으로 포장해 내는 역량 덕분에 생긴 것이라고 보는 것이다.

셋째, 한류의 트랜스내셔널한 특징에 주목하는 시각이다. 이는 동아시아를 중심으로 드라마와 영화가 주목받던 시기를 지나 한국의 대중음악이 유럽이나 미국, 남미 등의 지역에서까지 큰 인기를 끌게 된 현상을 분석한다. 여러 나라의 다양한 음악 장르를 흡수한 하이브리드 음악 스타일과 아이돌 그룹의 국제적 멤버 구성, 그리고 글로벌 팬덤 현상이 만나면서 한류의 트랜스내셔널한 특징이 더욱 두드러졌다.

넷째, 문화산업의 성장 및 경쟁력 관점에서 한류 문화 콘텐츠의 확산이 국가 이미지와 공공외교에 영향을 미치는 것을 살펴보는 견해가 있다. 여기에는 다른 지역에서 한국문화 유입의 효과, 소프트파워를 통한 공공외교의 증진뿐만 아니라 중국과 일본의 경우처럼 역사 분쟁과 민족주의가 문화 갈등을 통해 표출되는 문제점 등도 함께 논의한다.

다음 절에서는 한류와 문화산업에 대한 또 다른 이해의 틀을 살펴보고자 한다. 이는 세계화와 문화산업의 확산 과정에 주목하여 한류를 "디지털 문화가 가져온 문화 변동의 사례"(홍석경 2013)로서 보는 관점이자 글로벌 팬덤의 현상으로 보는 관점이다.

3. 디지털 기술과 글로벌 팬덤

최근 한류 연구학자들이 지적하듯이, 한류 현상은 어느 지역에서의 개별적 수용 현상이 아니라 디지털 시대 세계를 연결하는 글로벌한 문화 현상이다. 기술발달과 함께 인터넷과 소셜 미디어, 유튜브, OTT 플랫폼이 퍼지고 전 세계적 네트워크가 형성되었다. 문화교류가 더욱 활발해지면서 대중들은 이제 콘텐츠의 리믹스(Remix)를 만들어내고 스스로 유통하는 힘까지 갖게 되었다. 이런 맥락에서, 20세기 초 대량생산된 대중문화를 의미했던 문화산업은 21세기에 들어오면서 매우 다양한 형식의 예술 및 콘텐츠 상품으로 파생되고 융합되고 있다. 수동적인 대중 역시 '생산자로서의 소비자(Prosumer)'에 대한 이해로 변화했다. 프로슈머는 수용 과정의 일부로서 2차 콘텐츠를 생산하며 새로운 리믹스를 만들어낸다.

한국은 문화와 IT가 복합된 CT(Cultural Technology, 문화기술) 분야를 발전시켰다. 문화기술은 문화콘텐츠의 기획, 생산/제작, 유통, 서비스의 모든 가치사슬 과정에 해당하는 관련 기술을 포함한다. 한국은 1980년대 세계 최초로 인터넷을 구축한 나라 중 하나이며, 1990년대부터 초고속인터넷망의 개발을 시작했다. 또한 현재는 유무선 초고속 네트워크, 온라인 게임, 검색엔진, SNS 등의 활용도 세계 1위를 차지하고 있다. IT산업과 스마트기술의 혁신에 힘입어 한국의 문화콘텐츠가 전 세계적으로 디지털 파일로 공급되면서 인터넷이 되는 곳이면 어디에서나 한류 콘텐츠를 이용할 수 있게 되었다. 이는 새로운 지역에서의 한류 팬덤을 형성하였고, 이들이 직접 문화를 체험하기 위해 한국을 방문하거나 한국에서 유학하는 흐름이 커졌다.

한류의 문화적 순환구조와 수용 방식은 과거 강대국에 의한 일방적 문화 유입과 다른 양상을 보인다. 이를 문화 확산(Cultural Diffusion)이라는 관점으로 설명할 수 있다. 문화 확산은 디지털 미디어가 문화전달의 매개자 역할을 하면서 다양한 분야의 새로운 아이디어가 수용되고 전이되며 재생산되는 현상이다. 이는 한 문화권의 요소 혹은 특징이 다른 문화권으로 확대되는 과정으로 두 문화권 간에 대등한 관계 및 상호 교류를 전제로 한다. 참고로, 문화 확산과 대조되는 설명 틀로서 문화 제국주의(Cultural Imperialism)라는 개념도 기억할 필요가 있다. 이는 미디어산업 영역의 불균등과 서구의 지배를 비판하는 관점으로, 경제적 지배-종속뿐만 아니라 종속국에서 벌어지는 정치적, 이데올로기적 가치 체계의 변화에 주목한다. 1990년대 한국 영화인들이 외국 영화 수입 개방 및 UIP(United International Pictures) 직배에 맞서 스크린쿼터 사수 투쟁을 벌였을 때, 한국영화는 미국 할리우드의 문화 제국주의에 저항한 것이었다. 마찬가지로 한류의 영향력에 대해서 문화 제국주의적 시각에서 비판하는 시각도 존재할 수 있는데, 이에 대해서는 제4절에서 좀 더 살펴보기로 한다.

한류는 글로벌 온라인 플랫폼을 활용하여 전 세계와 실시간으로 직접 소통하는 글로벌 현상일 뿐만 아니라 각 지역의 특수성과 맥락에 맞게 새롭게 변용 가능한 글로컬 문화(Global Culture)라는 점에서 문화 확산의 지속가능성이 크다. 즉, 한류 현상을 한국 중심의 문화 현상이 아니라, 외부에서 들어온 새로운 문화와 현지의 로컬 문화 사이의 관계로 바라볼 필요가 있다. 또한, 한국 문화산업의 힘은 메신저에서 수용자로 흐르는 일방향이나 정부 정책에만 의존하는 탑-다운 방식을 벗어났다는 데 있다.

여기서 문화산업을 글로벌 팬덤 현상과 연결해 살펴보자. 팬덤의 특징은 참여문화와 공동체성이다. 팬은 다양한 방식으로 자신이 좋아하는 문화에 함께 참여한다. 예를 들어, 팬은 스타나 문화상품의 의미를 새롭게 해석하고 자신의 취향대로 맥락화하거나, 자신이 읽어낸 새로운 의미를 옷차림이나 가십, 행위를 통해 타인에게 전달하고 공유한다. 이어서 팬은 문화콘텐츠를 2차 가공하여 새로운 작품을 만드는 행위에 적극적으로 참여한다. 이러한 행위는 밈이나 팬영상을 만든다거나 비공식 굿즈를 만들어 배포하는 방식을 포함한다. 팬덤 연구에 주요한 역할을 한 존 피스크는 이런 특징들을 각각 기호학적 생산성, 언술적 생산성, 텍스트 생산성으로 부르며 팬은 단순히 이용자가 아니라 다양한 생산을 적극적으로 수행한다고 보았다(피스크 1996).

한국 아이돌의 팬덤 현상은 수많은 논문과 뉴스를 생산할 정도로 독특한 관심을 끌고있다. 특히, 아이돌 팬덤은 팬의 역할이 확장되는 과정을 보여준다. 과거에는 팬덤이 팬-스타 사이의 수직적 위계관계에서 열악한 위치에 놓여 있고, 소비 집단으로 한정되거나 때로는 히스테릭한 집단으로 폄하되기도 했다. 이에 반해서, 한류 아이돌 팬덤은 아티스트와 팬 사이에 존재하던 경계를 허물어 팬이 아티스트와 직접 소통을 가능하게 하고 서로 상생하는 관계로 팬의 역할을 변화시켰다. 전 세계 100여 개국의 나라에서 찾아볼 수 있는 방탄소년단의 팬클럽 '아미'가 가장 대표적인 사례이다. 이들은 글로벌 음악 산업이 서구 중심의 팝 시장 공식에 의해 움직이는 관행을 깨고 BTS가 최고의 글로벌 아티스트로 성장하는 데 결정적인 역할을 했다. 또한 BTS 팬덤의 특징으로 사회참여를 들 수 있다. 이들은 "팬덤의 영향력을 세계를 더 나은 곳으로 만드는 데 사용하자"라는 신조를 내걸고 글로벌한 자선 활동을 펼치거나 수정주의 역사왜곡을 바로잡는 백서를 자체 발간하거나 BLM 해쉬태그(#Black Lives Matter) 운동을 확산시키는 등 대안적 담론을 촉진하는 사회참여를 보여주었다.

4. K-컬처가 풀어야 할 과제들

앞 절에서 디지털 기술의 발전과 글로벌 팬덤의 확산이 어떻게 한국문화의 세계적 영향력과 관계하는가를 살펴보았다. 글로벌 시장의 중심에 선 한국 드라마와 영화, 음악, 게임 산업의 배경에는 디지털 기술과 다국적 매체의 등장이 존재한다. 오늘날의 K-컬처는 전 지구적 규모의 시장을 두고 각축을 벌이는 동시에 새로운 글로컬 문화를 형성시킬 힘을 보여주고 있다. 그런데, 미래로 가는 과정에는 한국 문화산업이 풀어야 할 과제가 존재한다.

먼저, 디지털 기술과 글로벌 시장의 확산은 다양한 문화산업이 평화롭게 공존하는 방식이 아니다. 여기에는 독과점 문제와 수직적 경쟁 구도가 존재한다. 가장 성공적인 문화산업 중 하나인 한국영화의 예를 들어 보자. 1990년대 말부터 2000년대 중반까지 한국영화는 폭발적인 성장을 경험했다. 풍부한 자본과 관객 증가로 한국영화 점유율이 50%를 훌쩍 넘기기 시작했고, 아시아 지역에서 불기 시작한 '한류풍'(韓流風)의 근원지가 되었다. 일본 시장에서 18억 5천만 엔의 매출을 기록한 〈쉬리〉(강제규, 1999)는 한국영화 수출의 원동력이 되었고, 이후 홍콩 시장에서 〈반칙왕〉(김지운, 2000)과 〈엽기적인 그녀〉(곽재용, 2001)가, 일본에서 〈공동경비구역 JSA〉(박찬욱, 2000)가 크게 흥행하면서 국제적 성공을 입증했다. 곧 할리우드가 한국영화에 관심을 가지기 시작했다. 당시 할리우드는 주로 리메이크 판권을 사는 방식으로 한국영화의 뛰어난 스토리텔링을 유입했다. 아시아권에서는 자본과 인력의 교류가 활발해지면서 한 · 중 · 일 3국 합작 프로젝트(〈무사〉(김성수, 2001), 〈마이웨이〉(강제규, 2011)) 등과 같이 다국적 합작 프로젝트가 시도되었다. 여기에 한국영화감독이 국제적 인정을 받기 시작했다. 2000년에 〈춘향뎐〉(임권택)이 처음으로 칸영화제 경쟁 부문에 초청받은 이후, 〈올드보이〉(박찬욱, 2003), 〈기생충〉(봉준호, 2019), 그리고 최근의 〈헤어질 결심〉(박찬욱, 2022) 등을 포함해서 많은 한국영화가 유럽과 북미의 영화제와 시상식에서 엄청난 주목을 받고 있다. 2000년대 중반부터 2010년 초반까지 글로벌 금융위기와 함께 영화시장이 위축되면서 일종의 '불황기'를 경험하기도 했지만 2010년대 초반 이후 한국영화산업은 다시 회복세에 들어섰고 2015년 이후로는 둔화한 성장세에도 불구하고 안정기를 맞이했다. 극장 매출액은 세계 수준을 유지했고 유럽과 북미의 영화제와 시상식에서 한국영화감독이 국제적 주목을 받으며 한국영화의 위상을 높였다[3].

최근에는, 한국 영화산업의 명암이 교차하는 한층 복잡한 변화도 고려하지 않을 수 없다. 다시 말해, 코로나19 전염병의 전 세계적 유행과 함께 극장 시장이 위축되고 대신 디지털 플랫폼이 부상하고 있는 상황이다. 사실 디지털 시장이 본격화된 것은 2000년대 초반 인터넷을 기반으로 한 IPTV가 등장하고 온라인 VOD 스트리밍 방식이 전문화되면서이다. 1990년대 영화산업의 중심이었던 비디오 시장이 급속히 줄어들었고, 인터넷에서의 영화시장은 급격히 성장했다. 플랫폼의 진화가 한 번 더 이루어진 것은 2016년 넷플릭스가 국내 도입되면서다. 막대한 자본과 글로벌 인터넷 배급망을 갖춘 넷플릭스는 〈옥자〉(봉준호, 2017)를 비롯해 〈킹덤〉 시리즈(2019, 2020, 2021) 등의 오리지널 콘텐츠를 직접 제작하며 "한국영화 및 드라마산업의 새로운 변수로 등장했다"(김형석, 2020: 75). 이후 한국에서도 왓챠나 웨이브, 티빙과 같은 토종 플랫폼들이 생겨나기 시작했고, 바야흐로 OTT(Over the Top의 약자로 온라인 동영상 서비스)의 시대가 개막되었다. 그리고, 2019년 코로나19가 전 세계적으로 확산하면서 영화개봉의 1차 윈도(Window)였던 극장은 쇠퇴했지만 디지털 영화 시장은 2019년 472억 달러에서 2020년 682억 달러로 증가했다. 제작/배급 시스템은 직접 온라인에서 소비자/관객에게 스트리밍 하는 방식으로 변화했다. 코로나19가 유행하면서 '사회적 거리 두기'가 실행되었고, 이 여파로 제작사는 제작을 중단하거나 극장 개봉을 포기하기도 했다. 〈사냥의 시간〉(윤성현, 2020)이나 〈콜〉(이충현, 2020)과 같은 영화가 영화관에서의 개봉 일정을 연기하다가 결국 넷플릭스에서 공개되었고, 약 240억 원의 제작비를 투자한 것으로 알려진 SF 블록버스터 〈승리호〉(조성희, 2021)는 극장용 텐트

3) 박현선(2022). 〈2022년 창작자(감독) 창작환경 실태조사〉, 한국영화감독조합.

폴 영화(Tentpole Movie)임에도 불구하고 극장 개봉을 생략하고 온라인으로 바로 직행했다. 글로벌 OTT 플랫폼은 팬데믹으로 인한 영화산업계의 불황을 타개하는 좋은 방편인 동시에 해외 미디어업체와 한국영화산업 간의 불균형한 구조 및 계약 관행을 드러내는 문제를 안고 있기도 했다. 예를 들어, 넷플릭스 드라마 〈오징어 게임〉(황동혁, 2021)이 전 세계적 흥행을 이루며 엄청난 수익을 벌어들였지만, 정작 한국의 제작자와 영화인에게 돌아온 수익 배분은 전혀 공정하지 않았다.

문화산업 내 불공정은 자본의 비대칭 구조를 넘어서는 총체적 문제라는 인식이 필요하다. 문화산업에 종사하는 예술인, 작가, 스태프에 대한 노동권, 창작권, 인권 문제는 비단 어제오늘의 일이 아니다. 아이돌 문화와 K-팝의 영광 이면에는 아이돌의 노동과 인권에 대한 우려의 목소리가 크다. 아이돌은 각종 축제나 행사에 참여하기 위해 이동하는 차에서 쪽잠을 자거나, 제대로 된 식사를 못 하는 경우가 많다. 또한 상당수의 아이돌이나 연습생이 미성년자인데, 이들에게 제대로 된 학교 교육을 수행할 시간이나 여력이 보장되는가는 사회적 문제임에도 불구하고 잘 논의되지 않고 있다. 또한, 아이돌이 수행해야 하는 육체적 · 감정적 훈련에 대해서도 생각해봐야 한다(김수아 2019). 어떻게 보면, 아이돌은 감정노동을 수행하는 기획사에 고용된 문화 노동자라고 볼 수도 있다. 감정노동은 "소비자들이 우호적이고 보살핌을 받고 있다고 느끼도록 자신의 외모와 표정을 유지하고 실제 감정을 억누르거나 실제와 다른 감정을 표현하는 등 감정을 관리하는 노동"(혹실드 2009)으로 정의할 수 있다. 감정노동이라는 용어는 예전에는 비노동으로 여겨졌던 부분이 산업과 공적 영역으로 들어와 하나의 상품으로 작용하는 현상을 드러낸다. 마찬가지로, 문화산업이라는 틀이 존재하는 한 아이돌, 아티스트, 배우, 창작자는 모두 예술노동자이다.

또한, 한류 현상이 한국에 대한 긍정적인 효과를 만들고 있는 것이 사실이지만, 모든 국가가 한류의 확산을 환영하고 있는 것은 아니다. 중국에서는 한류 초기부터 한류의 상업적 동기를 꼬집거나 심지어는 이를 '문화적 침략'이라고 강도 높게 비판하는 목소리가 존재했다. 일본에서는 2002년 월드컵 공동 개최와 2003년 NHK 위성방송의 〈겨울연가〉(2002) 방영을 계기로 한류가 퍼져나갔지만, 거의 때를 같이 하여 한국에 대한 반감이 고개를 들기 시작한 것도 간과할 수 없다. '혐한'이라는 감정은 2005년 야마노 샤린의 〈만화 혐한류〉가 발간되면서 마침내 대중 현상으로 등장하였고 2007년에는 '재일 특권을 허용하지 않는 시민의 모임'(재특회)가 결성되기도 했다(조진구 2020; 김두진 2020). 반한, 한한령, 혐한과 같이 한국에 대한 부정적 반응은 대중문화 영역에 국한된 것은 아니다. 반한류 논쟁이 시작된 것은 한국과 일본, 중국 사이에 "단순히 세계화의 흐름 속에 안주하기 어려운 역사문제 혹은 역사 인식이 장벽으로 작용하고 있기" 때문이기도 하다. 고고도미사일방어체계(THADD) 문제, 동북아 역사 인식, 독도 분쟁, 일본군 위안부 및 강제 징용 배상 문제 등이 지속적인 긴장감을 만들어내고 있는 상황에서 한류의 적극적인 침투와 확산이 수용 국가의 입장에서는 '문화제국주의'의 팽창으로 해석되기도 한다(이웅현 2020, 245-246).

한류가 문화 제국주의의 한 유형인가 아닌가에 대한 논의는 사실 새로운 관점을 통해 해결해야 할 문제이다. 이는 문화가 단순히 지배문화에 의해 조작되거나 강요될 수 없기 때문이다. 문화산업의 가능성을 자율적이고 독립적인 창조 공간으로서 사고할 필요가 있다. 세계화 과정에서 한 국가의 문화가 다른 국민국가의 문화를 대체하는 것이 아니라 서로 복합적으로 상호교류하고 창조적인 혼종화를 이루어나가는 것이 가능하기 때문이다(칸클리니 2011).

결론

21세기 한국문화산업은 글로벌 문화산업의 흐름 속에서 중요한 위치를 차지하고 있다. 1990년대 말 아시아권 국가들을 중심으로 한국 드라마와 영화가 열풍을 일으킨 현상을 가리켰던 '한류'는 이제 수많은 팬덤을 이끄는 세계적 현상이 되었다. 문화산업으로서 한류와 K-컬처의 배경에는 디지털 기술과 다국적 미디어 기업의 등장이 존재한다. 이에 우리는 글로벌 시장에서의 독과점 문제와 수직적 경쟁 구도, 문화산업 내 불공정의 문제, 혐한 현상을 넘어선 문화 다양성 문제 등을 숙고할 필요가 있다. 한류의 인기가 영원한 것은 아니다. 따라서 이제는 한국 중심주의적 사고를 벗어나서, 여러 다른 지역의 문화적 경험과 함께 공존하는 새로운 시너지 효과를 만들어내며, 문화산업의 창작권과 지속가능성을 향해 나아가기 위해 K-컬처에 대한 논의가 비판적으로 확장되어야 한다.

심화학습

심화학습으로는, 독과점적 시장구조의 문제를 비판하고 예술창작의 생태계를 지속 가능한 것으로 만들기 위해 한국 문화산업이 어떤 노력을 기울여야 하는지 논한다.

1 한류의 트랜스내셔널한 보편성은 어떻게 지역적 팬덤을 형성하는가?

2 한류의 출현을 문화 제국주의의 역전으로 볼 수 있는가?

3 K-컬처에 대한 정부의 대대적 지원과 정책은 어떤 면에서 효율적인가?

4 문화산업으로서 한류는 어떻게 예술노동에 대한 인식을 변화시키고 있는가?

참고문헌

김은기·조진구·김두진·이군호·이웅현. 2020. 『한류와 역류: 문화외교의 가능성과 한계』. 한국학중앙연구원출판부.

김형석·김경욱·장병원·이도훈·이승민 외. 2020. 『21세기 한국영화: 웰메이드 영화에서 K-시네마까지』. 앨피.

네스토르 가르시아 칸클리니. 2011. 이성훈 역. 『혼종문화: 근대성 넘나들기 전략』. 그린비.

문화과학 편집위원회 편. 2019. 『한국 문화현실의 지형들』, 문화과학사.

박현선. 2022. 〈2022년 창작자(감독) 창작환경 실태조사〉, 한국감독조합.

레이몬드 윌리암스. 1983/2007. 『기나긴 혁명』. 문학동네.

아도르노·호르크하이머. 1972/2001. 『계몽의 변증법』. 문학과지성사.

윤태진·진달용 편. 2019. 『한류: 역사, 이론, 사례』. 한울아카데미.

존 피스크. 1996. 손병우 (역). 『문화, 일상, 대중: 문화에 관한 8개의 탐구』. 한나래.

Nye, Joseph S. 2004. Soft Power : the Means to Success in World Politics. New York :Public Affairs.

UNESCO 2005. The Convention on The Protection and Promotion of the Diversity of Cultural Expression.

UNESCO, 2009 UNESCO Framework for Cultural Statistics.

Chapter **11**

글로벌 한국의 안보전략

11
글로벌 한국의 안보전략

김동중

개요

이 장에서는 21세기 국제사회의 중견국으로 떠오른 한국의 주요 안보 안건과 대응 전략을 검토한다. 한국이 이룩한 경제적 성공과 문화적 영향력에도 불구하고, 한국의 대외안보환경은 상당한 위험성과 불안정성을 내포하고 있다. 특히, 한국은 미국과 중국 사이의 강대국 경쟁에 따른 국제체제의 불안정화 및 군사적 충돌 가능성 증가, 경제와 안보의 연계 문제 등 여러 어려움들에 직면하고 있다. 또한, 한국을 여전히 매우 적대하는 북한의 재래식 군사력 및 핵 위협에 한국은 노출되어 있다. 제1절에서는 중견국 한국의 출현을 소개하면서 한국의 안보문제와 그에 대한 대응을 이해하기 위한 여러 개념 및 이론적 틀과 무정부 상태로 특징되는 국제정치의 본질을 검토한다. 제2절에서는 미국과 중국을 중심으로 한 강대국 경쟁의 원인, 진행 과정, 잠재적 결과를 이해하는데 필요한 개념과 이론들을 살펴보고, 강대국 관계가 중견국 한국의 안보에 미칠 수 있는 다양한 영향들을 분석한다. 제3절에서는 한국의 안전에 직접적인 위협을 제기하고 있는 북한의 재래식 군사력과 핵무기와 관련한 개념 및 이론을 검토한다. 제4절에서는 한국의 안보전략에서 핵심 축으로써 기능해 온 한미동맹의 특징과 관련 이론들을 검토하며 동맹정치의 다양한 측면들을 이해한다. 심화학습에서는 갈등과 협력이 혼재한 미중갈등의 특징을 살펴보고 북핵문제와 관련해서 한국은 어떤 선택지를 가지고 있는지 검토한다.

키워드

국제질서변화, 강대국정치, 미중경쟁, 남북관계, 동맹정치, 핵억제

1. 중견국 한국과 국제정치의 현실

현대국제정치학의 창시자로 불리는 한스 모겐소(Hans J. Morgenthau)는 한국이 2000년이 넘는 시간 동안 주변 강대국의 이해관계와 경쟁의 추이에 따라 그 흥망성쇠가 결정되는 기구한 운명에 놓여있어 왔다고 지적했다(Morgenthau 1965, 177). 강대국들 사이에 위치 한 지리적 특성과 상대적으로 약한 국력 때문에 한국은 중국 대륙을 둘러싼 경쟁이 심화될 때 외세로 인한 침탈을 겪었다. 특히, 19세기말부터 구미 강대국들에 의한 영토 및 이권 침탈과 일본에 의한 국권 상실 경험은 약소국으로서 한국의 어려운 지정학적 위치를 확인시켜줬다. 제2차 세계대전이 종결된 후 미국과 소련의 경쟁이 심화하는 가운데 한반도는 남북한으로의 분열 및 한국전쟁이라는 비극을 경험했고, 냉전 시기의 한국은 미소 강대국 경쟁의 최전선이 되었다.

이러한 어려운 과거의 경험과 달리 21세기의 한국은 어떠한 국력 측정 기준으로 보더라도 단순히 약소국으로 볼 수 없는 나라로 부상했다. 한국은 공고한 민주주의와 생동적인 자본주의경제를 동시에 성공적으로 달성한 몇 안 되는 국가일 뿐만 아니라, 경제 규모, 기술력, 개인의 삶의 수준, 사회 안정도, 혁신능력 등 다양한 지표들을 보더라도 세계 상위권에 도달했다. 한국의 군사력 역시 세계에서 앞서 있고, 그 국방력은 한반도에 국한해서 보았을 때 어떠한 강대국이더라도 한국보다 확고한 군사적 우위를 주장하기 어려울 정도로 강력하다고 평가할 수 있다. 이러한 물질적인 국력의 측면들과 문화적 영향력, 국제기구 내에서의 위상 등을 고려하여 많은 학자와 정부 관료들은 한국을 중견국(Middle Power)으로 지칭하곤 한다. 흔히 중견국은 미국이나 중국과 같은 강대국들만큼 거대한 군사력과 경제력을 지닌 것은 아니지만 다른 대부분의 국가보다 큰 국력을 지닌 나라로, 국제질서의 형성과 유지에 있어 중요한 역할을 맡고 있으며 글로벌 이슈 해결에 적극적으로 임하는 나라를 뜻한다. 특히, 한국은 세계 경제발전, 기후변화, 개발 협력을 비롯한 지속가능발전목표(Sustainable Development Goals, SDGs)와 핵 비확산 분야에서 주도적인 역할을 할 것임을 밝히고 있다.

한국의 성장은 주목할 만하고 앞으로 한국은 국제사회에서 더 많은 역할을 할 것으로 기대할 수 있다. 그러나 안보 측면에 집중해서 보았을 때, 국제정치의 본질에는 몇 가지 변하지 않는 측면들이 있고, 이는 한국의 대외관계에 근본적인 한계와 조건을 형성한다. 첫째, 국제체제는 무정부 상태이다. 이는 국가 위에 존재하는 상위의 중앙권력이 없다는 뜻으로, 정상적으로 기능하는 국가의 행정부 내부에 존재하는 수직적 관계와 대조할 수 있다. 국내 정부 기구들이 대통령을 위시한 중앙정부의 지시에 따르는 것과 달리 무정부 상태에서 주권국가는 자국 위에 존재하는 행위자들에 의해 통치되지 않는다. 예를 들어 한국은 미국과 긴밀한 협력관계를 이어가고 있지만, 미국을 자신의 상위 권력으로 인정하지 않는다. 단, 대부분의 국제정치 학자들은 무정부 상태를 단순히 중앙권력의 부재로 바라볼 뿐 이를 항구적 혼돈상태나 갈등이 항상 존재하는 것으로 생각하지 않는다.

둘째, 국제관계에서는 국가가 가장 핵심적인 행위자이다. 여기서 국가는 주로 주권 국가를 가리키는데, 이들은 특정한 영토 영역과 관련하여 내적 주권과 외적 주권을 행사하는 정치체들이다. 내적 주권은 특정한 영역 내에서 합법적인 폭력의 행사를 독점하고, 영역 내 질서와 의사결정에 있어 권위를 지닌다는 것을 주로 의미한다. 외적 주권은 다른 국가에게 이러한 내적 주권을 인정받는 것으로 볼 수 있다. 또한, 현대 주권국가는 구체적인 정치과정, 제도, 이념을 막론하고 특정한 지역에 거주하는 사람들을 대표하는 기구로써 이들의 안전과 번영을 추구할 것임을 밝힌다. 세계화의 진전과 함께 국제기구, 비정부기구, 초국가적 네트워크 등 주권국가 이외의 행위자들이 나타났고, 국제사회에 상당한 영향력을 미치고 있지만 국제정치의 핵심적인 행위자는 여전히 주권국가로 볼 수 있다.

셋째, 국제관계에서 국가의 가장 우선적인 과제는 안보를 보장하는 것이다. 전통적인 국제정치학 접근법에서 안보란 대내외적 군사위협으로부터 영토적 일체성을 보존하고 그를 통해 특정한 지역에서 살아가는 국민의 안전을 확보하는 것을 뜻한다. 국가가 안보를 추구한다는 것은 이를 위한 물질적 조건을 만드는 것으로, 이는 군사력 확보에 집중하는 국방정책과 다른 국가들과의 협력 및 관계 조율에 중점을 두는 외교를 통해 주로 추진된다. 여기에서 주의할 것은 안보는 국가에게 가장 우선되는 과제라는 것이지 유일한 이해관계는 아니라는 점이다. 안보에 대한 강조는 안전이 확보되어야 다른 이익을 추구할 수 있다는 점에서 국가들이 이를 핵심 과제로 추구한다는 것일 뿐 정부는 안보 이외에도 다양한 목표를 추구한다.

넷째, 국가는 기본적으로 이기적인 행위자로 볼 수 있다. 이는 근본적으로 무정부적 국제체제에서 국가의 가장 핵심적인 임무인 국민의 안전 보호를 위해 정부는 자국 중심적인 행동을 취할 수밖에 없는 상황에 기인한다. 자국민의 안전을 도모하는 데 있어 타국의 이익이나 안전을 무시하거나 침해해야 할 필요가 있는 경우 책임감 있는 정부는 자국 중심적인 사고를 할 동인을 지닌다. 또한, 타국의 어려움을 해결하는 것에 동참하는 데도 자국 국민들의 안전에 미치는 영향을 먼저 고려할 수밖에 없다. 이러한 측면에서 국제관계에서 국가지도자가 따라야 하는 규범은 국내 규범과 다를 수 있다. 물론 이기적인 국가들 사이에서도 폭넓은 협력이 발생할 수 있고, 국가는 특정한 규범을 따르며 자국의 행동에 제약을 가할 수 있다. 그러나 국가 간에 존재하는 협력의 원칙과 여러 규범들이 어느 수준까지 국가들의 본질적 성향을 바꿀 수 있는지에 대해서는 논쟁이 있다.

다섯째, 국제정치는 무력 사용 가능성이 항상 존재한다는 것을 특징으로 한다. 오랜 시간 동안 국제정치는 최후의 수단(Ultima Ratio)으로 전쟁이 고려되는 영역으로 이해되었다. 국가 위의 중앙권력이 부재한 상황에서 개별 국가는 다른 국가가 군사력을 사용해 자신의 핵심 이익을 침해할 수 있다는 것을 인지하고 스스로를 보호할 준비를 한다. 또한, 역사적으로 상당수의 국가들은 군사력을 사용해 자국의 핵심 이해관계를 증진하려는 모습을 보여 왔다. 21세기에 들어서도 전쟁은 사라지지 않았고 일부 국가는 무력 사용을 통해 자국의 이익을 보호할 것임을 공개적으로 밝히고 있다. 따라서 지역에 따라 군사적 위협에 노출되어 있는 정도의 차이는 있지만, 대부분의 국가는 자국 방어를 위한 군사력을 보유하고 있고 전쟁에 대해 대비를 한다.

이러한 특징을 지닌 국제정치에서 한국은 자국의 안보를 위한 전략을 모색하고 있다. 중견국으로서 한국에 기대해 볼 수 있는 역할이 있고 국제사회 전반에 걸친 한국의 영향을 강화하는 것을 모색할 수 있지만, 안보 문제와 관련해서는 낙관적인 전망이 쉽지는 않은 현실이다. 다음 절에서는 한국이 현재 직면하고 있는 다양한 안보안건 중에서 강대국 경쟁으로 기인하는 것과 북한으로부터 제기되는 위협에 주목하겠다.

2. 강대국 경쟁과 한국

국제정치학의 중요한 이론가인 케네스 월츠(Kenneth N. Waltz)에 따르면 국제관계는 강대국의 시각에 따라 쓰인다(Waltz 1979). 강대국은 다른 국가로부터 명확하게 구분되는 강력한 군사력을 지녔고, 그에 기반해 자국의 안전을 보장하거나 자국의 이해관계를 강력하게 추진할 수 있는 역량을 지니고 있다. 또한, 대부분의 강대국은 인구, 시장규모, 자원, 기술 등의 다양한 영역에서 다른 국가들보다 확연히 우월한 역량을 지니고 있고 따라서 국제관계의 대부분의 영역에 큰 영향을 미친다. 현실주의자로 불리는 국제정치학자들은 강대국 간 권력투쟁을 국제정치의 본질로 바라보고, 강대국 간 힘의 균형 변화에 따라 국제체제의 안정성을 이해할 수 있다고 밝힌다. 또한, 국제기구, 경제적 상호의존, 민주주의 등을 강조하는 국제정치학의 자유주의적 입장에서도 강대국은 중요한 역할을 수행할 것으로 기대된다. 요컨대, 강대국의 행동과 그들 간 경쟁은 국제체제 전반에 걸친 파급효과를 지니고, 다른 많은 국가들이 대외관계를 추진하는 데 있어 외적 환경을 형성한다. 이는 한국에게도 마찬가지로, 미국과 중국이라는 강대국들이 존재하는 지역에 있는 한국은 강대국 관계의 추이에 따라 상당한 기회와 제약에 직면할 수 있다.

1990년대 초 시작된 탈냉전기 국제체제의 핵심적인 특징은 미국 중심의 단극체제(Unipolarity)의 등장과 강대국 경쟁의 실종을 들 수 있다. 강대국을 흔히 국제체제의 '극(Pole)'이라고 부르는데, 하나의 강대국이 존재하는 체제를 단극체제, 두 개의 강대국이 존재할 경우 양극체제(Bipolarity), 셋 이상의 강대국이 존재하는 상황을 다극체제(Multipolarity)라 부른다. 냉전 시기 소련과 미국은 다른 국가들과 확연히 구분되어 초강대국(Superpower)이라고 불렸고, 두 개의 초강대국이 존재하던 상황에서 하나의 초강대국만이 남게 되는 탈냉전기에는 단극체제가 등장한다. 탈냉전기 국제체제를 주도한 미국의 경우 국제제도, 민주주의, 경제협력의 세 축으로 구성된 자유주의적 세계질서의 구축과 확산을 외교정책 우선순위로 상정하고 이를 위한 구체적인 노력을 기울이는 경향을 보여왔다. 또한, 탈냉전기에는 강대국 경쟁 역시 관찰하기 어려웠다. 강대국 정치에서 심각한 갈등과 대규모의 군사적 충돌은 힘의 우위를 두고 경쟁하는 과정에서 나타나는데, 단극체제에서는 이미 '누가 가장 강력한 국가인가'에 대한 답이 나와 있기 때문이다(Wohlforth 1999).

현재 이러한 탈냉전기 국제정치체제에 큰 변화가 나타나고 있다는 지적이 이어지고 있다. 가장 큰 요인은 중국의 부상이다. 많은 학자들은 오늘날 중국이 현재와 미래의 국력 측면에서 다른 주요 국가들과 확연히 구분된다는 것을 인정하고, 미국과 동등한 경쟁국(Peer Competitor)으로 부상할 역량이 있다는 데 동의한다. 특히, 중국이 규모 측면에서 미국보다 큰 국내경제를 지니는 것을 넘어 기술적 발전 수준, 정부 및 기업 조직의 현대화, 무역의 질, 세계 생산 네트워크에서의 위치, 해외 직접투자 수혜 분야와 질, 금융 중심지로서의 위상, 경제적 혁신능력 등 경제적 효율성과 안정성 측면에서도 선진국에 다가서게 되면 미국과 중국 사이 힘의 균형에 큰 변화가 나타날 것으로 보인다. 또한, 향후 중국이 군사 측면에서도 새로운 무기체제의 개발뿐만 아니라 기존 체제와의 통합, 운용능력, 작전경험, 지휘체계의 능력과 효율성, 유기적 민군 관계 등을 확보하게 되면 군사력에서도 미국과 동등한 수준의 국가로 등장할 것임을 예측할 수 있다. 중국의 부상이 앞으로도 이어지면 탈냉전기에 형성된 미국주도 국제체제는 큰 변화를 겪거나 종결될 것으로 예상된다.

이러한 중국의 부상과 국제체제의 변화는 크게 세 부분에서 중요한 영향을 미치고 있다. 첫째, 중국의 부상이 지속될 경우 미국과 심각한 정치적 갈등이 발생하고 때로는 군사적 대치상황에 직면하게 될 것이라는 점에 있어 동의가 이루어지고 있다. 이는 중국이 다른 국가들에 비해 특별히 공격적인 성향을 지녔거나 권위주의 국가라서 뿐만이 아니라, 많은 국가는 힘을 얻게 되면 기존에 확보하지 못했던 자국의 안보와 이익을 보장받기 위해 공격적으로 움직일 동기가 생기기 때문이다. 또한 과거의 강대국 경쟁의 사례로서 미국의 경우를 보면 미국은 부상하는 국가가 자국의 안보나 이익을 침해할 수 있다고 인식하면 그 국가에게 매우 비판적인 태도를 보이거나 적대적인 정책을 취했다(Mearsheimer 2001). 따라서 미국과 중국은 각각 서로에게 적대적인 상대방을 마주할 수 있다. 로버트 저비스(Robert Jervis)를 비롯한 국제정치학자들은 강대국이 자국의 안전만을 원하더라도 '안보딜레마'로 인해 안보경쟁에 직면할 수 있음을 밝혀왔다(Jervis 1978). 안보딜레마는 국가 A와 국가 B의 관계에서 국가 A가 상대방에 대한 공격이나 현상변경이 아니라 자신의 안전만을 위해 군사력을 강화했으나, 이를 국가 B는 자신에 대한 위협으로 인식해서 군사력을 강화하여 대응하고, 이를 목격한 국가 A는 국가 B가 자신을 위협한다고 받아들여 더 큰 군비 투자를 감행하는 상황을 가리킨다. 여기에서 국가 A와 B는 실제로 원하는 것은 자국의 안전이지만, 결과적으로 군비경쟁과 안보갈등이라는 악순환에 빠질 수 있다. 이러한 안보딜레마는 미중관계에도 적용될 수 있다.

둘째, 미중 경쟁은 국제질서의 내용과 주도권을 둘러싸고 진행될 수 있다. 국제체제의 최강국과 그에 도전하는 국가 간의 경쟁은 때로는 패권경쟁이라 불린다. 강대국들은 안보 및 경제를 비롯한 국제관계의 핵심 영역에서 자신이 선호하는 방식과 내용으로 주요 행위자들의 상호작용을 관리(Govern)하고자 하는데, 패권경쟁은 이를 둘러싼 강대국 간 경쟁으로 볼 수 있다(Gilpin 1981). 오늘날 국제관계의 주요 영역에서 국가의 상호작용을 관리하는 제도와 규범이 국제제도, 민주주의, 열린 경제를 핵심으로 하는 미국의 '자유주의적 국제질서'(Liberal International Order, LIO)의 이상과 이해관계를 기반으로 하여 형성되었다는 점에서 2차 대전 이후부터 냉전기를 거쳐 미국이 패권을 장악했다고 할 수 있다(Ikenberry 2012). 중국의 부상은 이 질서에 도전을 제기하는 것이며, 미국 중심의 자유주의적 질서에 중국이 어떠한 도전을 제기하는지가 향후 강대국 경쟁의 양태를 이해하는 데 있어서 매우 중요하다.

셋째, 미중 간 강대국 경쟁은 군사 및 안보, 그리고 규범 측면을 넘어 경제 영역까지 확대되는 모습을 보인다. 경제력과 군사력은 매우 긴밀하게 연관되어 있다고 할 수 있다. 국가 간 힘의 균형의 변화는 많은 경우 중장기적 경제성장률의 차이에 따른 전반적인 국력의 변화에 기인하는 바가 크다(Gilpin 1981). 또한, 강대국 지위를 유지하기 위해서는 기술주도권의 확보가 필요하다. 오늘날 기술발전이 민간 경제영역에서 주도된다는 점을 고려할 때, 강대국 경쟁을 효과적으로 진행하기 위해서는 민간 영역과의 긴밀한 조율 역시 요구된다. 이러한 맥락에서 근래의 강대국 관계를 분석할 때 '지정학'(Geopolitics)과 함께 '지경학'(Geo-economics)을 고려할 것이 강조된다. 이 관점에 따르면 21세기의 국제관계에서는 군사 수단을 통해 주요 전략적 이익을 증진하는 것은 고위험, 고비용, 비효율적인 것으로 본다. 경제적 유인책과 압박을 통해서 원하는 전략적 결과를 더 효과적으로 얻을 수 있다고 보기 때문이다. 요컨대, 국제 경제 관계는 강대국 간 경쟁의 추이에 따라서 변화를 겪게 되는데, 이는 미중 경쟁에도 해당한다.

3. 북한의 위협

소련의 붕괴에 따른 냉전의 해체 이후에도 한반도는 '냉전의 박물관'으로 불리곤 했다. 군비감축, 이념적 갈등탈피, 화해협력 등으로 특징되는 탈냉전기의 동서 간 관계 변화와는 달리 남북한은 기존의 적대적 관계를 이어갔기 때문이다. 2000년대에 들어서도 북한은 연평해전, 연평도 포격, 천안함 폭침 등 한국을 상대로 군사적 도발을 지속했고 남북한은 군사력 현대화를 비롯한 군비경쟁을 이어가고 있다. 한국의 대(對) 북한 정책에서도 햇볕정책을 비롯한 포용정책이 여러 차례 시도되었으나 국내외적 제약 속에서 남북한 관계의 근본적인 변화는 이루어지지 않고 있다.

한반도에서는 1945년 38도선을 경계로 미국과 소련에 의해 남과 북으로의 지리적 분단이 나타난 이후 1948년 남북한에 각각 단독정부가 수립되어 정치적인 분단 역시 발생하게 되었다. 그리고 1950년 북한의 남침으로 인한 한국전쟁 발발과 휴전은 분단구조를 고착시켰고, 남북한은 군사적 대결에 들어서게 되었다. 이후 한국에 있어 북한과의 관계는 안보정책과 통일정책의 두 측면을 지니고 진행되고 있다. 북한은 한국의 생존을 위협할 수 있는 가장 큰 안보위협으로 존재하게 되었다. 그러나 다른 한편으로 원치 않은 남북 분단을 겪은 한국인은 북한을 통합의 대상으로 생각하였고, 한국 정부는 북한 국민이 한국인들과 같은 민족이자 같은 권리를 지닌 사람들임을 강조해 왔다. 일례로 1970년대 '반공'을 강조한 한국의 권위주의 정권에서도 북한과의 체제대결과 군사적 대치에서 승리할 것을 천명하는 한편으로 통일을 염두에 둔 남북대화와 협력을 시도했다. 요컨대, 한국의 대북정책은 안보문제와 통일문제가 복잡하게 얽혀있는 안건이다.

현재 한국의 안보를 심각하게 위협하는 것은 북한의 핵무기이다. 2006년 9월 9일 첫 번째 핵실험을 진행한 이후 북한은 자신의 핵능력을 강화해 왔다. 또한, 핵무기를 투발 할 수 있는 장거리 미사일의 개발에도 집중하여 2022년에는 미국 본토에 도달할 수 있는 대륙간탄도탄(Intercontinental Ballistic Missile, ICBM) 개발에도 성공한 것으로 알려졌다. 이러한 북한의 핵무장을 멈추고 나아가 핵 포기를 설득하기 위해 2003년부터 6자 회담, 2018년 싱가포르 북미 정상회담, 2019년 하노이 북미 정상회담 등이 이어졌지만, 북한은 핵무기 개발을 지속했고 핵무기의 양과 질을 늘리기 위한 노력 역시 이어가고 있다.

핵무기는 국제정치에서 중요한 변화를 가져온 기술적 변화로 인식된다(Brodie 1959). 일부 학자들은 핵무기가 '핵 혁명'(Nuclear Revolution)을 통해 국제정치를 근본적으로 변화시켰다고 본다(Jervis 1990). 국가 간 갈등은 정치적 목표 달성을 위한 과정이고, 클라우제비츠(Carl von Clausewitz)에 따르면 전쟁 역시 정치의 한 수단으로 이해할 수 있다. 그러나 핵 혁명 이후에는 핵무기로 무장한 적대국에 대항하여 군사적 승리를 거두더라도 핵 보복에 직면하게 되면 자국의 전면적인 파괴라는 너무나 큰 피해를 보게 될 것이고, 따라서 전쟁을 통해 이룰 수 있는 정치적 목표라는 것의 의미가 사라지게 된다. 즉, 핵 시대에는 전쟁에 따르는 파괴의 수준이 너무나 거대하여 정치의 수단의로써 전쟁이라는 관념이 성립되기 어렵다는 것이다. 이러한 큰 정치적 변화까지는 아니더라도, 핵무기는 거대한 '힘의 동점자'(Force Equalizer)로 불리는데 이는 핵무기의 거대한 파괴력에 기인하여 약소국이더라도 핵을 보유할 경우 강대국으로부터의 군사적 압박에 대응할 수 있다는 것이다. 따라서 북한의 핵 보유는 한반도에서의 안보경쟁과 그 구조에 있어 큰 변화가 나타날 수 있음을 뜻한다.

북한의 핵 위협에 대응하기 위해 한국은 북한이 핵을 사용하지 못하도록 억제(Deter)할 것을 강조하고 있다. 핵무기가 존재하는 국가 간 갈등에서는 핵무기가 사용되는 것을 막는 것이 무엇보다 중요하다. 다른 무기들과 달리 핵무기는 일단 사용될 경우 필연적으로 엄청난 인명피해가 발생할 것이기 때문이다. 따라서 강대국 간 핵 경쟁을 특징으로 한 미소 냉전기부터 핵 억제전략(Nuclear Deterrence Strategy)은 미국과 소련 모두에서 핵심적인 안보 안건이었다.

억제전략은 보통 상대방의 손익계산(Cost-Benefit Calculation)에 영향을 미치는 방향으로 진행된다(Schelling 1966). 이는 합리적인 행위자의 경우 얻을 수 있는 이익이 비용보다 클 때만 행동을 취할 것이라는 관점에 입각하고 있다. 이러한 맥락에서 핵 억제는 크게 상대국의 이익계산과 비용계산에 영향을 미치는 방향에서 진행될 수 있다. 위기상황 시 상대방의 핵무기를 제거함으로써 핵을 사용하여 전략적 이익을 얻지 못하도록 만드는 방법과 핵을 사용할 경우 엄청난 피해가 발생하여 얻을 수 있는 그 어떤 이익보다 비용이 많이 든다는 것을 보여주는 전략이다. 전자를 '거부에 의한 억제'(Deterrence by Denial), 후자를 '처벌에 의한 억제'(Deterrence by Punishment)라고 부른다(Morgan 1977). 적대적인 핵 국가가 자신이 이익을 얻을 가능성이 매우 낮거나 엄청난 피해에 직면할 것임을 받아들인다면 그 국가는 핵무기를 사용하는 것이 손익계산에 맞지 않음을 인식할 것이고 이 경우 핵 억제가 성공적으로 이루어질 것이다.

문제는 냉전기부터 이러한 억제전략은 적대국의 합리적 사고에 의지하는 것으로, 핵 국가 간 이른바 '공포의 균형'(Balance of Terror)에 입각하고 있다는 것이다(Wohlstetter 1959). 즉, 자신이 파괴될 가능성과 그에 대한 공포로 인해 핵 보유 국가는 매우 조심해서 행동할 수밖에 없고, 이는 냉전의 경우 강대국 간 직접적인 전쟁과 핵 사용을 막는 계기가 될 수 있었지만, 국민은 항상 핵으로 인한 파괴라는 공포에 노출된 것이다. 또한, 의도되지 않은 핵무기 사용이나 제한된 무력충돌이 핵무기를 사용하는 충돌로 확전 되는 상황 역시 우려할 수 있다. 따라서 국가들은 핵무기의 확산을 막을 요인을 지니고 있다. 한국도 핵 억제를 넘어 북한의 핵 능력 강화를 막아야 하는 강력한 요인을 가지고 있다.

4. 한미동맹

한미동맹이 한국 안보의 핵심축이라는 점에는 광범위한 동의가 이루어지고 있다. 1953년 10월 1일 조인된 한미상호방위조약은 한국과 미국을 공고한 조약동맹(Treaty Alliance)으로 묶어놓았고, 한미동맹은 한국의 안보를 지키는 단순한 수단을 넘어 제도적 틀로 자리 잡았다. 즉, 한국은 안보전략의 구상과 실천에 있어 한미동맹을 핵심에 두고 있고, 이러한 경향성은 가까운 미래에도 크게 변하지 않을 것이다. 강대국 경쟁과 북한으로부터 위협이라는 핵심 안보과제를 다루는 데도 한국 정부는 한미동맹을 중심에 두고 사고할 것으로 보인다.

국제관계에서 동맹은 다양한 지역에서 인류 역사에 걸쳐 존재해 온 것으로 학자들은 흔히 이를 국가들이 공동의 적에 맞서 자신들의 힘을 합치는 것으로 정의한다. 국제체제가 무정부 상태이더라도 개별 국가들은 혼자서는 대응하기 어려운 적대국에 직면했을 때 일시적이나마 협력을 할 수 있다는 것이다. 국가들은 적대국에 대응하는 데 있어 자국의 자원을 동원하는 내적 균형(Internal Balancing)과 다른 국가와 협력하는 외적 균형(External Balancing)을 추구할 수 있는데, 동맹은 이 중 외적 균형이 실현될 때 나타난다. 어떤 상황에서 동맹이 발생하는지는 학자에 따라 관점 차이가 있다. 많은 학자는 혼자서는 대응하기 어려운 거대한 물질적 힘을 가진 국가가 나타났을 때 주변국들이 동맹을 형성한다고 본다. 반면 스티븐 월트(Stephen M. Walt)를 비롯한 동맹 연구자들은 힘의 격차뿐만 아니라 지리적 거리, 공격능력, 적대적 의도 등을 고려하여 가장 위협적인 국가를 대상으로 동맹이 형성된다고 주장한다(Walt 1987). 또한, 동맹은 그 구성원의 숫자에 따라 양자동맹과 다자동맹으로, 형성되는 시기가 전쟁 중인지에 아닌지에 따라 전시동맹 혹은 평시동맹으로, 공식적인 동맹조약 유무에 따라 공식적 동맹 혹은 비공식적 동맹으로 구분할 수 있다.

제2차 세계대전 이후 형성된 미국 주도의 동맹은 흔히 비대칭적 동맹(Asymmetric Alliance)으로 불리고, 지역마다 다른 형태로 존속됐다. 미국이 주도하는 동맹은 비대칭적이다. 왜냐하면 미국이 동맹국들에 제공할 수 있는 지원의 질과 양 및 안보상 이익이 동맹국이 미국에 줄 수 있는 부분들에 비해 현저히 크기 때문이다. 많은 경우 미국은 동맹국의 안전을 보장할 수 있는 안보 보장자(Security Guarantor)인 반면에 그 반대의 경우는 성립하지 않는다. 따라서 미국 주도의 동맹에서는 미국과 다른 국가 간 관계가 수평적이지 않을 수 있다. 한편, 유럽 지역에서 미국은 소련에 대항한 다자동맹인 북대서양조약기구(North Atlantic Treaty Organization, NATO)를 출범시킨 반면 동아시아에서는 한미동맹이나 한일동맹 같은 양자동맹을 조인했다. 미국은 동아시아에서도 1954년 체결된 동남아시아조약(Southeast Asia Treaty)

과 같은 다자동맹을 형성하려 노력했지만, NATO와 같은 다자안보공동체를 형성하는 것에는 성공하지 못했다.

오늘날 한미동맹은 한국이 외부의 안보위험, 특히 북한의 위협에 대응하는 데 있어 중심적인 역할을 수행하고 있다. 아직 한국의 전시작전권은 미국에 있고 미국은 2만 명이 넘는 병력을 한국에 주둔시키고 있으며 북한으로부터의 대규모 군사적 위협을 억제하고 대응하는 것에는 한미연합군이 그 핵심에 있다. 한미동맹은 북한으로부터 재래식 군사위협뿐만이 아니라 핵 위협을 대응하는데도 매우 중요하다. 흔히 미국은 한국에 확장억제(Extended Deterrence) 혹은 '핵우산'(Nuclear Umbrella)을 제공해 준다고 표현된다. 핵 억제는 자국에 대한 타국의 핵 공격을 막는 것뿐만 아니라 자신의 비핵무장 동맹국에 대한 핵 공격을 억제하는 방향으로도 이루어질 수 있다. 냉전기부터 전자의 경우를 제1형 억제(Type 1 Deterrence)로, 후자를 제2형 억제(Type 2 Deterrence) 혹은 확장억제로 불렀다. 한반도에서는 미국이 비핵무장 동맹국인 한국에 대한 북한의 핵 공격을 억제하는 역할을 하고 있다.

물론 동맹 간 관계가 항상 조화롭게 이어지는 것은 아니다. 동맹국들은 서로 다른 이해관계를 가질 수 있고 외부의 위협에 대응하는 구체적인 방식에도 동의하지 않을 수 있다. 동맹 간 관계에서 선택의 어려움을 글렌 스나이더(Glenn H. Snyder)는 동맹안보 딜레마(Alliance Security Dilemma)라는 틀로 구체화했다(Snyder 1997). 여기에는 크게 두 가지 고려사항이 있다. 먼저, 동맹국이 적극적으로 특정 국가에 대응하려 하는데 자신은 그 국가로부터 큰 위협을 느끼지 않고 따라서 행동을 취하고 싶지 않을 때 동맹 관계를 위해 어쩔 수 없이 참여해야 하는 연루(Entrapment) 상황이 발생할 수 있다. 반면, 동맹국이 다른 국가에 적극적인 대응을 취할 때 지지하지 않으면 지지의 부재로 인한 동맹 간 신뢰 감소와 그에 따른 자신과의 군사적 관계가 약화할 것을 우려해야 하는 방기(Abandonment) 위험이 있다. 동맹안보 딜레마에 따르면 한 국가가 자신의 동맹국이 경쟁국에 취하는 행동과 관련하여 어떠한 선택을 하더라도 이러한 연루와 방기의 위험 중 하나가 나타날 수 있다. 예를 들어 제3국에 대한 동맹국의 군사적 행동을 지지할 경우 방기 위험은 회피하나 연루의 위험이 있고, 반대로 동맹국의 행동을 지지하지 않으면 연루 위험은 피할 수 있으나 방기 위험에 직면하게 된다는 것이다. 이러한 동맹안보 딜레마는 한미동맹에서도 나타날 수 있다.

결론

한국은 세계 어느 나라보다 어려운 대외안보환경에 노출되어 있다. 먼저, 강대국과의 관계에 있어 한국은 어려운 상황에 직면해 있다. 미국과 중국이 다양한 영역에서 경쟁을 이어가는 가운데 다른 나라들은 두 강대국 중 하나의 입장을 지지할 것을 요구받을 수 있다. 한국은 미국과 긴밀한 군사적 관계를 이어가고 있지만, 세계 경제의 블록화보다는 열린 경제에서 이익을 얻을 수 있고, 중국과도 깊은 경제적 관계를 이어가고 있다. 그리고 이러한 한국의 대외관계 조건은 쉽게 변하지 않을 것이다. 이러한 상황에서 한국은 강대국 경쟁과 관련하여 어떠한 입장을 가져야 할 것인지를 고민하고 있다. 또한, 한국에게 북한은 같은 민족으로 구성된 통일의 대상인 한편으로 안보위협을 제기하는 적대적 행위자이다. 특히, 북한의 핵 보유는 큰 안보위협을 제기하고 있고 한국 정부는 북한 핵 문제와 관련하여 계속해서 어려운 선택을 내려야 할 상황에 있다. 이러한 한국의 핵심 안보안건들은 어려운 정책적 선택을 강요하고 있으나 아무도 명확한 정답을 제시할 수는 없는 상황이다. 불확실성이 가득한 한국의 안보환경에서 다양한 시각을 고려하고 새로운 해석을 추구할 필요가 있다.

1 오늘날은 미국과 중국이라는 두 강대국이 경쟁하는 시대이다. 그러나 미중 경쟁은 미소 냉전과 같은 단순한 전면적인 갈등으로 나타나고 있지 않다. 미국과 중국은 심각한 군사 및 정치적 갈등을 겪고 있으나 [그림 11-1]에서 확인할 수 있듯이 동시에 거대한 규모의 무역 및 기타 경제관계를 이어가고 있다. 또한, 두 강대국 모두 기후변화와 같은 인류생존에 대한 위협에 대응하는 데 있어 협력이 필요하다는 것을 인식하고 있다. 갈등과 협력의 혼재를 특징으로 하는 미국과 중국의 경쟁 양상은 어떻게 전개될 것인가?

[그림 11-1. 미중 간 연간 무역 추이] 단위: 백만 달러

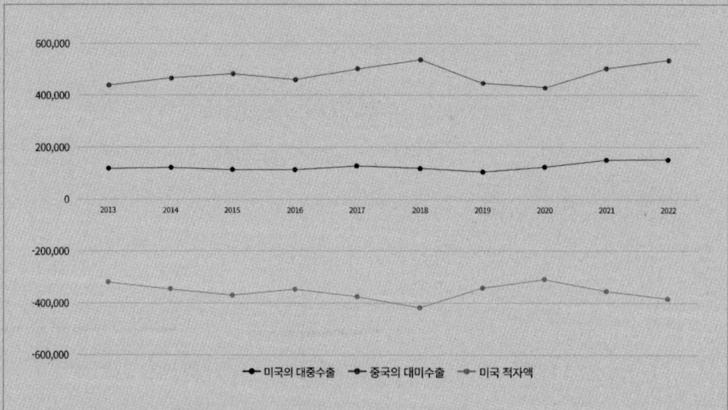

*출처: US Census

2 북한의 핵무기는 오늘날 한반도에 가장 큰 위협을 제기하는 요소 중 하나임이 명확하다. 한국 정부는 정권을 막론하고 북한의 핵 포기를 추구해 왔고 그 노력들은 [표 11-1]과 같이 요약해 볼 수 있다. 이러한 한국의 북한 비핵화 노력은 주변국의 지지를 받아 왔다. 한국은 북핵 문제를 풀어가기 위해 앞으로 어떤 노력을 할 수 있을 것인가?

[표 11-1. 북핵 관련 대응방안 예시]

	핵심내용	단점
보상	• 핵을 포기하는 대가로 경제적 지원 제공(예: 제네바합의, 6자 회담)	• 기존 합의들은 모두 북한의 비핵화에 실패
경제제재	• 핵무기를 보유 및 강화하는 비용을 증대(예: UN, 한미일 제재)	• 효과 불명확(북한은 핵무기를 경제제재 하에서 개발 및 정교화) • 북한 지도부의 핵 관련 결정에 영향을 미치는지 미지수이나 북한 일반인들에게 피해
군사적 공격	• 북한의 핵시설 및 핵무기를 파괴하기 위한 공격 수행	• 모든 핵무기 및 시설을 파괴할 수 있을지 불명확 • 한반도에서 전면전 발생과 대규모 인명피해 발생
북한정권 붕괴	• 북한의 정권교체를 압박하거나 유도하고 새 지도부와 협상	• 북한이 내부적으로 붕괴할 것이라는 근거 부족 • 북한의 새 정부가 핵을 포기할 것이라는 근거 부족
중국 압박	• 북한의 동맹국인 중국을 압박하여 북한의 핵포기를 종용	• 중국이 북한에 충분한 영향력을 지녔는지가 불확실 • 중국의 압박을 생존위협으로 인식, 북한이 핵에 더 집중하게 만들 수 있음
인정	• 북한의 핵보유국으로서 지위를 인정하고 정상적인 외교 및 경제적 관계 구축	• 핵확산을 촉진 • 주변국의 정치적 반대 극명

억제전략	• 북핵 관련한 좋은 선택이 없음을 인정하고 유리한 상황이 나타날 때까지 핵억제 전략에 집중, 북한의 핵사용을 막음	• 북한의 억제가능성 의심 • '공포의 균형'에 따른 불안감 지속

3 강대국들에 비교하면 한국은 상대적으로 약한 국가이나 국제체제 전체에 있어서는 대부분의 다른 국가들보다 더 큰 국력을 지닌 중견국이다. 이러한 중견국 지위에 맞게 한국이 할 수 있는 역할은 어떠한 것이 있을까?

참고문헌

Brodie, Bernard. 1959. *Strategy in the Missile Age.* Santa Monica: RAND.

Gaddis, John Lewis. 2005. *Strategies of Containment.* New York: Oxford University Press.

Gilpin, Robert. 1981. *War and Change in World Politics.* New York: Cambridge University Press.

Ikenberry, G. John. 2012. *Liberal Leviathan: The Origins, Crisis, and Transformation of the American World Order.* Princeton: Princeton University Press.

Jervis, Robert. 1978. "Cooperation under the Security Dilemma." *World Politics* 30(2): 167-214.

_________. 1990. *The Meaning of the Nuclear Revolution.* Ithaca: Cornell University Press.

Mearsheimer, John J. 2001. *The Tragedy of Great Power Politics.* New York: Norton.

Morgan, Patrick M. 1977. *Deterrence: A Conceptual Analysis.* Beverly Hills, CA: Sage Publications.

Morgenthau, Hans J. 1965. *Politics among Nations,* 3rd Edition. New York: Alfred A. Knopf.

Schelling, Thomas C. 1966. *Arms and Influence.* New Haven: Yale University Press.

Snyder, Glenn. H. 1997. *Alliance Politics.* Ithaca: Cornell University Press.

Walt, Stephen M. 1987. *The Origins of Alliances.* Ithaca: Cornell University Press.

Waltz, Kenneth N. 1979. *Theory of International Politics.* New York: McGraw-Hill.

Wohlforth, William C. 1999. "The Stability of a Unipolar Order." *International Security* 24(1): 5-41.

Wohlstetter, Albert. 1959. "The Delicate Balance of Terror." *Foreign Affairs* 37(2): 211-234.

Chapter **12**

글로벌시대의 인권과 한국

1. 인권의 이해
2. 인권의 발전 과정
3. 대한민국의 인권

12

글로벌시대의 인권과 한국

서 창 록

개요

본 장에서는 대한민국 헌법 제10조를 중심으로 인권의 기본개념과 특성을 알아보고 인권 역사의 흐름과 대한민국 인권의 발전 과정을 살펴보는 것을 목적으로 한다. 제1절에서는 인권의 개념 정립 과정을 살펴본다. 인권은 우리에게 그냥 주어진 것이 아니라, 인류의 역사 속에서 끊임없는 투쟁과 수많은 희생 끝에 정립되고 확장된 개념이다. 따라서 구체적인 인권의 내용과 범주는 사회적 · 시대적 · 역사적 상황에 따라 조금씩 다를 수 있지만, 근본적으로는 모두 보편적이고 불가분 하고 상호 의존적이며 상호연관성을 특징으로 하는 천부적 권리로서의 인권 개념에 기반을 두고 있다. 제2절에서는 세계인권선언의 협약 과정 및 인권 관련 국제기구 활동을 법적 구속력이 있는 규약의 성립과정을 통해 고찰함으로써 인권의 발전 과정을 알아본다. 제3절에서는 대한민국의 인권사를 살펴보며 한국 사회가 인권 감수성을 어떻게 만들어가고 있는지를 배우고 한국 인권외교가 앞으로 나아가야 할 방향을 제시한다. 심화학습에서는 국제사회가 최근 경험하고 있는 전염병, 신기술의 발전, 이주민 인구 증가 현상이 인권 보호에 어떤 영향을 끼치고 있는지를 논한다.

키워드

인권, 유엔, 국제인권규약, 세계인권선언, 민주주의, 사회권, 자유권, 평등권

> "인권은 인간의 존재와 공존의 기본입니다. 인권은 보편적이며 불가분의 관계이며 상호 의존적입니다. 그리고 유엔의 평화와 발전이라는 국제 사명에서 달성하고자 하는 모든 것의 핵심에 놓여 있습니다."
>
> – 코피 아난, 전 유엔사무총장

1. 인권의 이해

가. 인권의 개념

인권(人權 : Human Rights)은 우리가 인간이기 때문에 갖는 권리이다. 인권의 원천은 인간의 존엄성(Dignity)이다. 인간으로 태어났다는 사실 이외에 다른 조건이나 능력은 불필요하다. 인권은 인간이 태어날 때부터 주어지는 자연적인 권리라 자연권(自然權) 혹은 천부인권(天賦人權)이라고도 불린다. 이러한 보편적 권리는 국적, 성별, 연령 또는 민족, 피부색, 종교, 언어 또는 기타 상태와 관계없이 우리 모두에게 주어진다. 가장 기본적인 권리인 생명권부터 식량권, 교육권, 노동권, 건강권과 같이 삶을 살 가치가 있게 만드는 권리에 이르기까지 다양하다.

인권은 '모든 사람은 자유롭고 평등하다'라는 명제를 기초로 구성되며 특정 개인이나 집단을 부정하거나 차별하는 논리와 행동에 맞서 온 생각과 실천의 산물이다.

인권은 보는 관점에 따라 법적, 정치적, 도덕적 차원의 다양한 정의가 가능하다. 인간의 존엄성을 보장하는 최소한의 법적 조건, 민주주의 실현을 위한 정치 투쟁의 도구, 도덕 · 정치 · 법으로 구성되어 역사적으로 발전 진화하는 개념 등으로 설명하기도 한다. 그러나 가장 기본적인 정의는 '인간이 인간답게 살기 위해 정당하고 필수적인 것을 요구할 수 있는 자격'이라고 할 수 있다.

나. 인권의 특성

1) 보편성과 양도 불가능성

인권의 보편성(Universality)은 국제인권법의 초석으로 모두가 인권에 대해 동등한 권리가 있음을 의미한다. 세계 인권 선언(Universal Declaration of Human Rights, UDHR)에서 처음 강조된 이 원칙은 수많은 국제 인권 협약, 선언 및 결의안에서 반복되어 강조되고 있다. 또한 인권은 양도할 수 없다(Inalienable). 특정 상황 및 적법 절차에 따른 경우를 제외하고는 인권을 인간으로부터 빼앗아 갈 수 없다. 예를 들어 법원에서 범죄로 유죄 판결을 받은 경우 자유에 대한 권리가 제한될 수는 있으나 기본적으로 인권은 한 사람으로부터 빼앗아 갈 수 있는 권리가 아니다.

2) 불가분성과 상호의존성

모든 인권은 불가분(Indivisible)하고 상호 의존적(Interdependent)이다. 이는 특정한 권리를 다른 권리 없이 완전히 누릴 수 없음을 의미한다. 예를 들어 시민적 및 정치적 권리를 발전시키면 경제적, 사회적 및 문화적 권리를 행사하기가 더 쉬워진다. 마찬가지로 경제적, 사회적 및 문화적 권리를 침해하는 것은 다른 많은 권리에 부정적인 영향을 미칠 수 있다.

3) 평등성과 비차별성

세계인권선언 제1조는 "모든 인간은 태어날 때부터 자유롭고 존엄성과 권리에 있어 평등(equal)하다"라고 명시하고 있다. 제2조에 명시된 "차별로부터의 자유"는 이러한 평등을 보장하는 것이다. 비차별성(Non-discrimination)은 모든 국제인권법에 적용되며, 모든 주요 인권 조약에 포함되어 있다.

2. 인권의 발전 과정

> "세계인권선언의 힘은 세상을 바꾸는 아이디어의 힘입니다. 모든 사람이 자유, 평등 및 존엄성을 얻을 수 있도록 계속 노력할 수 있도록 영감을 줍니다."
>
> – 자이드 라드 알 후세인, 유엔인권최고대표사무소 전 대표

가. 세계인권선언

1948년 유엔 총회에서 채택된 세계인권선언(Universal Declaration of Human Rights, UDHR)은 보편적으로 보호되어야 할 기본 인권을 규정한 최초의 법적 문서다. 2차 세계대전 중 "인류의 양심에 공분을 일으키는 [···] 야만적인 행위"가 자행된 것에 대응하기 위해서 시작되었다. 세계인권선언의 채택은 자유와 정의, 평화의 근간이 인권임을 인정한 것이다. 1945년 만들어진 유엔 헌장(UN Charter)은 "인간의 존엄 및 가치, 남녀 및 대소 각국의 평등권"을 강조하며, 회원국들의 일반적 의무 가운데 하나로 인권을 존중할 의무를 규정하고 있다. 그러나 국제적으로 인권을 보호하기 위해서는 국가 관할권을 초월하는 인권 정의가 필요했고, 국제사회는 인류 공통의 인권 기준의 필요성을 통감하게 되었다. 유엔은 엘레노어 루즈벨트(Eleanor Roosevelt,

1884~1962)를 위원장으로 하여 세계 각국의 위원들로 인권위원회를 구성하고 1948년 12월 10일 유엔 총회에서 '다 함께 달성해야 할 하나의 공통기준'으로서 세계인권선언을 채택했다. 세계인권선언은 모든 국제인권법의 근간이 되고 있으며 선언 내 30개 조항은 인권 협약, 조약 및 기타 법적 장치의 원칙과 구성 요소를 제공한다. 세계인권선언문은 548개의 언어로 번역되었으며 세계에서 가장 많이 번역된 문서로 기네스북 기록을 세우기도 했다.

세계인권선언은 어설픈 철학으로 만든 문서에 지나지 않는다고 폄하되기도 한다. 법적 의무까지 발생하는 것은 아니므로 실효성에 의문을 제기하는 사람들도 많다. 그러나 법률적으로나 정치적으로 상당한 영향력을 가지고 있음은 분명하다. 세계인권선언은 두 번의 참혹한 전쟁을 겪은 인류가 실수를 되풀이하지 않고 세계의 평화를 지키기 위한 노력으로, 국민과 국가가 함께 달성해야 할 '공통의 기준'을 제시하고 인권의 세계화와 제도화를 이루어낸 역사적인 문서라는 사실은 부정할 수 없다.

[그림 12-1. 세계인권선언문을 들고 있는 엘레노어 루즈벨트]

*출처: "Eleanor Roosevelt holding poster of the Universal Declaration of Human Rights" by UN Photo (https://dam.media.un.org/)

[표 12-1. 세계인권선언 주요 내용]

전문	인권 고유의 존엄성 및 평등하고 양도할 수 없는 권리를 인정하는 것이 세계의 자유, 정의, 평화의 기초이다. 사람들이 폭정과 억압에 대항하는 마지막 수단으로써 반란에 호소하도록 강요받지 않으려면, 법의 지배에 의한 인권 보호가 필요하다.
제1조~제2조 인권에 대한 보편적 규정	존엄성과 권리의 평등, 천부적 자유
제3조~제21조 시민적·정치적 권리 규정	생명권, 신체의 자유와 안전, 공정한 재판, 언론의 자유, 이전의 자유, 사생활·명예·신용에 대한 권리, 노예·고문·자의적인 체포로부터의 자유, 국적권, 성인남녀의 혼인권, 재산소유권, 사상·양심·종교·집회 결사의 권리, 참정권 등을 명시하고 있다.
제22조~제27조 경제적·사회적·문화적 권리 규정	사회보장 수혜, 근로의 권리, 직업선택, 정당한 보수, 노조가입, 휴식과 여가, 모자보호, 교육, 자신의 존엄과 자유, 개인적인 발전에 '불가결한' 경제·사회·문화적 권리 등을 명시하고 있다.
제28조~제30조 권리 및 자유실현의 전제 규정	본 선언 내 권리·자유 실현 관련 사회적·국제적인 질서에 대한 권리, 공동체에 대한 의무, 타인의 권리와 자유에 대한 존중 등을 명시하고 있다.

*출처: 대한민국 외교부.

나. 국제권리장전

기본적이고 보편적인 국제인권법으로 마련된 〈시민적 및 정치적 권리에 관한 국제규약〉 (또는 '자유권 규약')과 〈경제적, 사회적 및 문화적 권리에 관한 국제규약〉 (또는 '사회권 규약)이 1966년에 채택되고 1976년에 발효되었다. 도덕적 구속력만을 가진 세계인권선언은 법적 구속력을 가진 이 두 규약과 함께 국제권리장전(International Bill of Rights)을 구성한다. 〈경제적, 사회적 및 문화적 권리에 관한 국제규약〉은 교육, 식생활, 주거, 건강과 보건 분야의 인권 및 일자리를 가질 권리와 인간다운 조건 속에서 노동을 할 수 있는 권리도 포함한다. 〈시민적 및 정치적 권리에 관한 국제규약〉은 생명, 자유, 공정한 재판, 이동의 자유, 사상 및 양심의 자유, 평화적 집회에 대한 자유, 가족을 만들 권리, 사생활 보호 등에 대한 권리를 보장한다. 또한, 노예 제도, 고문, 잔인하거나 비인간적이거나 인간 품위를 훼손하는 처우 및 형벌, 차별, 자의적인 체포, 채무를 이유로 한 감금 등도 금지한다.

다. 국가보장의무

위에서 설명한 국제규약에 가입한 국가는 경제적, 사회적 및 문화적 권리와 시민적, 정치적 권리를 존중, 보호 및 이행할 의무가 있다. 사회권과 자유권에 공통으로 수반되는 국가의 인권보장 및 이행 의무의 일반적인 틀은 다음과 같다.

[표 12-2. 국가보장의무]

존중(Respect) 의무	보호(Protect) 의무	충족(Fulfil) 의무
개인의 권리와 자유의 향유에 있어 국가가 부당하게 개입 또는 간섭하지 않을 의무	제3자에 의해 개인의 권리와 자유가 침해되지 않도록 국가가 보호해야 할 의무	개인의 권리와 자유가 촉진될 수 있는 조건들을 적극적으로 조성, 제공해야 할 의무

*출처: 조효제, 「인권의 문법」, 후마니타스, 2007.

라. 자유권

1966년 채택된 〈자유권 규약〉은 사회권과 함께 인간이 존엄한 삶을 영위하는데 필수적인 인권이다. 자유권은 크게 '시민적 권리'와 '정치적 권리'로 구성되며 자유권의 자유와 형식적(법적) 평등을 토대로 한 '제1세대 권리'(사회권은 '제2세대')라고 불리기도 한다. 시민적 권리는 국가나 타인의 간섭으로부터 보호하기 위한 권리이며 정치적 권리는 국가의 업무에 참여하고 통제할 권리다. 〈시민적 및 정치적 권리에 관한 국제규약〉과 세계인권선언 제3조~제21조에서는 자유권을 포괄적으로 규정하고 있다. 생명, 신체의 자유, 이동의 자유, 공정한 재판, 사상 양심 표현의 자유, 집회 결사의 자유, 사생활 보호, 정치에 참여할 권리, 소수자의 보호 등에 대한 권리보장을 요구하며 노예화, 고문, 잔인하거나 비인간적이거나 인간의 품위를 훼손하는 처우 및 형벌, 차별, 체포 등을 금지하는 등의 권리가 자유권 규약에 속해있다.

마. 사회권

1966년 유엔 인권위원회가 〈경제적, 사회적 및 문화적 권리에 관한 국제규약〉, 즉 〈사회권 규약〉을 제정하였다. 사회권은 평등을 기초로 한 권리이다. 자유권이 국가의 통치와 간섭에 대항하여 개인의 자유를 보장하기 위한 권리라면, 사회권은 사회적 평등을 기초로 모든 사람이 자신이 속한 국가, 사회, 공동체에 대해 자신이 인간다운 생활을 할 수 있도록 해 달라고 요구하는 권리로 볼 수 있다. 사회권은 '~에 대한 권리' 또는 '~할 자유'로, 훨씬 더 적극적인 국가의 개입을 요구한다. 사회권은 자유권을 대체하는 개념이 아니다. 앞서 인권의 특성에서 살펴보았듯이 두 가지 권리는 '인권'이란 하나의 개념 안에서 나눌 수 없는 원리를 지니며. 상호의존적인 성격을 띤다. 〈경제적, 사회적 및 문화적 권리에 관한 국제규약〉과 〈세계인권선언〉의 22조~27조에서 경제적, 사회적 및 문화적 권리를 포괄적으로 규정하고 있다.

바. 연대권

제1세대 인권(자유권)과 제2세대 인권(사회권)이 인권의 진화를 이해하기 위해 개인 중심의 접근 방식을 수용했지만, 제3세대 인권인 연대권은 연대적 접근 방식을 채택했다. 연대권은 지속 가능한 개발, 평화 또는 건강한 환경에 대한 권리와 같은 사회 또는 국민의 집단적 권리를 포함하고 있다.

평화권 및 환경권은 국경을 넘는 테러리즘, 기후변화 등 초국가적 위협이 대두되는 상황에서 등장했다. 또한 자결권(自決權, Self-determination)은 1960년대 탈식민화의 맥락에서 성장하여 이전 식민지들 사이에 집단적 정체성과 공유된 정체성을 끌어냈다.

제3세대 권리에서 '집단'은 다른 집단의 발전과 번영을 저해할 수 있는 조건들을 강요해서는 안 되며, 자원개발을 위해 이들을 이용하면 안 된다는 것도 강조한다. 또한, 국가에 한정되는 인권의 개념이 아니라 국경을 초월하여 전 지구적인 차원에서 인권을 개념화하기 때문에 국제 협력이 필수적이다.

[표 12-3. 인권의 분류]

구 분	자유권	사회권	연대권
국제규약	시민적 정치적 권리에 관한 국제 규약	경제적 사회적 문화적 권리에 관한 국제 규약	
세대구분	제1세대 권리	제2세대 권리	제3세대 권리
내용	· 의사 표현의 자유 · 사상, 양심, 종교의 자유 · 평화적인 집회, 결사의 자유	· 노동권 · 건강권 · 식량권 · 보건권 · 교육권	· 개발권 · 자기 결정권 · 소수자 권리 · 건강한 환경에 대한 권리 · 평화권과 인류공동 유산의 소유권

특징	· 자유주의 국가에서 강조 · 국가가 비용을 별로 쓰지 않아도 보장할 수 있는 권리 · 부정적 권리 (Negative Rights)	· 사회주의 국가에서 강조 · 국가가 비용을 지불하거나, 적극적으로 개입해야 보장할 수 있는 권리 · 긍정적 권리 (Positive Rights)	· 국가에서 한정되는 인권의 개념이 아니라 국경을 초월하여 전 지구적인 담론으로 인권을 개념화하기 때문에 국제적 협력을 필수적으로 전제함 · 제3세대 인권의 계속 발전하고 있음

*출처: 서창록, 국제개발협력과 범분야, 2019, KOICA ODA교육원[1].

3. 대한민국의 인권

가. 군사정권과 인권운동

한국의 근현대적 인권사상은 동학과 농민 혁명 이후, 1984년 갑오개혁 당시 신분제 철폐 주장에서부터 논의되어 민주화 운동을 거쳐 오늘날까지 발전되었다. 민주화 운동은 '1948년 8월 15일 대한민국 정부 수립 이후 헌법에 보장된 국민의 기본권을 침해한 권위주의적 통치에 항거하여 국민의 자유와 권리를 회복 · 신장시킨 활동'으로 정의할 수 있다[2]. 1987년 6월 항쟁[3] 이전까지 인권은 '경제개발', '국가안보'라는 명분하에 외면되었다.

민주화 운동 이전의 한국은 국민에게 경제개발을 지상과제로 내세워 독재를 정당화하고, 인권과 민주주의의 보장은 경제개발 이후의 문제라는 정책을 선명히 했다. 이에 대응하여 학생운동이 투쟁의 중심이 되는 한편, 노동운동과 농민운동을 비롯한 민중운동이 태동했고, 반독재 민주화 투쟁이 사회운동의

1) 체코 법률가 바삭(Vasak, Karel)은 프랑스혁명의 세 가지 이념(자유, 평등, 박애)을 근거로 하여 인권의 역사를 3세대로 구분하였음

2) 민주화운동기념사업회법 제2조

3) 1987년 6월, 전두환 정권에 맞서 일어난 민주화 운동을 지칭하는 명칭이자, 군부 독재정권에 반발하며 대통령 직선제를 비롯한 헌법과 정권의 개혁안을 발표하게 만든 이후 한국 사회에서 민주화와 자유화의 물결이 본격적으로 대두되며, 시민들의 힘으로 민주화를 쟁취했다는 점에 큰 의미가 있음

중심을 이루었다. 민주화 시기의 군사독재정권은 부정부패와 민주화 운동 탄압, 고문 등의 인권유린 행위로 국민의 비판을 받았다. 반독재 민주화 운동에 참여했던 사람들은 독재정권에 의해 고문 혹은 가혹행위에 시달렸고 심하면 목숨마저 잃어야 했다. 그런데 민주화 운동을 하지 않더라도 최소한의 인권을 보장받지 못하는 사람들도 많았다. 이런 인권침해 문제를 해결하고자 국내외의 민주화 운동가들과 단체들은 민주화 운동과 함께 인권운동도 병행하여 독재정권의 고문, 가혹행위, 노동조합 탄압 등을 규탄하고 더 나은 삶의 조건을 요구하였다. 인권운동과 연대한 한국의 민주화는 1987년 이후 환경운동, 소비자운동, 여성운동 등 복합적으로 발전해나갔다. 또한, 시민참여로 이룬 민주화 운동은 정부에 의한 하향식(Top-down) 통치에서 시민사회에 의한 상향식(Bottom-up) 민주주의로의 가능성을 보여주었다. 민주화 운동의 한 범주로 볼 수 있는 인권운동은 독재정권과 산업화 아래에서 대한민국 국민에게 제대로 보장되지 않은 인권을 지켜내기 위한 사람들의 목소리라고 볼 수 있다.

나. 대한민국 인권의 발전

한국은 군사독재정권이 무너진 이후 민주주의의 발전, 냉전 종식, 화해적 남북관계, 삶의 질 향상, 시민사회 활성화 등으로 국민의 정치 · 사회 · 경제적 권리에서 상당한 진전을 이루었다. 1979년 박정희 정부 내부 갈등으로 비롯된 중앙정보부장 김재규의 박정희 살해 사건인 10 · 26 사건 이후 '서울의 봄'이 시작되었다. 권위주의에서 민주화로 이행되는 '서울의 봄' 과정에서 한국의 민주화 운동은 국가 탄압 때문에 침해받았던 인권을 되찾기 위해 투쟁하였고, 이는 한국 인권운동의 기반을 마련하였다. 이후 급속한 경제발전을 통해 '한강의 기적'을 이루는 동안 낮은 임금과 긴 노동 시간으로 인해 노동자 인권 문제가 발생했다. 특히 피복공장 재단사인 전태일의 분신자살 사건을 시작으로 근로기준법 준수와 노동자 인권이 논의되었다. 정치 · 경제적 권리를 되찾은 뒤, 1990년대에 이르러 한국은 인권 발전의 중요한 시기를 맞이하였다. 국내적으로 인권을 위해 투쟁하는 여러 시민단체가 만들어졌고, 국제인권규약에 가입하는 등 인권을 위한 기반을 다져나갔다.

또한 한국의 인권 단체가 비엔나 세계인권대회(1993)에 참가하면서 더욱 다양한 소수자 인권 단체가 만들어졌다. 대표적으로 이주노동자, 국제결혼 여성, 미등록 이주민 인권을 옹호하는 단체가 다수 등장하였다. 1995년에 있었던 최초의 이주노동자 시위가 당시의 이주노동자 인권 현실을 잘 보여준다. 시위에서 네팔 이주노동자 14명은 "때리지 마세요. 욕하지 마세요." "우리에게도 인권이 있습니다." 푯말을 들었다. 이주노동자 인권 외에도 여성 인권에 대한 논의도 활발해졌다. 군대를 다녀온 남성 구직자에게 주어지는 군 가산점 논쟁과 성 권력에 의해 사회에서 성희롱과 성폭력 피해를 경험한 여성들의 인권 보호를 위한 운동과 제도적 노력이 향상했다. 최근 '이동권'을 중심으로 인권운동을 펼치는 장애 인권운동은 1990년대부터 고용, 교육, 사회 편의 시설 등에서의 인권침해 문제를 제기하였다. 이 외에도 청소년, 노인, 성소수자를 위한 인권 단체와 활동이 전개되고 있다. 한국 정부는 인권침해 관련법의 폐지 · 개정, 인권증진법 제정, 국가인권위원회 신설 등 인권 보호와 증진을 위해 많은 법과 제도를 개정하였다. 또한 2007년부터 현재까지 모든 사회구성원의 인간 존엄성과 권리보장을 위한 법적 방안으로 '차별금지법 제정' 논의도 진행 중이다.

다. 대한민국 인권외교

1991년 남북한 동시 유엔 가입 이래, 한국은 주요 유엔 인권 기구 활동에 적극적으로 참여해 왔다. 먼저 1946년부터 2006년까지 국제 인권 논의의 중심 역할을 담당해 온 인권위원회(Commission on Human Rights) 활동에 참여하였으며, 특히 1993년부터 2006년까지는 인권위원회 위원국으로서 활동하였다. 2006년에는 인권위원회를 계승하여 인권이사회(Human Rights Council)가 유엔 총회 산하기관으로 새롭게 설립되었다. 인권이사회에서는 여성, 아동, 장애인 등 주제별 인권 사안뿐만 아니라 북한, 미얀마 등 국가별 인권 사안도 논의하며, 한국 정부도 관련 논의에 적극적으로 동참하고 있다. 2021년에는 유엔 인권이사회가 깨끗하고 지속 가능한 환경이 존중받아야 할 기본 인권으로 처음 인정했으며, 기후변화가 인권에 미치는 영향 등을 담당할 특별보고관을 임명할 것도 결의했다.

유엔 인권이사회는 모든 유엔 회원국의 인권상황을 보편적 기준에 따라 검토하자는 취지에서 국가별 정례 인권검토(Universal Periodic Review, UPR)[4]를 도입하여 시행해오고 있다. 한국 정부는 2008년 5월, 2012년 10월 및 2017년 11월 한국에 대한 UPR을 성실히 받았으며, 여타 국가에 대한 UPR에도 적극적으로 참여하여 세계 각국의 인권상황 개선을 위한 논의에 이바지하고 있다.

한국은 유엔 인권이사회에서 2013년에 채택된 "지방정부와 인권" 결의와 2019년에 채택된 "신기술과 인권"[5] 결의를 우리 정부 주도로 하는 등 다가오는 시대의 인권선진국이 될 가능성을 내비치기도 했다. 특히 2019년에 "신기술과 인권" 결의안은 대한민국이 IT 선진국으로서 다자무대에서 관련 논의를 선도하고 있음을 보여줬다. 인공지능, 빅데이터 등 신기술이 가지는 파급효과에 대한 국제적 관심이 증가했음에도 신기술이 인권에 미칠 영향을 다룬 결의가 없었는데 유엔 차원에서 새로운 시대의 인권 문제들을 다룰 총체적, 포용

4) 인권이사회가 193개 유엔 회원국의 인권상황을 유엔 헌장, 세계인권선언, 각종 인권협약, 자발적 공약 등에 비추어 정례 검토하는 활동으로 모든 국가의 인권상황을 정기적으로 검토함

5) 제41차 유엔 인권이사회 "신기술과 인권(New and emerging digital technologies and human rights)" 결의 A/HRC/RES/41/11 https://documents-dds-ny.un.org/doc/UNDOC/GEN/G19/218/53/PDF/G1921853.pdf?OpenElement

적, 포괄적인 논의를 할 기반을 마련한 것으로 평가받는다.

그러나 한국이 인권 무대에서 주도적인 역할을 수행하기 위해 개선할 점도 많다. 인권외교 강국이 되기 위해선 인권에 대한 일관된 원칙을 세우고 지속 가능한 인권외교 기반을 다져야 한다. 북한인권결의안 같은 경우도 2005년에 참여했었지만, 남북관계를 의식해 2018년부터 4년간 참여하지 않았다. 이에 토마스 오헤아 퀸타나 유엔 북한 인권 특별보고관도 “인권결의안 공동제안 철회는 후퇴하는 것이다”라고 평가했다. 한국은 다른 인권결의안의 참여에도 국익, 혹은 국내 정치 상황에 따라 일관성이 떨어지는 모습을 보였다. 2022년 말 다시 북한인권결의안에 참여한 만큼 앞으로는 더욱 일관적인 인권외교가 필요하다.

또한, 한국이 국제사회에서 인권을 중시하는 나라라는 신뢰를 받아야 한다. 그러나 최근 조약기구의 인권 권고를 성실하게 이행하지 못하는 것이 한국 인권외교의 발목을 잡고 있다. 시민적, 정치적 권리에 관한 국제규약 이행을 심의하는 유엔 시민적 · 정치적 권리위원회(UN Human Rights Committee, 또는 자유권위원회)는 2015년 대한민국 4차 정기보고서에 대한 최종견해를 발표했고[6], 진실 적시에 대한 형사 처벌 금지, 국가보안법 제7조(찬양고무)의 완전한 폐지, 한국기업의 해외 활동에서의 인권 존중 기준 설정 및 피해자의 구제책 접근 강화와 같은 권고를 내렸고 그 외에도 성차별 및 성편견, 미혼모 차별, 테러방지법 또는 사이버테러방지법 제정시도, 사형제, 자살, 고문, 강제구금, 군대 내 폭력, 구금 시설, 난민신청자 및 미성년자의 장기구금, 이주노동자에 대한 강제노역 및 인신매매, 정당해산제도 등에 대하여 국제인권기준에 부합하는 개선을 요구했다. 주요 권고사항으로는 ① 성소수자에 대한 차별 철폐, ② 양심적 병역거부자 전원 즉각 석방 및 사면, ③ 평화로운 집회결사의 자유 보장을 꼽았고 이에 대해서는 1년 후에 이행 여부를 집중적으로 감

---

6) CCPR/C/KOR/CO/4 https://digitallibrary.un.org/record/817983?ln=en

시하겠다는 계획을 밝혔다.

그러나 위원회는 핵심 권고사항에 대한 이행평가 진행 후 2018년 11월에 이행 수준에 대한 평가를 각각 'E', 'C', 'C'로 내렸다[7]. E는 자료나 이행 조치가 권고사항과 반대되거나 거부의 의사표시가 반영됐다는 뜻이고, C는 답변 및 조치가 불만족스럽고 당사국이 제공한 이행 조치 혹은 자료가 적절하지 않거나 아직 권고 이행 조처를 하지 않았다는 뜻이다.

자유권뿐만 아니라 사회권 문제에서도 한국은 권고 이행이 부족하다는 평가를 받았다. 유엔 경제적 · 사회적 · 문화적 권리규약 위원회(UN Committee on Economic, Social and Cultural Rights, 또는 사회권위원회)가 2017년에 발표한 4차 최종견해를 살펴보면 한국기업에 의한 인권침해, 포괄적인 차별금지법 제정, 비정규직 고용의 남용을 억제하기 위한 효과적인 조치, 성별 임금 격차를 축소하기 위한 구체적 조치, 이주노동자의 노동 및 사회보장 권리 보호, 파업권 보장, 결사의 자유와 단결권에 관한 국제노동기구(International Labour Organization, ILO) 협약 제87호 및 제98호 비준, 부양의무자 기준 폐지, 노인학대 및 아동학대 방지를 위한 대책을 마련, 자살 예방 노력을 강화, 노숙인 문제에 대한 장기적인 해결책을 포함하는 주택정책의 마련 등이 포함돼 있다[8].

권고사항 중 ① 한국기업의 해외 인권, ② 포괄적인 차별금지법, ③ 노조를 설립할 권리에 대한 3가지 권고는 주요 권고사항으로 정부가 최종견해의 채택 후 18개월 이내에 이행에 관한 정보를 제공해야 했다. 사회권위원회는 이행에 관한 정보 심의 후 지난 2019년 12월 9일 대한민국 정부에 보낸 서한[9]을 통해

---

7) CCPR/C/124/2 https://documents-dds-ny.un.org/doc/UNDOC/GEN/G18/356/30/PDF/G1835630.pdf?OpenElement

8) E/C.12/KOR/CO/4 https://documents-dds-ny.un.org/doc/UNDOC/GEN/G17/323/16/PDF/G1732316.pdf?OpenElement

9) 유엔 사회권위원회의 이행평가 서한, https://tbinternet.ohchr.org/_layouts/15/treatybodyexternal/Download.aspx?symbolno=INT%2FCESCR%2FFUL%2FKOR%2F40803&Lang=en

주요 권고사항에 대하여 모두 "진전 불충분(Insufficient Progress)"이라는 평가를 전달했다. 최종권고와 달리 대한민국은 기업과 인권 관련하여 "인권 실천 및 점검 의무를 수립하지 않음", 포괄적 차별금지법 입법은 "이행되지 않았으며, 가까운 시일 내 계획도 없는 것으로 보임", 노조를 설립할 권리는 "단체교섭 권리와 단결권이 계속하여 침해 중"이라고 언급하며 부정적 평가했다.

또한, 2023년 예정된 유엔인권이사회의 제4차 국가별 정례 인권검토(UPR)가 다가오는 가운데 2017년에 제기된 UPR 권고[10] 중 성별 격차 해소, 가정폭력 근절, 표현의 자유 및 집회의 자유 보호, 노인, 아동 등 사회적 약자에 대한 권리 보호 등과 같은 다양한 권고사항의 이행이 부족하다는 견해가 있으며 포괄적 차별금지법 제정, 국가보안법 제7조 검토, 사형제 폐지 추진 등과 같은 권고에 관해 진전이 없다는 시민사회의 평가가 있다.

한국의 인권 실태와 권고 이행이 국제사회로부터 좋은 평가를 받지 못하는 한 인권외교의 미래를 마냥 장밋빛으로 바라보긴 힘들다. 진정한 인권 강국으로 거듭나기 위해선 자국민의 인권 실태를 제대로 다루고 인권침해 현안들을 잘 해결하는 것이 우선시 되어야 한다.

---

10) A/HRC/37/11 https://documents-dds-ny.un.org/doc/UNDOC/GEN/G17/368/86/PDF/G1736886.pdf?OpenElement

결론

인권 개념은 제2차 세계대전 전후로 전 세계에 만연하였던 인권침해 사태에 대한 인류의 반성을 통해 탄생하였고, 모든 인간의 기본적 권리를 존중해야 한다는 유엔 헌장이 만들어지면서 구체화하였다. 1948년 독립 국가로 다시 태어난 대한민국도 인류의 인권 역사를 공유하고 있다. 한국에서 인권에 대한 인식과 인권 보호를 위한 활동은 1980년대 민주화 운동을 통해 권위주의 체제를 극복하면서 강화되었다. 1990년대 북한과 함께 유엔에 동시 가입한 이래, 한국은 안으로는 민주화 운동에 기초한 인권 증진을 도모하고 있으며, 밖으로는 유엔 총회에서 적극적인 활동을 하면서 전 세계인권 보호와 증진을 위한 국제사회의 노력에 동참하고 있다. 인터넷의 광범위한 보급, 세계화와 4차 산업혁명, 그리고 전례 없는 코로나19 전염병의 대유행 속에서 전 세계와 대한민국은 새로운 인권 문제에 대면하고 있다. 인권의 역사는 투쟁의 역사이자 포용의 역사다. 한번 기본권이라고 수용된 것은 지금까지 퇴출당한 적이 없지만, 그 기본권이 인식되기까지는 많은 시간과 노력이 들었다. 교육법이 만들어지기 전 교육을 받지 못한 수만 명의 학생과 노동법을 만들기 이전의 대규모 노동 착취 등, 지금 우리가 당연하게 여기는 권리들은 언젠가는 누군가가 피를 흘려가며 쟁취한 소중한 자산이기도 한 것이다. 시대가 변하고 기술이 진보하면서 미래 세대의 인권에 대한 고민 역시 깊어지고 있다. 이때 한국이 아시아, 나아가 세계의 인권 문제에 주도적인 역할을 맡아 인권 발전에 이바지하는 것은 더할 나위 없이 중요하다. 이 시대를 살아가는 우리가 미래 세대를 위해 얻어야 하는 인권은 무엇이 있을까?

심화학습

1 코로나19와 인권

코로나19 이전에도 메르스, 사스 등의 다양한 유행성 전염병이 있었지만, 환자들의 치료와 사회적 확산 문제만 거론되었고 인권 문제가 대두되지는 않았었다. 다른 전염병과 마찬가지로 유행이 던진 두려움과 공포로 시작된 코로나19가 대한민국에 던진 인권 문제는 무엇일까?

2 이주민/외국인 혐오

세계적인 이주민 인구 증가 현상 속에서, 일부 선주민은 본인의 인권 보호를 앞세우며 이주민 유입반대 여론을 형성하기도 한다. 한국에서 발견되는 이주민 유입 반대 이유와 사례는 어떤 것이 있을까? 한국 정부는 이러한 문제 해결을 위해 어떤 노력을 할 수 있을까?

3 신기술과 인권

인류 역사는 기술의 발전과 연결되어 있다. 우리는 "4차 산업 혁명"을 경험하고 있다고도 한다. 인공지능, 빅데이터 등 신기술의 발전은 우리 일상생활에 크게 침투하였지만 새로운 기술이 인권에 미치는 영향, 즉 '인권 영향'에 대한 국제사회의 논의는 아직 미비하다. 새로운 기술의 발전이 인권을 보호하고 증진하는 데, 또 새로운 인권 문제를 만드는 데 어떤 역할을 할지 고민해 보자.

참고문헌

국가인권위원회, 『인권의 이해』, 대학인권교육교재 용역 보고서, 2008

국가인권위원회, 『대한민국 인권 근현대사』, 1장과 4장, 2019

김도균, 『권리의 문법』 박영사, 2008

서창록, 2019 『인권과 개발협력의 관계』, KOICA ODA교육원,

서창록, 2021 『나는 감염되었다』, 문학동네

조효제, 2007 『인권의 문법』, 후마니타스.

웹사이트 https://www.ohchr.org/en/ohchr_homepage

https://www.mofa.go.kr

Chapter **13**

기술혁신과 한국 디지털 경제

1. 기술혁신의 역사와 디지털 기술
2. 디지털 기술의 종류
3. 한국 경제와 디지털 기술
4. 디지털 기술과 미래 한국의 경제성장 전망

13
기술혁신과 한국 디지털 경제

곽 도 원

개요

미국의 경제학자 폴 로머는 새로운 생산기술과 관련 지식만이 고소득 선진국의 장기 경제성장을 요인일 수 있음을 보여준 공로로 2018년 노벨경제학상을 수상하였다. 한국은 이미 고도 성장기를 지나 선진국 경제에 진입한 것으로 보여 앞으로 기술이 경제성장에서 차지하는 역할은 더욱 커질 것으로 보인다. 2016년 세계경제포럼(World Economic Forum)에서 독일 경제학자 클라우드 슈밥은 4차 산업혁명 시대가 열렸다고 선포하면서 디지털 기술혁신이 앞으로 세계에서 경제 및 사회를 극적으로 변화시키는 토대가 될 것이라고 주장하였다. 이후 경제협력기구(Organisation for Economic Cooperation and Development, OECD), 세계은행(World Bank, WB), 세계무역기구(World Trade Organization, WTO)와 같은 국제기구에서도 국가의 부를 결정하는데 디지털 기술의 중요성을 강조하였는데 대표적인 디지털 기술로 인공지능, 사물인터넷(Internet of Things, IoT), 클라우드 컴퓨팅(Cloud Computing), 로봇공학 및 스마트 공정, 빅데이터(Big Data), 블록체인(Blockchain) 등을 소개하면서, 디지털 기술의 활용을 통한 경제성장의 잠재성에 대한 논의를 계속해서 해오고 있다. 2020년대 접어들면서 한국 정부도 디지털 기술 전환 시점에 디지털 기술 선도국의 자리를 차지하기 위해 국가 차원에서 전략을 세워 접근하고 있다. 이번 절에서는 최근의 디지털 기술에 대한 관심을 반영하여 디지털 기술과 한국 경제에서 디지털 기술의 역할을 알아보고자 한다. 제1절에서는 기술혁신 역사와 디지털 기술의 정의를 소개하고, 제2절에서는 최근 주목받고 있는 디지털 기술의 종류를 소개한다. 제3절에서는 1960년대 이후 한국의 고도 성장기에 경제성장에서 중요한 역할을 하였던 기술과 다른 주요 경제성장 요인들을 살펴본다. 제4절에서는 한국 경제에서 디지털 기술의 경제성장 요인으로의 가능성을 경제성장 모형을 활용해 살펴본다. 그리고, 디지털 기술이 우리의 삶을 풍요롭게 함과 동시에 새롭게 불러온 다양한 위험요인을 소개한다. 심화학습으로는 디지털 기술이 제공하는 경제적 성과와 국경을 초월한 디지털 상품 거래에 따른 새로운 문제점 그리고 디지털 전환이 일자리에 미치는 영향에 대해서 논의한다.

키워드

디지털 기술, 플랫폼 기업, 네트워크 효과, 디지털 통상, 디지털 기술 감시 및 규제

1. 기술혁신의 역사와 디지털 기술

가. 현대 기술혁신의 역사

기술혁신의 역사는 세 번의 산업혁명과 함께 이루어졌다. 제1차 산업혁명은 1760년 영국에서는 제임스 와트, 조지 스티븐슨, 에이브러햄 다비 같은 혁신가들이 증기(Steam)나 수력(Water)에 기반한 다양한 기계 장치를 제품 생산에 도입하면서 진행되었다. 이와 같은 새로운 기술은 섬유산업을 중심으로 도입되었으며 공장 기반의 제조업 생산을 탄생시켰다. 또한, 이 시기 철도와 운하의 발달로 장거리 제품 운반에 의한 판매가 가능해졌고 금융 산업도 함께 발달하였다. 사실상 1760~1840년에 개발된 새로운 상품의 등장으로 현대사회 원형의 기틀을 마련되었다.

제2차 산업혁명은 1870년대부터 1910년대 중반의 시기에 나타났다. 이 기간에는 영국 외에 독일과 미국에서도 기술혁신 때문에 공업 생산력이 급격하게 상승하였다. 이 시대엔 토머스 에디슨, 니콜라 테슬라에 의한 전기와 프레드릭 테일러에 의해 추천된 과학적 관리법 등에 의해 화학, 전기, 석유, 철강 분야가 급격히 성장하였다. 전기 커뮤니케이션의 발전과 석유 동력에 기반한 내연기관의 발전을 통해 공장에 전기가 도입되면서 대량생산의 시대가 열렸다. 특히, 공장에서 제조 라인[1]이라는 아이디어가 도입되면서 대량 소비재 생산이 가능해졌다. 소비재를 대량 생산하는 구조적 측면의 발전과 함께, 식료품 및 음료, 의류 등의 제조 기계와 더불어 가공, 운송 수단의 혁신이 이 시기에 이루어졌으며, 영화, 라디오와 축음기가 개발되어 오락 분야에서도 대중의 요구에 부응하며 소비가 많이 증가했다.

제3차 산업혁명은 20세기 중반에 들어서 컴퓨터(1946년 도입), 인공위성

1) 원료의 생산 현장 투입을 시작으로 가공, 운송, 조립 및 검사에 이르기까지 각 각의 생산 활동에 대해서 작업자에게 개별 역할이 할당되어 분업화된 생산이 체계화되어 이루어지는 것

(1957년 도입), 인터넷(1969년 도입)의 발명으로 시작된 산업혁명이다. 이들 기기의 발명으로 이전에 없었던 정보 공유 방식이 가능해지면서 정보통신 기술이 본격적으로 실생활에 접목되며 발달하기 시작하였다. 특히, 1977년의 가정용 데스크톱 컴퓨터, 1990년에 등장한 인터넷(월드 와이드 웹), 2000년대 중반의 노트북 컴퓨터, 2010년도 초반의 태블릿 컴퓨터와 스마트폰 보급이 가속화되면서 일반 가정 및 개인과 정보통신 기술이 긴밀하게 연결되었다. 다만, 앞선 두 차례의 산업혁명과는 달리 역사가들이 정립한 개념은 아니다. 정립되지 않은 개념인 만큼 종료 시점도 의견이 분분하다. 예를 들면, 제러미 리프킨은 오늘날에도 제3차 산업혁명이 진행 중이라 보고 있으나, 어떤 이들은 인공지능의 발달 이후는 제4차 산업혁명으로 분류해야 한다고 주장하고 있다.

제4차 산업혁명은 독일의 경제학자 클라우스 슈바프(Klaus Schwab)가 2015년에 포린 어페어(Foreign Affairs)에 기고한 글과 2016년 다보스에서 열린 세계경제포럼에서도 주장한 개념이다. 기계학습과 인공지능의 발달로 인한 산업의 변화를 가리키는 말이지만, 디지털 기술에 대한 개념이 꾸준히 확장하면서 아직 개념이 명확하게 합의되지 않았다. 또한, 제1차, 제2차, 제3차의 산업혁명은 역사상 이루어진 것을 토대로 평가된 산업혁명이지만, 제4차 산업혁명의 경우에는 아직 일어나지 않은 변화를 추측하며 사용하는 것이기 때문에 개념 정립이 쉽지 않다.

나. 디지털 기술의 정의

1995년 니콜라스 네그로폰테가 물질 최소 처리 단위인 원자(Atom)에서 정보 최소 처리 단위인 비트(Bit)로 이전되는 양상을 설명하면서 디지털경제를 설명하였다. 디지털 기술은 정보와 지식을 0과 1의 디지털 신호로 부호화하여, 네트워크망을 통해 정보와 지식을 전달하는 기술을 말한다. 디지털 신호로 정보와 지식을 저장하거나 전송하게 되면 일정 시간 내에 많은 양의 자료를 처리할 수 있다. 이를 통해 비용을 줄일 수 있고 궁극적으로는 생산성을 높여 경제성장에 이바지할 수 있다. 광의에서 디지털경제란 재화와 서비스의 생산, 분배, 소비 등 주요 경제 활동이 네트워크화된 정보와 지식이라는 생산요소에 의존하는 경제이다. 디지털 전환이란 아날로그 방식으로 정보의 처리, 전송, 가공 및 활용하는 경제 활동이 디지털화된 정보의 흐름에 의한 경제 활동으로 전환되는 것을 말한다. 그러나, 좁은 의미에서 디지털경제는 정보기술산업(ICT Industries)과 인터넷을 기반으로 하는 전자상거래(Electronic Commerce)의 역할에 한정하는 개념으로 주로 사용되었다. 디지털경제는 용어가 소개된 이후 명확한 정의에 대한 합의 없이 [표 13-1]에서와 같이 다양한 의미로 활용되고 있다.

[표 13-1. 디지털 경제의 정의]

구분	디지털 경제의 정의
OECD (2012)	디지털 경제는 전자상거래를 통한 재화와 용역의 거래를 촉진하는 디지털 기술을 기반으로 한 시장으로 구성된다. (The digital economy is comprised of markets based on digital technologies that facilitate the trade of goods and services through e-commerce)
EC (2013)	...디지털 기술을 기반으로 한 경제 (..an economy based on digital technologies)
Rouse (2016)	디지털 경제는 정보통신기술(ICT)을 통해 가능해진 경제활동의 세계적 네트워크이다. 보다 간단하게는 디지털 기술을 기반으로 한 경제라고 정의할 수 있다. (The digital economy is the worldwide network of economic activities enabled by information and communication technologies(ICT). It can also be defined more simply as an economy based on digital technologies.)

Dahlman et al. (2016)	디지털 경제는 일반적인 기술과 인터넷 및 관련기술을 통한 경제적/사회적 활동의 융합이다. (The digital economy is the amalgamation of several general purpose technologies (GPTs) and the range of economic and social activities carried out by people over the Internet and related technologies.)
UNCTAD (2017)	인터넷 기반 디지털기술을 재화와 용역의 생산 및 거래에 적용하는 것 (The application of internet-based digital technologies to the production and trade of goods and services)

*출처: 김빛마로, 「디지털 경제의 특징과 시사점: 경쟁 및 조세정책을 중심으로」, 재정포럼 제265권, 한국조세재정연구원, 2018.

최근, 세계 경제를 비롯한 한국 경제에서 디지털 기술의 경기 활성화 및 경제성장에서의 역할이 커지며 사회 전반에 걸쳐 영향을 주고 있다. 디지털 전환으로 인해 자료 및 재화와 서비스의 보관, 처리, 가공 및 활용 등에 드는 생산 및 소비 비용이 급격하게 감소하고 있다. 동시에 온라인 상거래를 통해 새로운 비즈니스 모델에 기반한 기업이 탄생하여 기존 기업을 위협하고 있으며 시장의 경쟁 구도에도 근본적인 변화를 불러오고 있다. 최근에는 모바일 앱이나 전자 영화(e-movie), 전자도서(e-book) 등 기존에 존재하지 않던 무형의 디지털 재화의 거래도 점점 증가하고 있다. 이러한 현상은 전 세계적으로 일어나고 있으며 디지털 기술의 발달 및 관련 기술의 상용화가 지속해서 이루어짐에 따라 앞으로 그 발전이 더욱더 가속화될 것으로 예측된다. 따라서 현재 시점에 디지털 전환에 의한 생산성 향상과 소득 증가의 혜택을 극대화하기 위해서는 최근의 디지털 기술의 변화가 소비자와 기업의 행태에 어떠한 영향을 주는지 이해하고, 이러한 변화에 효과적인 정부 대응책을 알아보는 것이 매우 중요해졌다.

2. 디지털 기술의 종류[2)]

코로나19를 경험하면서 디지털 전환이 급속화 되고 있고, 그 결과 디지털 기술은 사회와 산업 전반에 커다란 파급효과를 불러왔으며 경제성장의 잠재 요인으로 주목받고 있다. 또한, 각국 정부와 기업의 새로운 디지털 기술개발을 위한 연구개발(Reserach and Development, R&D) 투자 집중으로 기술 발전은 가속화되고 있는데 이번 절에서는 엘지 경제 연구원이 발간한 〈주요 디지털 기술 · 산업 이슈〉에 기반하여 대표적인 디지털 기술 10가지를 소개한다. 디지털 기술은 그 응용 범위가 나날이 확대되고 있는데 10가지 주목받는 기술을 소개함으로써 디지털 전환 현황을 점검해 본다.

가. 인공지능

인공지능(AI)에 대한 인식은 계산하는 인공지능에서 생각하는 인공지능으로 변해가고 있다. 여러 분야에서 인간의 능력을 넘어서고 있는데, 특히 시각, 청각 등 기계 인식 기술의 발전에 따라 인공지능은 사람보다 더 정확하게 사물을 인식할 수 있으며, 사람과 비슷한 수준으로 자연어를 이해할 수 있게 되었다. 인식 기술의 발전으로 인공지능은 이제 수많은 외부 데이터를 스스로 인식하고 이해하여, 지식화할 수 있는 '정보'로 받아들일 수 있게 되었다. 그동안 모아두기만 하고 제대로 활용하기 힘들었던 많은 양의 빅데이터를 기계 스스로 학습하면서 인공지능이 혁신적으로 발전할 수 있게 된 것이다. 외부의 정보를 인간처럼 인식하고, 학습하며 이를 가지고 추론 및 행동하는 인공지능에 관해 연구가 많은 분야에 걸쳐 진행되고 있다.

---

2) 조용수 외 5명, 〈2018 주요 디지털 기술·산업 이슈〉, 《LG경제연구원》, 2017-12-27의 내용을 기반으로 요약하였음.

나. 자율주행 자동차

자율주행 시스템은 100년이 넘도록 큰 변화가 없었던 자동차의 사용 방식, 나아가 교통 인프라를 포함한 관련 산업에 막대한 영향을 끼칠 수 있을 것이다. 이뿐만이 아니라 비행기, 선박, 드론, 로봇 등 다양한 이동체에 쉽게 응용될 것으로 예상한다. 자동차 기업, 정보통신기술(Information and Communications Technology, ICT) 기업, 차량공유 업체 등 다양한 업체들은 현재의 Level 2~3 수준(제한된 환경에서 주변 상황에 따라 자동차 스스로 가속, 감속, 정지 정도만 수행)을 넘어, 인간 개입이 없이도 목적지까지 자율주행이 가능한 Level4 수준의 기술개발에 힘을 주고 있다. 이 과정에서 자율주행 기술개발 방식이 새롭게 바뀔 가능성도 나타나고 있다. 다임러(Daimler), 폭스바겐(Volkswagen, VW), 도요타(Toyota) 등 주요 위탁생산(Original Equipment Manufacturer, OEM) 업체들은 2016년 이후 딥러닝(Deep Structured Learning) 신생기업 투자와 인수를 통해 디지털 기술을 빠르게 도입하고 있으며, 인공지능 전용 연구소를 설립해 자체 기술개발에도 막대한 투자를 진행하고 있다. 주요 완성차 제조사와 혁신적인 기술을 기반으로 새롭게 등장하는 신생기업과의 기술 경쟁이 더욱 치열해지면서, 자율주행 관련 기술은 앞으로도 빠르게 발전될 것이다.

다. 로봇공정

동작 제어 및 인지 기술의 급속한 발전으로 소셜 로봇, 협업 로봇 등이 제작 되면서 로봇, 드론에 대한 인식이 단순한 기계 장치에서 삶의 동반자로 점차 변해 갈 것으로 예상한다. 2021년 현대자동차그룹에 인수된 보스턴 다이내믹스(Boston Dynamics)는 뒤돌아 공중 돌기하는 휴머노이드 로봇 아틀

라스(Atlas)의 동영상을 공개하여 큰 화제가 되었다. 핸슨 로보틱스(Hanson Robotics)의 소피아(Sophia) 로봇의 얼굴은 금속 대신 실리콘 피부 재질에 눈까지 깜박이며, 말할 때 입술도 움직이는 등 사람의 얼굴과 매우 흡사하다. 동작 제어 기술이 발전하면서 달리기, 도구 사용, 미소 짓기 등 다양한 측면에서 로봇은 인간에게 더욱 가까워지고 있다. 동작의 정교함 뿐만 아니라 로봇의 지능도 인간과 상호 작용할 정도로 빠르게 진화하고 있다. 소프트뱅크의 페퍼(Pepper)는 일본에서 24시간 고객 대응이 필요한 매장의 로봇 점원이나 가정 내 어린이와 노인들을 돌보는 홈케어 로봇으로 폭넓게 활용되고 있다.

라. 스마트 공정

전 세계적으로 스마트 팩토리[3]에 대한 관심이 높아지면서 애플리케이션, 플랫폼, 디바이스 등 관련 기술들이 발전하고 있다. 애플리케이션 분야에서는 공정의 상황을 쉽게 살펴볼 수 있는 시각화 도구들이 다양하게 개발되고 있고, 여러 가지 애플리케이션을 서로 연동하고 통합하려 하고 있다. 최근에는 산업별 특성을 적극적으로 반영한 업종별 모델들의 구축도 더욱 구체화하고 있다. 앞으로는 모든 산업에서 활용되는 범용 플랫폼, 특정 분야에 집중해 차별화된 가치를 제공하는 특화 플랫폼 간의 경쟁이 치열해질 것이다. 예를 들면, 범용 플랫폼은 지멘스(Siemens)나 제너럴 일레트릭(General Electric, GE), 록웰(Rockwell)처럼 사업 범위가 넓고 포괄적 솔루션 제공이 가능한 글로벌 산업 장비 중심으로 개발되는 반면, 특화 플랫폼은 로봇의 화낙(Fanuc) 혹은 건설장비의 고마츠(Koamtsu)처럼 특정 영역의 강자 기업을 중심으로 시도되고 있다. 최근에는 현장 적용 경험을 반영해 빅데이터 분석 도구를 더

3) 스마트팩토리는 설계 및 개발, 제조 및 유통 등 생산과정에 디지털 자동화 솔루션을 결합하여 생산성, 품질, 고객만족도를 향상하는 지능형 생산공장으로 공장 내 설비와 기계에 사물인터넷(IoT)을 설치하여 공정 데이터를 실시간으로 수집하고, 이를 분석해 스스로 제어할 수 있게 만든 미래의 공장이다.

욱 효율화시키는 작업을 진행하고 있다. 지능화, 고유연화, 친환경화 경향에 부합하도록 감지, 자가진단, 능동제어 및 네트워킹 기능을 강화한 스마트 장비가 다양하게 개발되고 있다. 그 외에 기존의 구식 장비를 스마트 팩토리(Smart Factory)에 비용 효율적으로 연계시키는 센싱(Sensing), 네트워킹 모듈(Network Module)이 개발되고 있다.

마. 5G

5G는 차세대 이동통신 규격으로 4G(Long Term Evolution, LTE) 방식보다 전송 속도와 용량이 크게 개선되고, 수많은 사물과 연결하며, 전송 오류 및 지연이 많이 감소한다. 이처럼 초고속, 초연결, 초저지연 통신이 가능한 5G 시대가 열리면 기존의 음성통화, 데이터 통신 서비스를 넘어 다양한 미래형 서비스가 가능해진다. 5G 기술의 활용으로 앞으로는 고화질 영상, 다수와의 화상회의, 증강현실(Augmented Reality, AR)/가상현실(Virtual Reality, VR), 사물인터넷, 자율주행차 분야에서 발전이 더욱 가속화될 전망이다.

바. 엣지 컴퓨팅(Edge Computing)

이전까지는 PC와 스마트폰에서 수집된 데이터의 처리 과정은 데이터가 서비스 회사의 클라우드로 전송되어 분석, 가공, 처리되는 중앙집중형 구조였다. 그러나 최근에 사물인터넷(IOT)이 본격화되기 시작하면 기기 자체나 주변에서 데이터가 분산 처리되는 엣지 컴퓨팅이 점점 주목받고 있다. 클라우드 컴퓨팅은 주로 PC나 모바일 인터넷 환경에서 성장해 왔다. 클라우드 컴퓨팅이 주목을 받은 이유는 규모의 경제, 빅데이터 구축, 장치의 연산 용량의 한계 때문이었다. 그러나 사물인터넷 시대가 열리면서, 클라우드 컴퓨팅만으로는 한계가 있다는 지적이 나오고 있다. 무엇보다 인터넷에 연결되는 사물이 수백억 단위로 많이 늘어나고, 개별 사물이 생산하는 데이터양이 많이 증가했다. 이로 인해 통신 네트워크상의 데이터 전송량 부담이 매우 커지고, 신호가 지연되는 것이 치명적인 문제가 된다. 사물인터넷 시대로 인해 나타나는 인터넷 연결 사물의 폭발적 증가, 데이터의 초대용량화, 실시간 처리의 필요성 등의 변화로 인해 엣지 컴퓨팅의 중요성이 주목받고 있다. 사물이나 기기 혹은 그 근처의 엣지 단계에서의 데이터 분석 및 처리를 분담함으로써 데이터 과다 흐름의 발생을 막고, 안정적으로 실시간 처리를 도모한다. 이미 통신기업 시스코(Cisco)나 서버 기업 휴렛 팩커드 엔터프라이즈(Hewlett packard Enterprise, HPE)도 엣지 시스템을 개발해 보급 시도 중이며 정보통신기술도 스마트 팩토리를 위해 '프레딕스 엣지 시스템(Predix Edge System)'을 개발했다. 최근 이러한 엣지 컴퓨팅으로의 진화가 정보통신기술(ICT) 산업 내의 기업 사이의 위상을 변화시키고 있다.

사. 양자 컴퓨터

테크놀로지 리뷰(MIT Technology Review)에서는 2017년 10대 유망기술 중 하나로 실용적인 양자 컴퓨터(Practical Quantum Computing)를 선정했다. 양자 컴퓨터의 원리는 얽힘이나 중첩 같은 양자역학적인 현상을 활용하여 자료를 처리하는 계산 기계이다. 기존 컴퓨터의 비트는 0과 1중 하나로 표현되는 반면, 양자 컴퓨터의 큐비트는 0과 1의 상태를 동시에 표현할 수 있다. 따라서 큐비트의 수가 증가할수록 담을 수 있는 정보는 급격히 증가하며 연산 속도도 기하급수적으로 빨라진다. 전문가들은 50 큐비트 수준이면 양자 컴퓨터가 슈퍼컴퓨터의 성능을 넘어서는 '양자 우위'가 달성될 것으로 예측했다.

아. 블록체인

비트코인을 시작으로 디지털 암호화폐 가격이 폭등하면서 블록체인이 전 사회적으로 주목받고 있다. 불과 1~2일 사이에 3배 이상 올랐다가 금세 반 토막 나는 등 급등락 장이 반복되면서, 암호화폐가 21세기 튤립 파동이 될 수 있다는 우려의 목소리도 나타나고 있다. 다만, 이러한 논란과는 별개로, 비트코인의 기반 기술인 블록체인은 미래 인터넷의 '신뢰 인프라'라는 분명한 용도로서 더욱 높은 관심의 대상이 되고 있다.

자. VR/AR

디지털 세계가 충분히 커진 상태에서 VR/AR 기술을 활용하면 이를 현실 세계와 긴밀히 연결, 상호작용 시켜 새로운 경험과 가치 창출이 가능해진다. VR/AR은 다양한 센서가 사용자와 주변 상황을 감지해 데이터를 생성하면, 이를 분석해서 사용자에게 적절한 정보를 가장 자연스러운 방식으로 제시할 수 있다. 예를 들어 AR 글래스는 눈길이 닿는 곳에 실시간으로 사용자가 궁금해하는 정보를 제시하고, VR기기는 우주 탐험, 수중탐사처럼 실제 체험이 곤란한 장소를 간편하고 생생하게 가상으로 경험하게 해 준다. 포켓몬 고(Pokemon GO)와 같은 스마트폰 게임처럼 VR 관련 기술은 일상 곳곳으로 빠르게 파고들고 있다. 게다가 최근 소니(SONY), 오큘러스(Oculus), 홍콩 텔레콤(HTC) 등이 고성능 헤드 마운티드 디스플레이(Head-Mounted Display, HMD)를 선보이면서, 더욱 몰입감 넘치는 VR 게임도 속속 출시되고 있다. 또한 아마존, 이케아(Ikea) 등에서는 제품을 사기 전 AR을 통해 미리 집 안 영상에 제품을 대비시켜 볼 수 있는 서비스를 선보였다. 정보통신기술(ICT), 애그코(AGCO), DHL 등에서는 제조 및 물류 프로세스에 AR을 도입하여 생산성을 크게 성장시킨 바 있다. 의료 분야에서는 트라우마 치료, 재활 치료 등에 VR을 적용하려는 신생기업도 나타나고 있다. 이외에도 VR/AR은 교육, 물류, 테마파크 등 더욱 다양한 영역에서 폭넓게 도입될 전망이다.

차. 디지털 의료산업

미국 식품 의약국(U.S. Food and Drug Administration, FDA) 실행계획에 따르면, 사전승인을 확보한 기업은 자사 제품에서 현실 데이터(Real-world Data)를 수집할 수 있게 된다. 수집된 데이터들은 인공지능을 활용한 진단의학 분야 등에서 더 큰 도약을 가져올 수 있다. 나아가 환자 및 공공보건 정보를 활용하여, 의료 프로세스 및 공공의료 서비스를 효율화하는 영역에서 혁신적인 신생기업이 나타날 수 있을 것이다.

3. 한국 경제와 디지털 기술

가. 한국의 경제성장

한국전쟁이 끝난 1950년대 대한민국은 농경사회를 벗어나지 못한 채 세계 최빈국 중 하나에 불과했다. 그러나 1960년부터 1990년대 중반까지 연평균 10%에 가까운 고도 경제성장을 달성하며 개발도상국에서 선진국 경제로 전환하는 발판을 마련하였다. 2000년 이후에도 지난 20년 동안도 한국은 연평균 5% 소득 성장을 달성하여 2021년 국내총생산(Gross Domestic Product, GDP) 기준으로 세계 10대 경제 강국으로 성장하였다. 시대별로 보면 수출주도 정책, 중화학공업 육성정책, 정보통신산업 육성정책 등 한국 정부는 적극적인 경제 계획과 정책 개입으로 고도 경제성장에 큰 역할을 담당했다.

나. 한국 경제성장 모형

한 나라 경제의 성장하는 모습을 살펴보는 데 가장 많이 사용되는 값은 국내총생산(Gross Domestic Product, GDP)이다. 이는 한 나라 내에서 가계, 기업, 정부 등 경제주체가 1년 동안 생산한 재화 및 서비스의 부가가치를 시장가격으로 평가하여 합산한 것이다. 따라서, 외국에서 제공한 노동, 자본 등 생산요소에 의하여 국내에서 창출된 가치도 국내총생산에 포함된다. 국내총생산 값과 함께 국내총생산 값이 년마다 변화하는 정도를 계산하여 연평균 성장률 값을 계산하기도 하는데 이를 국내총생산의 년 성장률이라고 한다. 연평균 국내총생산 성장률은 [식 13-1]을 사용하여 구할 수 있다.

[식 13-1]

$$\frac{GDP_{2022} - GDP_{2021}}{GDP_{2021}} \times 100\%$$

[식 13-1]에서 GDP_{2022}은 2022년 1년 동안의 국내총생산의 값을 나타내며 GDP_{2021}은 2021년 1년 동안의 국내총생산의 값을 나타낸다. 국내총생산의 연평균 성장률의 값이 크게 나타나면 한 해 동안의 경제성장률이 높았던 것으로 해석한다.

경제성장을 요인을 알아보려면 국내총생산 값을 결정하는 요인을 살펴보아야 한다. 국내총생산의 결정요인은 생산을 위한 투입물(Inputs, 생산요소)과 생산요소를 조합 및 활용하는 기술(Technology, 생산기술)이다. 생산의 최종 산출물과 생산요소 및 생산기술과의 관계는 다음과 같은 생산함수를 통해서 표현한다.

[식 13-2]

$$Y_t = A_t \cdot F(K_t, h_t L_t, M_t)$$

[식 13-2]는 생산함수로 Y_t는 t시점에서의 생산의 결과물(Output, 산출물) 값으로 국내총생산이 주로 사용된다. K_t는 t시점에 생산을 위해 사용된 자본(Capital)의 값으로 자본은 생산 장소(공장, 사무실 등), 기계, 생산 도구(컴퓨터) 등을 포함한다. L_t는 t시점에 생산을 위해 투입된 노동(Labor)으로 노동자의 노동 투입시간으로 계산된다. h_t는 t시점에 노동자의 생산성을 반영하는 변수로 노동의 질 혹은 인적자본으로 표현되는데, 국가의 평균적인 교육 수준을 사용하여 구하는 값이 가장 많이 사용된다. M_t는 t시점에 최종 결과물 생산을 위해 투입된 중간재(Intermediate Materials)로 전기세, 유류세, 원자재 또는 부품 구매를 위한 지출을 포함한다. 끝으로 A_t는 생산의 효율성 및 투입물을 조합하는 방법(생산기술)을 나타내는 값으로 같은 양의 투입물로부터 더 많은 최종 산출물을 생산하면 이는 생산의 효율성 혹은 생산기술이 향상된 것으로 보고 A_t의 값이 증가하여 생산함수에 반영된다. 산업화 이전의 자원 및 농업 중심의 경제가 고부가가치 산업 경제로 성장하기 위해서는 자본의 양과 노동의 양 그리고 중간재의 양의 증가와 함께 이를 활용할 숙련된 인력과 기술 부분에서의 개선이 필요하다.

다. 한국의 고도 경제성장 요인

1950년대 한국은 농업 중심의 1차 산업 기반의 경제로부터 탈피하여 고부가가치 상품을 생산하는 경제로의 전환을 위해 정부 중심의 산업구조 전환을 수행하였다. 특히, 경제 발전 5개년 계획 등을 통해 한국 정부는 적극적으로 다양한 정책을 도입하여 기업의 경제 활동 지원하였다.

1960년부터 최근까지 한국의 고도 성장기에 정부가 적극적으로 추진했던 산업화정책을 경제성장 모형의 경제성장 요인과 연결하여 소개하면 다음과 같다. 놀랍게도 1960년 이후 고성장기 한국은 경제성장 모델에서 제시하는 성장요인을 개선하는데 모범적인 모습을 보였다. 1960년대 한국은 해외원조와 기존생산물의 저축을 통해 공장을 짓고 기계를 들여왔으며 생산된 물자를 해외로 운반하기 위해 도로와 항만 등 생산 인프라(사회간접자본)에 대한 투자를 적극적으로 시도하였다. 1960년대 경제성장이 시작된 초기 시점에 설비투자를 기반으로 늘어난 자본은 경제성장을 위한 발판이 되었다. 또한, 한국 정부는 경제 개발 계획을 통해 해외원조를 기반으로 시작된 자본 설비 확충을 지속하였고 지속적으로 고부가가치 산업으로의 산업구조 전환을 계획하였다. 기계와 자본을 활용하는 고부가가치 산업으로의 집중은 이를 제대로 활용할 숙련된 인력양성이 필요하게 되었다. 이에 한국 정부는 노동의 숙련도를 높이기 위한 교육 투자에 집중하였고 의무교육을 포함한 교육에의 적극적인 투자로 인해 전 국민의 교육 수준도 빠른 속도로 증진하는 데 성공하였다. 성공적인 한국 정부의 인적자원 개선의 일례로 전 국민을 대상으로 의무교육제도를 들 수 있다. 1952년에 처음 도입되어 1984년에는 중등교육(9년)을 의무적으로 이수하도록 제도화하여 인적자본 축적에 크게 이바지하였고 2019년 OECD 보고서에서 25세에서 34세 사이의 남녀를 대상으로 고등교육을 받은 인구의 비율은 보면 69.8%로 전 세계 1위를 차지하며 높은 교육 수준에 도달했다. 이는 고부가가치를 수여하는 고도 장비와 기계 그리고 지식 등 생산요소를 효율적으로 활용할 인력의 수준이 높아졌음을 의미하고 이를 통해 30년 이상의 상당 기간 높은 수준의 경제성장률을 달성하였고 이를 통해 고소득 국가로의 전환에 성공할 수 있었다.

또한, 1970년과 1980년의 한국은 정부 주도로 산업단지 조성과 인력의 적극적 육성 등의 혜택을 일부 분야에 집중시키는 중화학공업 분야 산업을 적극적으로 육성했다. 1960년대 이전 농경사회에서 이후 경공업 중심의 제조업 주도의 사회로 전환을 이루었고 이후 국가가 적극적으로 개입하여 부가가치가 높은 중화학공업 중심의 제조업 경제로의 산업 구조 전환을 이루었다. 또한 정부의 수출주도 산업 정책으로 세계 수준의 경쟁력을 갖추어야만 시장에서 살아남을 수 있도록 하는 제도적 유인체제 도입하였다. 수출주도 정책에 의한 세계 시장에서 성적이 좋은 기업을 지원하고 포상하는 정책은 기업이 생산성을 높이는데 노력을 집중하도록 기여했다. 이러한 정부의 성공에 대한 공정한 포상 정책은 제도적인 유인체계가 경제성장에 결정적임을 보이는 연구로 지지가 되었고, 한국 정부의 수출주도의 포상 정책은 이후 고도 경제성장의 기반을 마련한 것으로 평가할 수 있다. 한국의 1970년부터 1990년대까지의 고도성장 시기에 생산의 부가가치 향상을 위해 정부 주도로 적극적으로 육성된 산업으로는 1970년대의 화학, 철강, 자동차, 기계 산업과 1980년대의 가전, 반도체, 조선 산업 그리고 1990년대의 정보통신, 반도체, 금융 산업이 있다. 정부 주도의 지정된 특정 산업의 기업들이 현재 한국의 근간이 되는 핵심이 되어 정부 주도의 산업 정책은 국가 단위의 경제성장 측면에서 보면 상당히 성공적이었던 것으로 평가할 수 있다. 다만, 정부가 성공하는 승자 기업을 적극적으로 지원하는 정책으로 인해 한국만의 특유한 재벌집단이 등장하였고 대기업 중심의 기업구조가 굳어지면서 경제력이 일부에 집중되는 단점도 함께 양산되었고 현시점까지도 일부의 대기업이 경제의 큰 부분을 담당하고 있다.

4. 디지털 기술과 미래 한국의 경제성장 전망

앞서 한국 경제는 고도 성장기를 지나 저성장 경제에 접어들어 기술 진보의 역할이 경제성장에서 더욱 커진 것을 논의하였다. 이 번 절에서는 경제성장의 동인이 되는 기술 진보를 달성함에 있어 인공지능 기술을 비롯한 디지털 기술의 발전이 앞으로 한국 경제에 역할을 알아보겠다.

가. 디지털 기술 전환과 미래 한국 경제성장 전망

솔로우나 배로 등 기존 경제학의 경제성장 모형에 의하면 경제 개발을 시작한 경제가 자본축적과 인적자본 개선을 통해 고도성장을 달성할 수 있지만, 선진국 경제에 들어선 이후에는 자본축적이나 교육 수준의 증가로는 지속적인 고도 성장하는 데는 한계가 있음을 보여주었다. 따라서, 고소득 국가의 경우는 기술진보가 지속적인 경제성장에 가장 중요하다. 따라서, 이미 고소득 수준에 도달한 국가는 경제성장률이 기술 진보의 성장률에 의해 크게 좌우된다. 한국도 저축이나 해외원조 수혜 등의 투자 증가에 의한 자본축적에 의한 성장 동인은 이미 한계에 도달한 것으로 보이며, 대학 진학 등 교육 투자에 의한 인적자본의 질과 양의 향상도 현재 교육 수준을 볼 때 더 이상 향상이 쉽지 않은 수준에 도달한 것으로 보인다. 따라서, 한국은 자본축적과 인적자본 질의 향상에 기인한 고도 성장기를 지나 기술 진보만이 성장의 주요 요인으로 남은 선진국 경제에 들어선 것으로 보는 것이 타당하다. 따라서, 한국 경제가 앞으로도 지속적인 경제성장을 달성하기 위해서는 그 어느 때보다도 기술 진보의 역할이 중요한 시점이 되었다. 최근 인공지능을 비롯한 디지털 기술의 발달 양상을 볼 때 디지털 신기술이 한국 경제의 경제성장의 동인이 되리라는 것은 자명하다. 또한, 한국뿐 아니라 전 세계적으로 미국, EU, 일본, 중국을 비롯한 세계 경제 대국들도 국가가 정책적으로 디지털 기술에서 선도적 위치를 차지하기 막대한 재원과 인력을 투입하며 치열한 경쟁하고 있다.

나. 한국 정부의 디지털 기술 정책

2022년 9월 한국 정부는 국민과 함께 세계의 모범이 되는 디지털 강국 대한민국을 비전으로 삼고 “다시 도약하고”, “함께 잘 사는”, “디지털 경제 · 사회” 구현을 목표로 제시하였다. 한국 정부는 2023년부터 ①인공지능 ②인공지능 반도체 ③5 · 6세대 이동통신 ④양자 ⑤확장가상세계 ⑥사이버보안 등 6대 혁신기술 분야를 지정하여 6대 분야에 R&D를 집중할 수 있도록 재원과 인력양성으로 지원하는 계획을 발표하였다. 또한 정부 주도로 다시 한번 고부가가치 디지털 중심 산업으로 산업구조 전환을 이룰 수 있도록 재정지원과 법 제정 및 규정 도입을 통해 제도적으로 적극 지원할 계획을 발표하였다. 예를 들면, 제조 데이터 공유 · 연계 및 활용 등으로 전통 제조의 생산성을 혁신하고 자동차 · 선박 등 주력산업을 미래형 고부가가치 산업으로 재편하기 위한 자율주행 · 자율운항의 법 · 제도적 기반 마련하기 위한 계획을 발표하였다.

다. 주요국 디지털 기술 발전 현황

디지털 기술 경쟁에서 가장 앞서 있는 나라는 미국이다. 따라서, 디지털 기술 발전을 선도하고 있는 미국의 디지털 기술 발전상황을 중심으로 주요국의 현황을 살펴보겠다. 미국의 경제분석청(Bureau of Economic Analysis, BEA)은 디지털 경제의 개념적 정의에서 식별된 상품 및 서비스 범주 200개(전체 대략 5,000개의 상품 범주)를 선택하여 디지털 경제 규모를 추정하였다. [그림 13-1]의 왼쪽 패널에서는 2019년 국내총생산을 기준으로 전체 산업에서 디지털 산업이 차지하는 비중을 나타내고 있는데 국내총생산의 9.6%가 디지털 경제와 관련 있는 산업이다. 오른쪽 패널 그림을 보면 2016년부터 2021년까지 6년 동안 디지털 산업 분야의 부가가치 생산은 연평균 6.7%로 증가했음을 보여준다. 높은 성장률을 기록한 결과 2021년에서 전체 국내총생산의 10.3%가 디지털 분야의 생산이 차지하였다. [그림 13-2]의 두 개 패널에서는 미국에서 디지털 관련 산업의 년 성장률을 전체 경제의 년 성장률과 비교한 것이다. 왼쪽 패널에서 1998년에서 2017년까지 전체 경제는 대략 2~3%의 연평균 성장률을 기록했지만, 디지털 경제 분야는 9%에 가까운 성장률을 기록하였다. 우측 패널은 1997년의 규모를 100이라 했을 때 2017년 전체 경제는 150을 기록한 것과 비교해 디지털 경제는 그 지수가 340까지 성장하여 미국의 경우 최근 20년 동안 디지털 분야에서 높은 경제성장률을 달성했음을 보여준다.

중국은 최근 미국과 함께 전 세계 경제에서 디지털 경제의 성장을 선도하고 있다. 중국은 전 세계 전자상거래(E-commerce)의 40% 이상을 차지하고 있으며 전자상거래 보급률(총 소매 판매 비율)은 15%로 미국의 10%와 비교하여 앞서있다. 핀테크(Financial Technology, Fintech)[4] 분야에서도 중국 기업은 전체 글로벌 가치 평가의 70% 이상을 차지하고 있을 뿐 아니라 2016년 기준 중국의 개인 소비 관련 모바일 결제 금액은 총 7,900억 달러로 미국의 11배에 달하고 모바일 결제 처리 용량은 약 3배 정도이고, 결제 처리 속도도 미국보다 빠르다. [그림 13-3]은 중국경제에서 국내총생산 대비 디지털 경제 부분 생산이 차지하는 비중을 2005년부터 2017년까지 보여주고 있다. 2017년 말 기준 국내총생산의 약 7%를 디지털 경제 부분이 차지하고 있고 디지털

4) 금융을 뜻하는 파이낸셜(financial)과 기술을 뜻하는 테크놀러지(technology)의 합성어로 모바일, 소셜네트워크서비스(SNS), 빅데이터 등의 첨단 기술을 활용해 기존 금융 기법과 차별화되는 새로운 형태의 금융 서비스를 제공하는 기술을 의미한다.

화한 전통 산업 부문까지 포함하면 광의의 디지털 경제 부문이 국내총생산의 30%를 초과하여 성장하였다.

[그림 13-4]는 세계 주요국에서 국내총생산에서 디지털 경제 부문의 생산이 차지하는 비중을 보여주고 있다. 2017년 미국의 디지털 산업은 전체 생산의 7.5% 정도를 기록하고 있고, 중국의 경우는 5% 정도를 차지하고 있다. 한국은 9%를 상회하여 국내총생산에서 디지털 경제 부문의 생산이 차지하는 비중이 아일랜드 제외하면 세계에서 가장 높다. 세계 주요국에서 디지털 산업 분야의 성장은 아주 빠르며 전체 생산에서 차지하는 비중은 지속해서 증가하고 있다. 특히, 최근에는 생산뿐만 아니라 디지털 분야가 고용 측면에서도 성장세를 주도하고 있어 디지털 기술 분야에서 선도적 위치를 차지하기 위한 국가 간 경쟁이 강화되고 있다.

[그림 13-1. 국내총생산 대비 디지털 경제 비중 및 성장률(미국)]

국내총생산 대비 산업별 총생산(2019년)

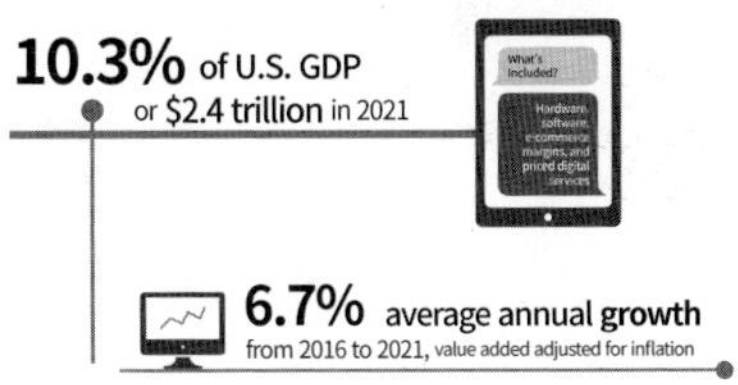

국내총생산 대비 디지털 산업 비중(2021년)
및 부가가치 성장률(2016-2021)

*출처: 미국 경제 분석청(Bureau of Economic Analysis). 2022.

[그림 13-2. 디지털 경제와 전체 경제성장(미국)]

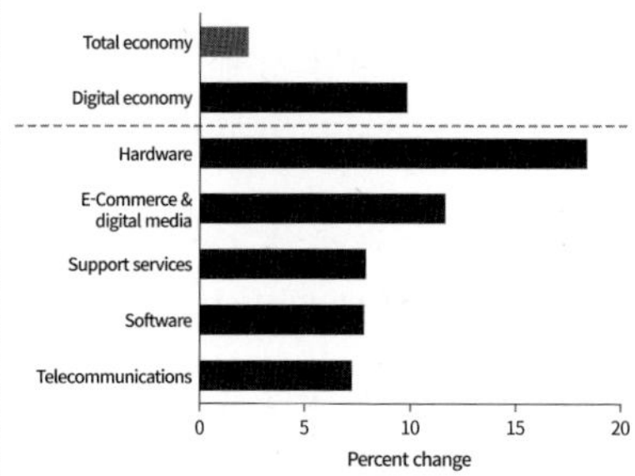

실질 부가가치 년 성장률 평균값(98-17)

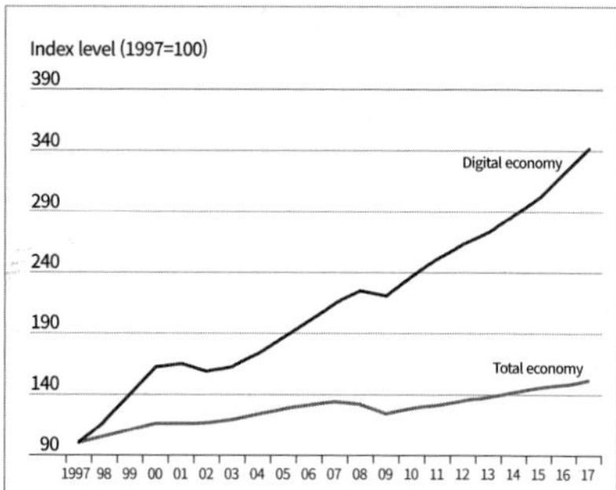

디지털산업 성장과 전체 경제성장(97-17)

*출처: 미국 경제 분석청(Bureau of Economic Analysis). 2019.

[그림 13-3. 국내총생산 대비 디지털 경제 비중(중국)]

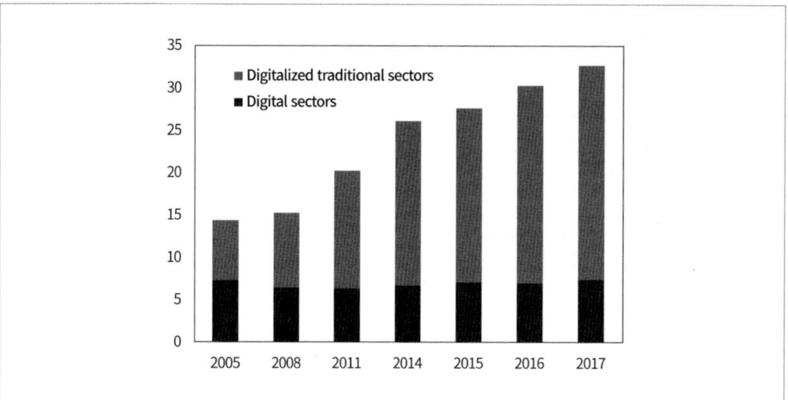

*출처: IMF Working Papers. 2019.

[그림 13-4. 국내총생산 대비 디지털 경제 비중(2017)]

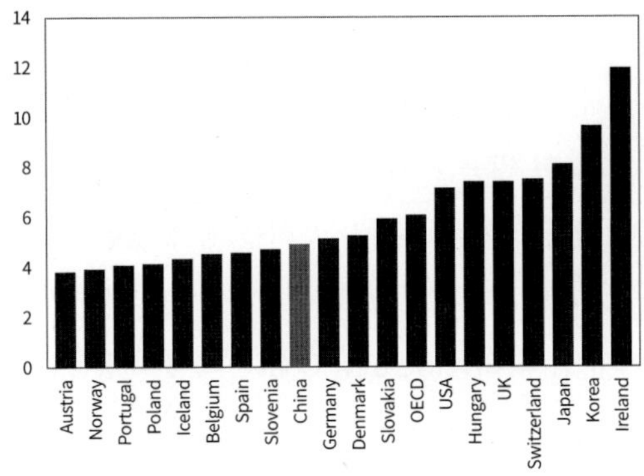

*출처: IMF Working Papers. 2019.

라. 디지털 기술과 경제성장

경제학자들이 디지털 기술에 주목하는 이유는 디지털 기술이 가지는 경제성장 요인으로서의 잠재성 때문이다. 디지털 기술이 경제성장으로 연결되는 경로를 경제 모형을 통해 엄밀하게 살펴보면 다음과 같다. 한 국가의 국내총생산 수준은 생산요소(자본, 노동, 원자재 등)와 생산요소를 결합하는 기술(Technology)에 의해 결정된다. 경제성장 모형에서는 같은 수준의 생산요소 투입(생산요소에 대한 동일 지출)으로 더 많은 최종 산출물을 달성했을 때 기술 진보가 일어났다고 정의한다. 달리 이야기하면, 기술 진보의 결과로 같은 최종 산출물 수준을 달성하는데 더 적은 생산요소의 투입(생산요소 비용 감소)으로 가능해진다. 이윤 극대화를 추구하는 기업의 이윤은 매출 수입에서(최종판매까지 투입된) 생산요소 지출비용을 차감한 값에 의해 결정이 되는데, 기업이 디지털 기술을 적극적으로 활용하려는 이유는 진보한 기술로 더 적은 생산요소 투입과 더 많은 상품 생산이 가능해지고, 이윤이 증가하기 때문이다. 이를 생산성의 향상이라고 한다.

디지털 기술은 기업이 주목하고 있을 뿐만 아니라 세계 각국의 정부가 디지털 기술 분야를 선도하기 위해 적극적으로 재정 및 세제 지원을 하고 있다. 국가 측면에서 보면 더 많은 기업이 진보된 디지털 기술을 활용할수록 거시경제 전체 생산성의 향상이 이루어지고 이를 통해 높은 수준의 거시경제 성장이 달성된다. Goldfarb and Tucker(2017)는 디지털 기술을 적극적으로 활용하는 경제에서 탐색 비용(Search Cost), 복제 비용(Replication Cost), 운송 비용(Transportation Cost), 추적 비용(Tracking Cost), 확인 비용(Verification Cost)이 감소할 수 있다고 주장하였다. 즉, 디지털 기술 도입을 통해 생산요소 비용이 감소하고, 비용의 감소를 통해 생산성 향상이 발생하여 결국에는 경제성장에 이바지한다.

마. 디지털 기술 발전과 위험요인

디지털 경제로의 전환이 가져올 수 있는 위험은 어떤 것이 있을까? 디지털 기술 발전은 효율성 향상이라는 긍정적 효과가 있다. 그러나 급속한 기술 발전으로 인한 노동자 숙련도별 (고학력 vs 저학력 노동자 간 소득 격차) · 기업 규모별(대기업 vs 중소기업 간 소득 격차) 격차 심화라는 부정적 효과를 수반할 수 있다. 특히, 디지털 전환은 이전까지는 분리되어 있던 국내 시장과 해외시장을 하나의 시장으로 융합하였다. 하나로 융합된 커다란 시장에서 승자독식의 보상체계와 상위기업이 비용적 측면에 우위를 점하면서 슈퍼스타 기업을 출현시키고 있다. 승자독식 현상이 디지털 산업에서 자주 나타나는 원인은 네트워크 효과의 존재로 인한 수확 체증과 밀접한 관련이 있다. 생산의 수확 체증에 대한 엄밀한 논의는 미적분학과 미시경제 지식이 필요하므로 여기서는 자세히 다루지 않고 다음에 학습하도록 한다. 다만, 디지털 산업 분야의 승자독식과 슈퍼스타 기업의 출현으로 인해 국가 차원의 제도적 정비의 필요성이 지적되고 있음을 밝혀둔다. 현재 시장 점유율에서 우위에 있는 기업은 디지털 전환과 함께 기존 국내 시장이 세계 시장으로 확대되면서 시장 경쟁에서 승리하면 독점력을 높일 수 있게 된다. 따라서 국가가 독과점을 방지하고 기업이 서로 공정한 경쟁을 하도록 법률적 제도를 마련하는 것이 소비자의 후생 증진에 도움이 될 것이라는 지적이 계속되고 있다.

디지털 기술 활용과 함께 도입되는 기계는 주로 저 숙련 및 저학력 보유 노동자를 주로 대체한다는 최근 연구 결과가 등장하고 있다. 따라서 이들이 재교육을 통해 새로운 기술을 습득하고 새로운 기술에 기반해 새로운 직장을 구할 수 있도록 국가가 전략적으로 지원할 필요도 제기되고 있다. 또한 신기술 습득을 위해 교육받는 동안 일시적으로 소득 감소가 나타나면 일정 기간 생계지원뿐만 아니라 새로운 기술을 습득하고 새로운 업종에 빠르게 적응할 수 있도록 교육과 훈련의 기회를 국가와 기업이 적극적으로 제공하는 것이 필요할 것이다.

디지털 전환에 의한 개인 간 긴밀한 연결은 개인의 생활 편의성을 향상하는 유용한 도구로 활용되고 있다. 동시에 개인정보의 오남용, 보안 문제 증대, 기술(인공지능) 윤리 문제 등 부작용도 함께 일으키고 있다. 예를 들면, AI 제작 신생기업 스캐터랩은 이루다를 제작할 때 자사의 연애 분석 애플리케이션인 '연애의 과학'에 등록된 약 100억 건에 이르는 카카오톡 대화 내용을 데이터로 사용했다. 그 과정에서 연애의 과학 이용자들에게 대화 내용 사용에 대해 고지를 않았다. 이에 대한 논란이 커지며, 이루다 서비스는 한때 중단이 되었다. 누적 다운로드 횟수 1,000만 건을 돌파한 카카오맵도 개인정보 유출에 대한 논란이 있었다. 카카오맵은 한 때 이용자들의 즐겨찾기 폴더 기본 설정이 '공개'로 되어 있어 별도로 비공개 설정을 하지 않을 경우, 데이트 장소, 집 주소, 직장 이름 및 위치 등의 개인정보가 다른 사람들에게 공개될 수 있었다. 이와 같은 개인정보 보호 논란은 카카오맵과 이루다 만의 문제가 아니며 2020년 12월 개인정보위에서 실시한 '개인정보 보호 실태 조사 결과'에 따르면 민간 기업의 48.5%가 개인정보처리 방침을 공개하지 않고 있는 것으로 나타났다. 기업의 개인정보 보호 관리 소홀로 인해 발생할 수 있는 문제는 앞으로 훨씬 더 많아질 것으로 우려되며, 데이터 및 개인정보 유출과 관련한 소송 횟수도 급격히 증가할 것으로 예상한다. 따라서 관련 법 제정의 필요성이 제기되고 있다.

결론

한국 경제는 1960년대 이후 2010년 초반까지 대략 50년의 기간 동안 평균 년 8% 이상의 경제성장률을 달성하며 선진국 경제로 진입하였다. 높은 저축률과 고학력 인구의 지속적인 증가를 통해 경제성장 요인인 자본축적과 인적자본의 향상을 달성했고 고도성장으로 이어졌다. 한국 경제가 선진국 경제로 들어서는 데 수출주도 정책, 고부가가치산업 지원 정책, 높은 교육 투자 지원 정책 등 정부도 큰 역할을 수행하였다. 한국 경제가 선진국 경제에 진입함에 따라 더 이상 자본축적과 인적자본의 향상 만으로는 지속적인 경제성장을 달성하기 어렵고 기술진보의 경제성장에서의 역할이 커졌다. 한국 정부도 이를 인식하고 기술발전에 기인한 경제성장을 위해 국가의 재원과 역량을 집중하고 있다. 특히, 최근에 디지털 기술의 발달과 그 역할이 강조됨에 따라 한국 정부도 디지털 기술 분야에 선도적 위치를 점하기 위해 국가적 차원의 집중 투자와 디지털 기술 인력양성을 위해 국가적 역량을 집중하고 있다. 최근에는 인공지능의 발전이 새로운 국면에 접어들었다는 의견도 다수인 지금 디지털 기술의 발전에 의한 기술의 혜택이 경제 구성원 모두에게 극대화되도록 한국 정부를 비롯한 주요국 정부는 디지털 기술개발을 활성화하고 독과점 확대와 같은 관련 위험을 최소화하도록 법률을 정비하고 제도를 마련하고 있다.

1 디지털 전환과 생산성 퍼즐이라는 주제가 여러 차례 제기되었다. 1995년부터 2004년까지 미국 경제는 연평균 3% 이상의 국민총생산 증가율을 기록하였으나 2005년 이후 미국의 국내총생산의 년 성장률을 1%대로 하락하였다. 디지털 기술은 2005년 이후에 더 활발하게 활용이 되었음에도 생산성은 더 떨어지게 되었고 그로 인해 경제성장률을 하락하였다. 이를 경제학자들은 디지털 기술의 생산성 퍼즐이라고 부른다. 디지털 기술의 활성화와 동시에 발생한 생산성의 감소를 어떻게 설명할 수 있을까?

2 디지털세는 정당한가에 대해서 논의해 보시오.
인터넷 서비스는 제조업처럼 고정 사업장을 영업하는 곳마다 두지 않고 생산, 유통, 판매가 국경을 초월해 이루어진다. 해당 국가에 영업장이 없어도 네트워크를 통해 인터넷 서버와 연결된 소비자 사이의 직거래가 가능하다. 대부분 재화의 경우 과세는 영업장이 존재하는 국가에서 이루어지게 되는데 인터넷 산업이 성장하면서 과세권에 대한 논란이 벌어지며 영업장의 위치에 관련 없이 소비가 이루어지는 매출에 따라 세금을 부과하려는 움직임이 생겨났다. '구글세'로도 알려진 디지털세(Digital Tax)의 출현이다. 마이크로소프트, 아마존닷컴, 애플, 구글, 페이스북, 넷플릭스 등 인터넷을 통한 디지털 콘텐츠 서비스는 국제적으로 이루어지고 있다. 그 이익에 대한 법인세는 실제 법인이 있는 미국이나 아일랜드 등 본사나 지사가 있는 일부 국가로 납부되고 있다. 그러나 한국을 비롯한 유럽의 많은 국가가 해외 서비스 사업자에게도 매출에 따른 관세 개념의 새로운 세금을 해외의 법인에게 부과하려는 것이다.

3 인공지능의 발달과 함께 효율성이 높은 기계가 인간의 노동을 대체하여 인간 노동의 많은 부분은 필요가 없어질 것이라는 주장을 하는 사람이 있다. 예를 들면, 기존에 식당에서 주문을 받았던 웨이터가 태블릿 PC로 대체되어 컴퓨터가 인간의 노동을 대체하였다. 기술의 진보로 점점 더 많은 직업이 기계에 의해서 대체될 것인가? 그렇다면, 정부와 기업 그리고 개인은 어떤 방식으로 대응을 하는 것이 바람직할 것인지 논의해 보시오.

참고문헌

LG경제연구원. 2017. "2018 주요 디지털 기술·산업 이슈" (12월 27일)

Goldfarb, Avi and Catherine Tucker. 2017. "Digital Economics." *National Bureau Of Economic Research,* (August, 2017), 23684

Zhang, Longmei and Sally Chen. 2019. "China's Digital Economy: Opportunities and Risks." *International Monetary Fund,* (January, 17), 19/16

Highfill, Tina and Chirstopher Surfield. 2019. "New and Updated Digital Economy Statistics-November 2022" US Bureau of Economic Analysis, (November, 2019)

Jolliff, William and Jessica R. Nicholson. 2018. "Measuring the digital economy: An unpdate incorporating data from the 2018 comprehensive update of the industry economic accounts." US Bureau of Economic Analysis, (April, 2018)

Chapter **14**

지구환경과 한국

14

지구환경과 한국

이 재 승

개요

기후변화가 가져오는 지구적 환경 위기는 점점 더 가시화되고 있다. 지구 온도의 상승은 해수면의 상승, 자연 재해의 심화와 더불어 생태계의 변화도 가져오고 있다. 이처럼 심각해지는 기후위기에 대응하는 국제 사회의 노력은 지속적으로 강화되어 왔고, 주요 산업국이자 온실가스 배출국인 한국도 이러한 노력에 동참하고 있다. 그러나 한국은 제조업 중심과 수출 기반의 산업 구조로 인해 에너지를 많이 소비하고 온실가스 배출이 많은 근원적 특성이 있다. 본 장에서는 지구적 차원의 기후변화 논의의 진전에 따른 한국의 대응을 시기별로 살펴보고, 녹색성장과 탄소 중립으로의 패러다임 전환과 국제협력 전략을 논의한다. 제1절에서는 기후변화와 지구적 환경 이슈의 대두와 국제적 대응체제를 교토의정서 시기부터 파리협정 체제에 이르기까지 고찰하고, 기후위기에 대한 한국의 대응 전개를 살펴본다. 제2절은 녹색성장으로의 패러다임 전환을 살펴본다. 제3절에서는 파리협정에서 합의된 글로벌 차원의 기후변화 대응과 2020년 그린 뉴딜 정책으로 한층 강화된 한국의 정책 기조를 살펴본다. 제4절에서는 한국의 기후변화 대응의 특징과 정책들을 수치와 도표로 요약하고, 탈탄소화에 따른 에너지 안보와 에너지 전환의 딜레마, 그리고 글로벌 기후변화 대응에 있어서 한국의 역할을 논의한다.

키워드

기후변화, 에너지 전환, 파리협정, 탄소중립, 녹색성장, 그린 뉴딜

1. 기후위기와 한국의 대응

지구환경에 가장 큰 영향을 미치는 기후변화 문제는 1992년 브라질 리우데자네이루에서 개최된 유엔환경개발회의(United Nations Conference on Environment and Development, UNCED)에서 글로벌 의제로서 본격적으로 논의되기 시작했다. 지구정상회의(Earth Summit)로도 불리는 이 회의에서는 '환경과 개발에 대한 리우 선언'과 행동계획인 '아젠다 21'이 발표되었고, 지구온난화방지를 위한 기후변화협약(United Nations Framework Convention on Climate Change, UNFCCC)이 채택되었다. 한국은 1993년 UNFCCC에 세계 47번째로 가입하면서 온실가스 감축(Mitigation)을 위한 노력을 전개하기 시작했다[1).

1997년 일본 교토에서 개최된 제3차 기후변화협약 당사국총회(COP3)에서는 구속력 있는 온실가스 감축을 위해 '교토의정서(Kyoto Protocol)'를 채택했고, 이에 의거해서 제1차 공약기간(2008~2012) 동안 선진국 38개를 대상으로 1990년도 배출량 대비 평균 5.2% 감축하는 의무가 부과되었다. 그러나 교토의정서는 미국과 호주가 비준을 거부함에 따라 발효가 지연되다가, 2004년 러시아의 비준을 통해 2005년부터 공식적으로 기능하기 시작했다.

한국은 교토의정서 제1차 공약 기간 동안 감축의무부담 대상국에서는 제외되었으나, OECD 가입국이자 주요 온실가스 배출국 중 하나로써 국제 사회의 강한 감축 압력에 직면하였다. 이 기간에 한국은 지구적 차원의 온실가스 감축 노력에 동참하기 위해 국가 차원의 대책을 마련할 필요성을 인식하게 되었다. 한국은 자발적인 온실가스 저감과 실효성 있는 감축 목표 설정을 위해서 1998년부터 국무총리실에 범정부대책기구를 설치하여 기후협약에 대응하

1) 기후변화홍보포털. "기후변화홍보포털." 국제사회 | 기후변화홍보포털, www.gihoo.or.kr/portal/kr/change/international.do

는 정책추진체제를 마련했고[2], 1999년부터 '기후변화협약 대응 종합대책'을 수립하였다. 종합대책은 1차(99-01), 2차(02-04), 3차(05-07), 그리고 4차(08-12)에 걸쳐 ▲온실가스 저 배출형 경제구조 전환을 위한 기반 구축, ▲기후변화의 부정적 영향 최소화, ▲지구온난화 문제 대응을 위한 국제적 노력에 적극 동참이라는 3가지 기본 방향을 제시하였다.

제1차 종합대책(99-01)에서는 부문별 온실가스 저감대책, 온실가스 감축 기반 강화, 기술개발 등 36개 과제와 에너지절약 관련 사업지원, 탄소흡수원 확대 등 111개 세부 실천계획이 도입되었다[3]. 제2차 종합대책(02-04)에서는 온실가스 감축 기술 개발을 중심으로 감축 대책을 강화하고, 대내외적인 협력 유도을 유도한다는 목표 하에 5개 부문에 걸쳐 84개 세부과제가 추진되었다[4]. 제3차 종합대책(05-07)은 기후변화협약 이행기반 구축사업, 부문별 온실가스 감축사업, 기후변화 적응기반 구축사업 등 총 3개 부문으로 구성되었다. 협약 이행기반 구축에서는 온실가스 관련 통계 · 분석시스템 구축 및 기후변화협약 대응을 위한 교육 · 홍보 관련 내용 등을 포함한 세부 추진대책이 시행되었고, 부문별 온실가스 감축 사업에서는 에너지 수요관리, 에너지 절약사업, 신재생에너지 공급 확대, 에너지 효율 개선 등 에너지 부문의 사업과 건물, 수송, 임업, 농축산, 폐기물 부문에서의 감축 사업으로 나누어 세부 추진대책이 도입되었다. 기후변화 적응기반 구축사업에서는 국내 기후변화 분석 및 모니터링, 기후변화에 따른 생태계 및 건강에 미치는 영향에 대한 연구사업 등이 추진되었다[5]. 제4차 종합대책(08-12)은 기존 '기후변화협약' 대응에서 '기후변화' 대응으로 개념으로 확대하여 "기후변화 대응 종합대책"이라

---

2) 국가기록원, (2007). 기후변화협약 대응대책. https://www.archives.go.kr/next/search/listSubjectDescription.do?id=006577&pageFlag=&sitePage

3) 국가기록원, (2007). 기후변화협약 대응대책. https://www.archives.go.kr/next/search/listSubjectDescription.do?id=006577&pageFlag=&sitePage

4) 에너지경제연구원.(2002).기후변화협약대응을 위한 제2차 종합대책 http://www.keei.re.kr/keei/download/CEO200212.pdf

5) 기후변화협약대책위원회.(2005).제3차 기후변화협약 대응 종합대책 https://www.opm.go.kr/Data/upload/BBBM//3324_3221

는 명칭을 사용하고 제3차 당사국총회에서 채택된 교토의정서의 의무공약기간(2008-2012년)과 조화를 이루기 위해 종합대책 이행 기간을 기존 3년에서 5년으로 변경했다. 제4차 종합대책은 ▲기후 친화 산업 육성, ▲국민 삶의 질 제고 및 환경개선, ▲기후변화 대처를 위한 국제 사회 선도를 3대 목표로 저탄소 사회시스템의 조기정착을 위한 토대를 구축하는 데 중점을 두었다[6]. 이러한 종합대책을 통해 일차적으로 한국은 기후변화 대응에 대한 제도적, 정책적 방향을 설정하였다.

2. 녹색성장으로의 이행

가. 녹색성장 전략의 도입

2008년 8월 15일 이명박 대통령이 경축사를 통해 '저탄소 녹색성장'을 새로운 국가 비전으로 선포하면서 한국의 기후변화 대응은 새로운 전환을 맞게 되었다. 2009년 1월 대통령실 직속으로 녹색성장위원회가 공식적으로 출범되고 녹색성장은 최상위 국가 계획으로 자리 잡았다. 2050년까지 세계 5대 녹색 강국 진입을 비전으로 저탄소화를 위한 온실가스 감축과 녹색산업 성장을 동시에 모색할 시행계획도 마련되었다. 정부는 녹색성장의 3대 전략으로 ▲기후변화 적응 및 에너지 자립, ▲신성장 동력 도출, ▲삶의 질 개선과 국가 위상 강화를 채택하고, 이에 따라 ▲탈석유 · 에너지자립 강화, ▲녹색기술개발 및 녹색산업 육성, ▲녹색국토 · 교통의 조성, ▲생활의 녹색혁명과 같은 정책 방향이 설정되었다[7]. 법 · 제도적인 정비도 뒤따르기 시작했다. 2010년에는 지

6) 기후변화협약대책위원회. (2008). 제4차 기후변화 대응 종합대책

7) 관계부처합동. (2009). 제1차 녹색성장 5개년 계획 https://www.korea.kr/archive/expDocView.do?docId=24555

속가능발전과 기후변화, 에너지 대책을 전반적으로 아우르는 '저탄소녹색성장기본법'이 제정되었고, 국가기후변화적응센터 설립(2009), 온실가스종합정보센터 설립(2010), 녹색기술 · 제품 · 기업 등 인증제 도입(2010), 신재생에너지 신재생에너지 공급의무화 제도(Renewable Portfolio Standard, RPS) 시행(2012), 배출권거래제 도입(2012) 등 녹색성장 이행을 위한 제도적 기반이 마련되었다. 아울러 정부는 국제협력의 강화를 위해 글로벌녹색성장기구(Global Green Growth Institute, GGGI), 녹색기후기금(Green Climate Fund, GCF)과 같은 국제기구를 한국에 유치하여 설립하였다. 2013년에는 국가적 녹색기술 강화를 위한 싱크 탱크로서 녹색기술센터(Green Technology Center, GTC)가 설립되었다.

하지만 녹색성장 사업은 초반에 일부 문제점을 노출하기 시작했다. 경제성장이 에너지 다소비업종 중심으로 이루어짐에 따라 온실가스 배출이 지속적으로 증가 추세를 보였고, 에너지 수요관리가 충분히 이루어지지 않은 상태에서 1인당 에너지, 물사용량 증가, 중소기업참여 미흡 등이 문제점으로 지적되었다. 이를 보완하기 위해 2014년부터 시행된 녹색성장 2차 계획은 시장 · 민간에서의 정책 수용성 확대와 역할 강화에 중점을 두기 시작했다. '경제와 환경의 조화로운 발전을 통한 국민행복 실현'이라는 목표 하에 ▲저탄소 경제 · 사회구조의 정착, ▲녹색기술과 ICT의 융합을 통한 창조경제 구현, ▲기후변화에 안전하고 쾌적한 생활기반 구축을 3가지 정책목표로 설정하고 각 목표별로 중점과제가 제시되었다. 여기에는 ▲배출권거래제 정착 및 탄소시장 활성화 등을 통한 온실가스를 감축, ▲분산형 발전 시스템 구축 및 신재생에너지보급 확대 등을 통한 지속가능한 에너지체계 구축, ▲자원순환 경제구조 정착 등을 통한 녹색창조산업 생태계 조성 ▲녹색복지 및 거버넌스 기반확충 등을 통한 지속가능 녹색사회 구현 ▲ GGGI/GCF와의 협력 및 지원 강화 등을 통한 글로벌 녹색협력 강화 등의 세부 계획이 포함되었다[8].

2019년도에 수립된 3차 계획(2019~2023)은 '포용적 녹색국가 구현'을 비전으로 제시하고 ▲책임 있는 온실가스 감축과 지속가능한 에너지전환, ▲혁신적인 녹색기술 · 산업 육성과 공정한 녹색경제, ▲함께하는 녹색사회 구현과 글로벌 녹색협력강화를 3대 추진전략으로 하고, 이에 따른 5대 정책방향으로 ▲2030 온실가스 감축로드맵에 따라 온실가스 감축 이행 및 배출권거래제 시장 활성화 ▲에너지 수요관리, 신재생에너지 보급, 에너지 분권, 갈등조정 및 지역사회 복원 집중 ▲녹색산업 분야의 사회적 경제 모델 발굴을 통한 성장단계별 지원 ▲녹색건축과 수소차 보급, 미세먼지 저감 노력 집중 ▲파리협정 대응에서 신기후체제 이행 전환이 제시되었다[9].

나. 국가기후변화 적응대책

기후변화 대응은 단순히 온실가스 감축만을 포함하지는 않는다. 중장기적으로 기후변화로 인한 여러 상황에 대처하고 피해를 감소하는 한편, 이를 예방하는 '적응(Adaptation)' 조치들이 수반되어야 한다. 이를 위해서 '국가기후변화 적응대책'이 저탄소 녹색성장 기본법에 근거하여 2010년도에 수립되었고, 5년 단위의 연동계획으로 시행되어 왔다. 2011년부터 2015년까지 기간을 반영하는 1차 적응대책은 기후변화 적응 부문의 국가 단위 최초 법정 계획으로 13개 중앙부처가 참여하여 수립되었다. 여기에는 ▲건강, ▲재난 · 재해, ▲농업, ▲산림, ▲해양 · 수산업, ▲물 관리, ▲생태계의 7개 부문별 대책과 ▲기후변화 감시 · 예측, 적응산업 · 에너지, ▲교육 · 홍보 ▲국제협력의 3개

8) 관계부처합동. (2013). 제2차 녹색성장 5개년 계획 http://www.climate.go.kr/home/cc_data/policy/2_greengrowth_plan14_18_summary.pdf

9) 관계부처합동. (2019). 제3차 녹색성장 5개년 계획 https://www.opm.go.kr/flexer/view.do?ftype=hwp&attachNo=96696

기반 대책 등 총 10개 부문의 세부과제가 포함되어 있으며, 2012년 9개 부문 6개 과제로 수정 · 보완되었다[10]. 2차 대책(2016~2020)은 20개 부처 합동으로 '기후변화 적응으로 국민이 행복하고 안전한 사회 구축'이라는 목표에 따라 ▲과학적 위험관리, ▲안전한 사회건설, ▲산업계 경쟁력 확보, ▲지속 가능한 자연자원관리 총 4개 부문에서 20개 주요 과제로 구성되었다[11]. 가장 최근 도입된 3차 대책(2021~2025)[12]은 '국민과 함께하는 기후 안심 국가 구현'이라는 목표를 제시하고, 사회 전 분야에 걸친 ▲기후위험 적응력 제고, ▲감시 · 예측 및 평가 강화, ▲적응 주류화 실현을 강조하였다. 이 대책은 수립과정부터 전문가, 시민사회, 청년, 산업계 등 모든 관련 이행 주체를 참여시키고 시민참여형 생태계 감시, 국민평가단 운영 등 적응대책의 수립-이행-평가 전 과정에 걸쳐 다양한 참여를 확대했다.

다. 시장 기반의 대응방안 구축

시장 기반의 온실가스 감축을 위한 제도 마련도 2012년부터 본격적으로 이루어졌다. 온실가스 배출량이 일정 수준 이상인 업체 및 사업장을 대상으로 감축 목표를 부여하고 관리하는 '온실가스 에너지 목표관리제'가 시행되었고, '온실가스 배출권의 할당 및 거래에 관한 법률'이 제정되었다. 이에 기반해서 기업에게 할당된 범위 내에서 온실가스 배출을 허용하고, 여분 발생 시 타 기업과 거래를 허용하는 배출권거래제 도입이 논의되기 시작하였다. 또한, 신재생에너지 발전 필요성에 대한 인식이 확대되면서 신재생에너지 육성을 위한

10) 관계부처합동. (2010). 제1차 국가기후변화 적응대책. https://kaccc.kei.re.kr/portal/policy/measure/measure1st_list.do
11) 관계부처합동.(2016). 제2차 국가기후변화 적응대책. https://kaccc.kei.re.kr/portal/policy/measure/measure2nd_list.do
12) 관계부처합동.(2021). 제3차 국가기후변화 적응대책. http://www.climate.go.kr/home/cc_data/policy/3_nation_climate_change_adaptation_step_summary.pdf

정책적 노력도 지속되었다.

2002년에 도입된 발전차액지원제도(Feed-in Tariff, FIT)에 이어 2012년 신재생에너지공급 의무화제도(RPS)가 시행되었다. FIT는 정부가 신재생에너지 발전사업자에게 고정된 가격으로 일정 기간 신재생에너지 생산을 보장함으로써 높은 발전단가로 인해 초기시장 형성이 어려운 신재생에너지 산업 확대를 장려하기 위해 도입된 제도이다. 그러나 신재생에너지 발전소 건설이 급격히 늘어나면서 예산과 기술문제 등의 이유로 한계를 노정하기 시작했고, 이를 보완하기 위해 도입된 RPS 제도는 500MW 이상의 발전설비를 보유한 발전사업자가 총발전량에서 일정 비율 이상을 신재생에너지를 통해 발전하도록 의무화했다.

2014년에는 2020년 BAU 776.1만 톤 대비 30% 감축 목표로 하는 국가 온실가스 감축 목표 달성을 위한 로드맵이 수립되고, 배출권거래제 기본계획 및 2015년도부터 2017년도까지 적용되는 국가 배출권 1단계 할당계획이 수립되었다.

라. 정치적 변동과 녹색성장 개념의 성쇠

이처럼 녹색성장 개념을 중심으로 해서 한국의 기후변화 대응 체제는 포괄적인 정책 기조 형성과 내부적 동력 확대를 통해 한층 공고화되었다. 그러나 이명박 정부 시기의 녹색성장 전략은 박근혜 정부가 뒤이어 들어오면서 정치적인 동력을 상실하기 시작했다. 기후변화 및 에너지 전환과 관련한 제도적 조치들은 계속해서 이행되었으나, 대통령 직속 녹색성장위원회는 총리실 산하로 재편되었고, '녹색성장'이라는 용어 자체는 정치적인 역차별을 받기 시작했다.

실제로 한국의 녹색성장 전략은 두 가지의 차원으로 나누어 이해하는 것이 중요하다. 첫째는 저탄소 전환과 기후변화 대응이라는 일반론적인 차원에서의 일련의 정책 패키지로서의 녹색성장 개념이다. 둘째는 이명박 정부에서 도입된 정책 패키지로서 일종의 정치적 상징성을 담은 녹색성장이다. 후자에서 보이는 정치적 상징으로서의 녹색성장 전략은 이후 문재인 정부를 거치면서 더욱 퇴색되었다. 녹색성장 개념은 의도하지 않게 정치적인 변동의 희생양이 되기도 하였다. 그러나 전자의 일반론적인 차원의 한국의 녹색성장은 저탄소 녹색성장 기본법을 중심으로 지속적으로 이루어졌고, 여러 탄소 저감 대책 및 기후변화 대응 전략을 거치며 진화해 왔다.

3. 파리협정과 그린 뉴딜의 도입

가. 파리협정에 따른 국제환경체제의 변화와 한국의 대응

기후변화협약의 중심축이었던 교토의정서 체제가 1차 공약 기간을 거치면서 실질적으로 무력화됨에 따라 보다 많은 국가가 참여하고, 감축 목표 달성의 실효성을 높일 새로운 기후변화 대응의 모델을 찾으려는 국제 노력이 강화되었다. 2015년 12월 파리에서 열린 21차 유엔기후변화협약 당사국총회(COP21)에서 195개 당사국이 '파리협정'을 공동으로 채택하였다. 파리협정은 지구 평균 온도가 1.5℃ 이상 상승하지 않도록 제한을 두고 모든 당사국이 자체적으로 온실가스 배출 목표를 정하고 실천하도록 하는 협약이다. 기준치가 되는 국가자발적 기여(Nationally Determined Contributions, NDC)는 각 당사국의 상황과 역량을 고려하여 정한 각국의 온실가스 감축 및 기후변화 적응에 대한 목표, 절차, 방법론 등의 내용을 포함한다[13]. 파리협정은 선진국

13) 국가기후기술정보시스템. NDC 현황. https://www.ctis.re.kr/ko/analysis/mitigation.do?key=1563

과 개발도상국의 감축 방식에 유연성을 두고 국가의 책임 수준에 따라 감축 의무를 배당하는 한편, 적응과 재원, 기술이전, 역량배양, 투명성 등 다양한 분야에서의 국제적 공조를 확대하였다.

한국은 국내감축 25.7%, 국외감축 11.3%를 포함하여 2030년까지 BAU 850.6백만 톤 대비 총 37% 감축하는 목표를 담은 국가감축목표(Intended Nationally Determined Contribution, INDC)를 2015년 제출했다. 같은 해 발표된 '2030 에너지 신산업 확산전략'에서는 2030년 100조 원 시장, 50만 일자리 창출, 온실가스 5,500만 톤을 감축하고 누구나 전력을 생산하고 이를 판매할 수 있는 '에너지 프로슈머'(참여형 소비자) 시장의 활성화를 담은 계획이 제시되었다[14]. 2016년 11월 국회에서 파리협정 비준동의안이 가결되고 UN에 비준서를 내면서 정부 차원에서의 일련의 제도 변화가 수반되었다. 기후변화대응의 주무 부서를 기존의 환경부에서 총리가 온실가스 감축부문, 경제부총리가 배출권거래제 부문을 총괄하는 소관부처 책임제로 전환하여 기후변화 대응을 효과적으로 이행할 수 있는 집행 체제를 마련했다. 아울러 부문별 감축 계획을 담은 '2030 온실가스 감축 로드맵'을 확정하고 제1차 국가기후변화 대응 기본계획이 수립되었다[15].

제1차 기본계획은 2016년도에 수립되었고, 2017년부터 2036년까지를 계획 기간으로 두고 있다. 이 계획은 기후변화대응에 대한 사회적 수용성을 높이는 데 중점을 두고 기존 감축 중심에서 경제 · 환경 · 사회의 조화를 이룰 수 있는 새로운 저탄소 패러다임으로 전환할 것을 강조했다. 이 기본계획에서는 ▲신재생에너지 보급, ▲청정연료 발전 확대, ▲에너지효율 향상, ▲탄소 흡수원 기능 증진, ▲탄소 시장 활용 등 경제적 온실가스 감축 수단 활용과 ▲기후기술 투자 확대 ▲에너지 신산업 육성을 통한 효율적인 온실가스 감축이

14) 정책브리핑.(2015). "2030 에너지 신산업 확산전략 발표" https://www.korea.kr/news/pressReleaseView.do?newsId=156086612

15) 기후변화홍보포털. 기후변화와기후대책. https://www.gihoo.or.kr/portal/kr/change/government.do

7대 주요 과제로 제시되었다[16]. 제2차 기본계획[17]은 17개 관계부처 합동으로 2019년에 수립되었고, '지속가능한 저탄소 녹색사회 구현'을 목표로 ▲2030년까지 온실가스 배출량 5억 3,600만 톤으로 감축, ▲이상기후에 대비, ▲파리협정 이행을 위한 전 부문 역량을 강화 등의 내용을 담고 있다. 한편, 기후변화에 대한 적응력을 높이기 위해 위험사태에 대비한 예방 · 모니터링 시스템을 세분화하여 구축하고 관리 체계를 강화했다.

2017년에는 기존 화석연료에서 깨끗하고 안전한 에너지원으로의 전환을 위한 '3020 재생에너지 이행계획'[18]이 수립되었다. 이 계획은 2030년까지 재생에너지 발전량 비중을 20%까지 확대하는 것을 목표로 설정했다. 태양광 및 풍력 등 청정에너지 신규설비를 중심으로 국민참여형 발전사업을 추진하고 대형 재생에너지 프로젝트를 확대하는 내용을 담고 있다. 2018년에는 온실가스 절감에 있어 해외감축량을 최소화하고 국내 부문별로 감축량을 강화하는 방향으로 수정안을 발표하고, 2018년부터 2020년까지 적용되는 국가배출권 2단계 할당계획을 수립했다[19].

2021년에는 파리협정에 제출되었던 국가감축목표를 '2030년까지 2018년 온실가스 배출량 대비 40% 감축'으로 강화시킨 상향안[20]이 마련되었고, 국제 사회에 약속한 온실가스 감축목표를 이행하기 위한 전략과 계획도 강화되었다. 국가감축목표 상향안은 온실가스 감축을 더욱 체제화, 가속화하기 위해서 배출 목표와 흡수 및 제거 목표를 구분하였다. 온실가스 배출에 가장 높은 비중을 차지하는 에너지와 산업 부문에 있어서 석탄 화력발전을 단

---

16) 관계부처합동.(2016). 제1차 기후변화대응 기본계획
17) 관계부처합동.(2019). 제2차 기후변화대응 기본계획 https://www.me.go.kr/home/web/policy_data/read.do?menuId=10259&seq=7394
18) 산업통상자원부.(2017). [보도자료] 3020 이행계획(안) 발표. http://www.motie.go.kr/motiee/presse/press2/bbs/bbsView.do?bbs_seq_n=159996&bbs_cd_n=81
19) 환경부.(2018). 국가 배출권 할당계획 https://me.go.kr/home/file/readDownloadFile.do?fileId=177248&fileSeq=1
20) 관계부처합동.(2021). 2030국가 온실가스 감축목표(NDC) 상향안 https://www.opm.go.kr/flexer/view.do?ftype=pdf&attachNo=110541

계적으로 낮추고 재생에너지 발전을 늘리는 원칙을 설정하고 에너지 전환부문은 기존 28.5%에서 44.4%로, 산업 부문은 기존 6.4%에서 14.5%로 감축률을 상향했다. 건물부문은 제로 에너지 건축 촉진, 그린 리모델링 활성화를 통해 감축률을 2018년 대비 19.5%에서 32.8%로 상향했다. 수송부문은 무배출(Zero-emission) 차량 배치를 통해 기존 28.1%에서 37.8%로, 농업부문은 저탄소 농업 확대를 통해 기존 21.6%에서 25.9%로 감축률이 상향되었다. 폐기물 부문도 재활용 확대 및 바이오 플라스틱 대체 등의 감축 수단을 적용해 기존 35.6%에서 46.8로 감축률을 상향했다. 온실가스 흡수 및 제거와 관련해서는 연안 습지 및 갯벌과 같은 신규 탄소 흡수원을 확보하고 탄소포집저장 활용 확산 등을 적용해 총 3,700만 톤의 온실가스를 감축한다는 목표가 상향안에 반영되었다.

나. 그린 뉴딜과 탄소중립으로의 이행

2020년 7월 한국판 뉴딜 종합계획의 하나로 '그린 뉴딜' 계획이 발표되었다. 그린 뉴딜은 경제 · 사회의 녹색전환을 통해 탄소중립(Net-zero) 사회로의 이행을 지향하며 ▲도시 · 공간 · 생활 인프라 녹색전환, ▲저탄소 · 분산형 에너지 확산, ▲녹색산업 혁신 생태계 구축이라는 3대 분야에서 추진과제를 제시하고 ▲기후 · 환경위기 대응을 위한 안전망 강화, ▲저탄소 사회로의 전환 가속화, ▲전환 과정에서 소외당할 수 있는 계층과 영역 보호 대책 마련, ▲저탄소 산업 생태계 구축 등의 세부내용을 담고 있다[21].

탄소 중립이 글로벌 의제로 자리 잡음에 따라 한국도 2020년 12월 '2050 탄소 중립 추진전략'[22]을 발표했다. 기후변화 대응을 위한 새로운 경제 · 사회적

21) 환경부.(2020). 탄소중립 사회를 향한 그린 뉴딜 첫걸음
22) 정책브리핑. 2050 탄소중립 전략. https://www.korea.kr/news/pressReleaseView.do?newsId=146425327

패러다임 변화를 통해 보다 능동적 대응을 도모한다는 비전을 제시하고, 적응, 기회, 공정, 기반의 네 개의 주제로 세부계획을 수립하였다. '적응'은 경제구조 모든 영역에서 탈탄소화를 추진하고, '기회'는 유망한 저탄소 산업 생태계를 육성하고, '공정'은 공정전환을 통해 전 국민참여 유도하며, '기반'은 탄소 중립 인프라 강화를 달성하고자 한다.

2021년에는 2050년 탄소 중립이 실현되었을 때 한국의 미래상과 부문별 전환내용을 전망하는 '2050 탄소 중립 시나리오'[23]가 발표되었다. 시나리오는 2개의 안으로 구성되어 있으며 2가지 모두 국내 순배출량을 0으로 줄이는 것을 목표하고 있다. A안은 화력발전 전면 중단 등 배출 자체를 최대한 줄이는 것에 최소화하는 데 중점을 두고 있다. B안은 화력발전이 일부 남아 있는 대신 탄소포집 사용 및 저장(Carbon Capture and Storage, CCUS) 등 제거기술을 적극적으로 활용하는 방안을 제시했다.

4. 평가와 전망

1992년 이후 한국은 지속해서 기후변화 대응과 관련한 제도적 틀을 발전시키며 국제 사회의 지구온난화방지 노력에 동참해 왔다. 앞서 논의한 바와 같이 여러 법 · 제도적인 장치와 여러 차례의 중장기 계획을 통해 환경 및 에너지 분야에 있어 기후변화 대응 노력은 지속해서 강화되었다. 최근에는 RE100과 ESG 경영 등을 통해 기업과 민간 부문의 참여도 증가하고 있다. [표 14-1]은 국제기후변화체제의 진전과 한국의 기후변화 대응을 종합적으로 요약한다.

23) 탄소중립 녹색성장위원회. 2050 탄소중립시나리오. https://2050cnc.go.kr/base/contents/view?contentsNo=10&menuLevel=2&menuNo=12

[표 14-1. 국제기후변화체제와 한국의 주요 정책]

년도	국제	한국
1988	• 기후변화에 관한 정부 간 패널(IPCC) 설치	
1992.6	• 기후변화협약(UNFCCC) 채택	
1993.12		• UNFCCC 우리나라 세계 47번째로 가입
1994.3	• 기후변화협약 발효	
1997.12	• 제3차 당사국총회(교토의정서 채택)	• 기후변화협약대응 범정부대책기구 설치
1999		• 기후변화협약 대응 1차 종합대책(99~01)
2001.3	• 제7차 당사국총회(교토의정서 이행방안 채택)	
2002		• 기후변화협약 대응 2차 종합대책(02~04) • 신재생에너지발전차액제도(FIT) 시행 (02~12)
2005	• 교토의정서 발효	• 기후변화협약 대응 3차 종합대책(05~07)
2008.12	• 제14차 당사국총회 (post-2012 협상문 초안 마련)	• 기후변화대응 종합기본계획(08~12)
2009.12	• 제15차 당사국총회 (코펜하겐 합의문 도출)	• 녹색성장 1차 5개년 계획 수립(09~13)
2010	• 제16차 당사국총회 - 선진국 온실가스 24~25%감축 (1990년 대비, 2020년까지) - 녹색기후기금(GCF) 조성 합의	• 저탄소녹색성장기본법 제정·시행(10.4) • 온실가스종합정보센터 설립('10.6) • 제1차 국가기후변화적응 대책 (10.10, 11~15)
2012	• 제18차 당사국총회 - 지속가능개발목표(SDGs) 도입합의 - 글로벌녹색성장연구소(GGGI) 국제기구화	• 온실가스·에너지 목표관리제 시행 ('12.1~) • 온실가스 배출권의 할당 및 거래에 관한 법률 제정('12.5) • 우리나라 녹색기후기금 유치 인준

2013	• 제19차 당사국총회 - 2015년 말까지 2020년 이후의 감축목표 제출 합의	• 녹색기술센터 설립('13.2) • 신재생에너지 의무할당 제도(RPS) 도입
2014	• 제20차 당사국총회 - post2020 감축목표 등 각국의 기여(INDC)를 담은 결정문 채택	• 녹색성장 2차 5개년 계획 수립(14.6~18) • 국가 온실가스 감축목표* 달성을 위한 로드맵 수립('14.1) • 배출권거래제 기본계획 • 국가배출권 1단계 할당계획(15~17)
2015	• 제21차 당사국총회 - 신기후체제(파리협정) 도출	• 2030년 감축목표 확정 및 국가감축목표*(I2020 NDC) 제출('15.6) • 제2차 국가기후변화적응 대책(15.12, 16~20) • 2030 에너지 신산업 확산전략(15.11)
2016	• 제22차 당사국총회 - 파리협정 발효	• '파리협정의 효과적 이행을 위한 기후변화 대응체계 강화방안' 마련('16.2) • 2030 온실가스 감축 로드맵 수립 확정 • 제1차 국가기후변화 대응 기본계획 • 파리협정 국회 비준 및 비준서 UN에 제출
2017	• 제23차 당사국총회 - 파리협정 이행을 위한 피지 모멘텀 채택	• 제8차 전력수급기본계획 • 3020 재생에너지이행계획
2018	• 제24차 당사국총회 - 정상선언문에 공정한 전환(just transition) 반영	• 2030 온실가스 감축 로드맵 수정 • 국가배출권 2단계 할당계획(18~20)
2019	• 제25차 당사국총회 - 탄소시장 지침 타결을 통한 2015년 채택된 파리협정의 이행에 필요한 17개 이행규칙 완성	• 제3차 국가에너지기본계획 • 제2차 국가기후변화 대응 기본계획 • 재생 E산업경쟁력 강화 방안 • 에너지효율혁신전략 • 수소경제로드맵
2020	• 제26차 당사국총회 연기(2021년도)	• 국가기후변화적응 3차 대책(20, 21~25) • 한국그린 뉴딜선언(20.7) • 2050 탄소중립 선언(20.12)
2021	• 제26차 당사국총회 - 국제탄소시장 지침 타결	• 2050 탄소중립 시나리오 수립

그러나 한국의 기후변화 대응과 탄소중립 정책은 에너지와 산업 차원에서의 여러 도전 요인을 안고 있다. 실제로 한국은 에너지 수입량과 수입 의존도가 매우 높은 경제 체제를 불가피하게 유지해 왔다. 한국은 2021년 GDP 기준 세계 10위의 경제 규모를 가지고 있고, 수출 지향적 제조업 중심의 산업구조를 갖추고 있다. 이로 인해 온실가스 총 배출량과 1인당 온실가스 배출량이 높다. 온실가스 배출에는 에너지 분야(86.9%)가 압도적으로 높고, 이 중에서 공공전기 및 열 생산, 철강, 화학, 수송 분야가 높은 비중을 차지하고 있다. [그림 14-1], [그림 14-2]는 한국의 온실가스 배출 추이와 구성을 보여준다.

[그림 14-1. 한국의 온실가스 배출 추이(1990~2021)]

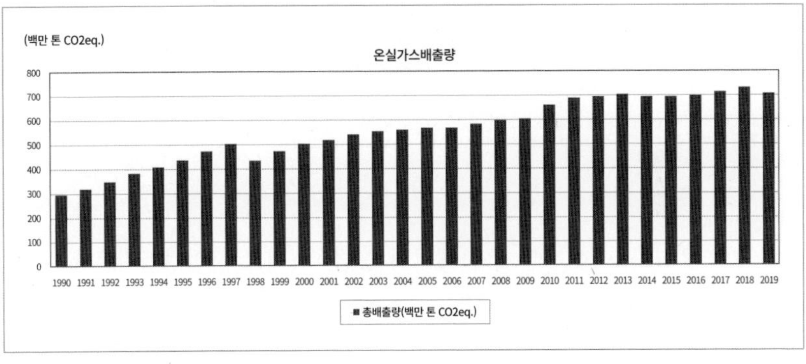

*출처: 환경부, 「국가온실가스통계」

[그림 14-2. 한국의 온실가스 배출 구성(2021)]

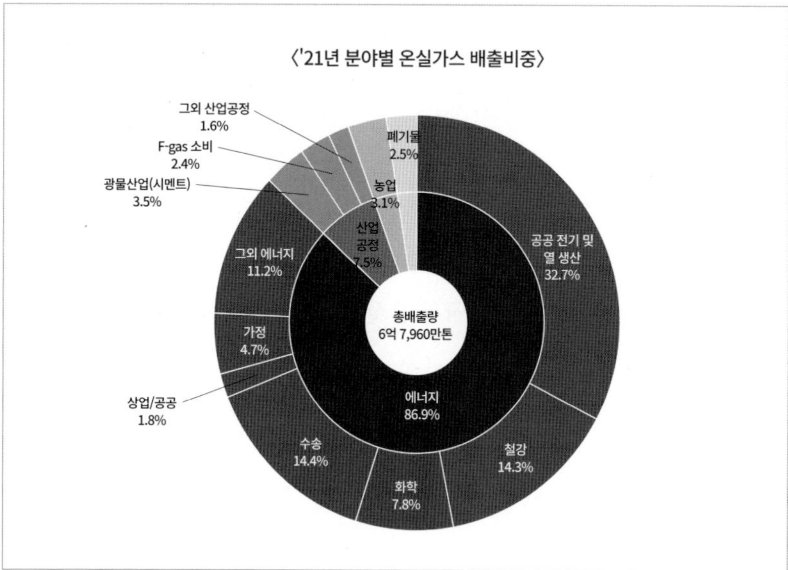

*출처: 환경부 보도자료 (22.6.28) http://www.me.go.kr/home/web/board/read.do?boardMasterId=1&boardId=1533570&menuId=1052

한국의 온실가스 배출 문제와 에너지 공급, 그리고 산업경쟁력은 서로 대치되는 측면이 있다. 따라서 저탄소 체제로의 에너지 전환에 있어서 속도와 방법의 유연성을 요구하는 목소리가 높아지고 있다. 원자력 에너지 역시 에너지 전환 과정에서 입장 차이를 보여왔다. 친환경론자들은 원자력 에너지의 최대한 조속한 감소와 재생에너지의 빠른 증대를 주장해 왔고, 산업 및 에너지 업계에서는 기후변화 대응을 위한 탄소 절감과 에너지 안보를 위해서 원자력 에너지의 기여가 불가피함을 역설해 왔다. 문재인 정부 기간 위축되었던 원자력 발전 및 산업 분야는 2022년 윤석열 정부가 들어서며 다시 정부 차원의 지원을 받으면서 그 역할을 강화하고 있으며, 해외 수출 사업을 본격적으로 모색하고 있다.

지구온난화와 기후변화를 방지하려는 환경 보전의 문제는 지구적 차원의 공공선이고 국내 · 외적으로 광범위한 합의를 형성해 왔다. 그러나 다른 한편으로 기후변화와 탈탄소화의 문제는 글로벌 통상 부문에 있어서 새로운 무역장벽과 탄소세와 같은 규제로 인한 갈등도 발생시키고 있다. 탈탄소화에 대한 국제 사회의 목표치 향상 요구에 경제적 선진국 대열에 들어간 한국이 얼마큼 부합해야 할 것인지, 강화되는 탄소 장벽에 맞서서 산업경쟁력을 유지시킬 적정 범위의 조치들은 무엇인지에 대해서는 정부와 민간 부문 모두에서의 지속적인 논의를 필요로 한다.

또한 선진국과 개발도상국 사이에서 글로벌 기후변화 대응을 위해서 한국이 할 수 있는 역할은 과연 무엇인지에 대해서도 논의가 활성화되고 있다. 기후변화와 그린 파트너십은 한국이 선진국 및 개발도상국 양측에서 협력과 공조를 강화할 주요한 글로벌 의제이다. 빠른 경제성장의 경험을 바탕으로 국제개발 부문에의 보다 큰 기여를 추진하고 있는 한국이 탈탄소화와 기후변화 대응의 과제를 보다 큰 차원에서 접근해야 하는 이유이기도 하다.

결론

기후변화 문제는 환경, 경제, 정치 등 여러 차원에 걸쳐 놓여있다. 그러나 지구 환경 문제의 가장 궁극적인 목표는 삶의 터전을 보호하고, 삶의 질을 개선하는 데 있다. 기후변화에 관한 정부 간 협의체(IPCC)가 최근 발표한 바에 따르면 기후 영향은 예상보다 더 광범위하고 심각하며, 가까운 장래에 인류는 더 큰 피해에 봉착할 수도 있다. 이를 방지하기 위해서 모든 국가들이 실현 가능한 해결책을 신속하게 적용함과 동시에 기후 취약성을 높이는 불평등, 사회정치적 갈등, 난개발의 문제를 해결해야 한다. 이제 국제 사회는 더욱 상향된 1.5℃ 온도 제한 목표와 탄소 중립을 목표로 하고 있다. 한국은 1990년대 이후 지속적으로 기후변화 대응을 강화해 왔고, 녹색성장과 그린 뉴딜을 통해 이를 가속화시켰다. 그러나 본 장에서 살펴본 바와 같이 탄소 중립과 에너지 전환에의 원칙론적인 합의 이면에 기후변화 대응의 여러 실행전략은 갈등을 내포하고 있다. 국내·외에서 다양한 주체들 간의 기후변화 대응 역량과 의지의 차이는 새로운 격차를 발생시키고 부익부 빈익빈의 결과를 가져오기도 한다. 이를 해결하기 위해서는 대내적인 사회적 합의와 대외적인 국가적 합의가 모두 필요하다. 역사적 책임을 지닌 선진국이 감축에 주도적인 역할을 함과 동시에 개발도상국에 대한 재정 및 기술 지원을 통해 전 지구적인 기후변화 대응 역량을 향상하는 데에도 역점이 두어지고 있다. 1992년 지구정상회의 이후 30여 년간 기후변화 논의는 전문가의 영역에서 일상생활의 영역으로 확대되었다.

이제는 문제 인식의 단계를 넘어서 효율적인 실행에 초점을 둔 해결책을 찾아야 하는 시대가 되었다. 정책과 제도, 기술과 산업, 그리고 친환경 생활양식에 이르기까지 각 단계에서 탈탄소의 기조는 더 명확히 자리 잡아가고 있다. 동시에,

이러한 전환 과정에 있어서 환경과 개발, 에너지 안보와 에너지 전환이 서로 유기적으로 보완해 줄 수 있는 보다 많은 해법이 개발될 필요가 있다. 지구환경 보호를 위해 한국이 담당할 가장 큰 역할도 여기에 있다.

심화학습

1 환경보호와 경제성장은 근원적으로 상충하는 문제인가? 환경에서 강조하는 보호와 보전의 중요성과 경제성장에 필수적인 안정된 에너지의 공급 문제는 기후변화 정책의 우선순위 설정의 문제를 발생시킨다. 한국의 기후변화 대응은 특히 에너지 공급과 사용에 있어 이상과 현실, 감축과 성장, 추진 방법과 속도에 있어 서로 상충되는 갈등 구도를 가져왔다. 발전이 더 필요한 한국은 에너지 전환은 속도를 조절해야 하고, 원자력을 포함한 여러 자원을 잘 활용해야 하는가? 아니면 더 이상 에너지 전환을 늦출 수 없기에 다소 산업계의 피해가 따르더라도 재생에너지로 전환을 빨리 해야 하고, 원자력은 가급적 배제해 나가야 하는가?

2 한국의 기후변화 대응은 이제까지 정부 주도의 정책을 위주로 진전되어 왔다. '저탄소 녹색성장', '그린 뉴딜'과 같은 주요 정책기조들은 예산 지원과 규제 및 유인책과 같은 정책 수단을 통한 하향식(Top-down)으로 이루어져 왔다. 이는 단기간에 강력한 정부 주도로 대응체제를 갖춰나가는 데 효율적이었다는 평가도 있고, 시민사회와 기업 등 민간 부문에 바탕을 둔 상향식(Bottom-up) 참여를 충분히 만들어내지 못했다는 비판도 있다. 한국적 현실에서 보다 효율적인 정부의 역할을 중심으로 적극적인 감축 목표를 세우고, 리더십을 발휘하면서 한국이 국제사회에 공인한 탄소 절감을 실천해 나가는 것이 바람직한가? 아니면 기후변화 대응이 결국 민간 부분에서 해야 할 몫이 많은 만큼 기업들의 자발적 참여와, 시민사회의 활성화를 통한 기후변화 정책을 펼쳐나가야 할 것인가?

3 기후변화에 대응하는 데 있어서 선진국과 개발도상국은 어떤 책임과 역할을 나누어야 하는가? 개발도상국들은 빠른 경제성장을 위해 느슨한 탄소 규제와 화석연료를 비롯한 손쉬운 에너지 사용을 요구할 수 있는가? 선진국들은 개발도상국들이 신속히 녹색 경로로 이행할 수 있도록 얼마나 많은 지원의 책임을 지는가? 이러한 논의에서 한국의 역할은 무엇인가?

참고문헌

관계부처합동. 2010. 제1차 국가기후변화 적응대책. https://kaccc.kei.re.kr/portal/policy/measure/measure1st_list.do

__________. 2013. 제2차 녹색성장 5개년 계획 http://www.climate.go.kr/home/cc_data/policy/2_greengrowth_plan14_18_summary.pdf

__________. 2016. 제1차 기후변화대응 기본계획

__________. 2016. 제2차 국가기후변화 적응대책. https://kaccc.kei.re.kr/portal/policy/measure/measure2nd_list.do

__________. 2019. 제2차 기후변화대응 기본계획 https://www.me.go.kr/home/web/policy_data/read.do?menuId=10259&seq=7394

__________. 2019. 제3차 녹색성장 5개년 계획 https://www.opm.go.kr/flexer/view.do?ftype=hwp&attachNo=96696

__________. 2021. 2030국가 온실가스 감축목표(NDC) 상향안 https://www.opm.go.kr/flexer/view.do?ftype=pdf&attachNo=1

__________. 2021. 제3차 국가기후변화 적응대책. http://www.climate.go.kr/home/cc_data/policy/3_nation_climate_change_adaptation_step_summary.pdf

국가기록원. 2007. 기후변화협약 대응대책 https://www.archives.go.kr/next/search/listSubjectDescription.do?id=006577&pageFlag=&sitePage

국가기후기술정보시스템. NDC 현황. https://www.ctis.re.kr/ko/analysis/mitigation.do?key=1563

기후변화협약대책위원회. 2005. 제3차 기후변화협약 대응 종합대책 https://www.opm.go.kr/Data/upload/BBBM//3324_3221

__________. 2008. 제4차 기후변화 대응 종합대책

기후변화홍보포털. 기후변화와기후대책. https://www.gihoo.or.kr/portal/kr/change/government.do

기후변화홍보포털. 기후변화홍보포털 www.gihoo.or.kr/portal/kr/change/international.do

산업통상자원부. 2017. [보도자료] 3020 이행계획(안) 발표. http://www.motie.go.kr/motiee/presse/press2/bbs/bbsView.do?bbs_seq_n=159996&bbs_cd_n=81

에너지경제연구원. 2002. 기후변화협약대응을 위한 제2차 종합대책 http://www.keei.re.kr/keei/download/CEO200212.pdf

정책브리핑. 2015. 2030 에너지 신산업 확산전략 발표 https://www.korea.kr/news/pressReleaseView.do?newsId=156086612

__________. 2020. 2050 탄소중립 전략. https://www.korea.kr/news/pressReleaseView.do?newsId=156425327

탄소중립 녹색성장위원회. 2050 탄소중립시나리오. https://2050cnc.go.kr/base/contents/view?contentsNo=10&menuLevel=2&menuNo=12

환경부. 2018. 국가 배출권 할당계획 https://me.go.kr/home/file/readDownloadFile.do?fileId=177248&fileSeq=1

__________. 2020. 탄소중립 사회를 향한 그린 뉴딜 첫걸음

글로벌 한국학

1판1쇄 | 2024년 2월 1일

엮은이 | 한정선

지은이 | 강규원, 강문성, 곽도원, 김동중, 김은기, 로버트 루돌프,
박선경, 박현선, 서두원, 서창록, 이동은, 이재승, 임시정

펴낸이 | 이진한

펴낸 곳 | 아연출판부

등록 | 제2000-000025호

주소 | 02841 서울특별시 성북구 안암로 145 고려대학교 아세아문제연구원

전화 | 02-3290-1600

팩스 | 02-923-4661

홈페이지 | www.asiaticresearch.org

값 19,000원

ISBN 979-11-89273-32-3